Tricolore

6ᵉ édition

1

Sylvia Honnor
Heather Mascie-Taylor
Michael Spencer

OXFORD
UNIVERSITY PRESS

OXFORD
UNIVERSITY PRESS

Great Clarendon Street, Oxford, OX2 6DP, United Kingdom

Oxford University Press is a department of the University of Oxford. It furthers the University's objective of excellence in research, scholarship, and education by publishing worldwide. Oxford is a registered trade mark of Oxford University Press in the UK and in certain other countries.

Text © Sylvia Honnor, Heather Mascie-Taylor and Michael Spencer 2024.

The moral rights of the author have been asserted

Tricolore first published in 1980 by E.J. Arnold and Sons Limited. Encore Tricolore first published in 1992 by Thomas Nelson and Sons Limited. Encore Tricolore nouvelle édition first published in 2000 by Thomas Nelson and Sons Limited. Tricolore Total first published in 2008 by Nelson Thornes Ltd. Tricolore 5e édition first published in 2014 by Oxford University Press. Tricolore 6e édition first published in 2024 by Oxford University Press.

All rights reserved. No part of this publication may be reproduced, stored in a retrieval system, or transmitted, in any form or by any means, without the prior permission in writing of Oxford University Press, or as expressly permitted by law, by licence or under terms agreed with the appropriate reprographics rights organization. Enquiries concerning reproduction outside the scope of the above should be sent to the Rights Department, Oxford University Press, at the address above.

You must not circulate this work in any other form and you must impose this same condition on any acquirer

British Library Cataloguing in Publication Data

Data available

9781382045254

10 9 8 7 6 5 4 3

Paper used in the production of this book is a natural, recyclable product made from wood grown in sustainable forests. The manufacturing process conforms to the environmental regulations of the country of origin.

Printed in China by Golden Cup

Acknowledgements

We would like to remember and offer special thanks to the late Sylvia Honnor. Although no longer with us, she continues to inspire us with her creative, thorough and engaging material.

We would also like to thank our reviewers, Freddy Seguin, Andrew Loughe, Jane Mansfield and Samantha Dinchong.

The publisher and authors would like to thank the following for permission to use photographs and other copyright material. Although we have made every effort to trace and contact all copyright holders before publication this has not been possible in all cases. If notified, the publisher will rectify any errors or omissions at the earliest opportunity. Links to third party websites are provided by Oxford in good faith and for information only. Oxford disclaims any responsibility for the materials contained in any third party website referenced in this work.

Cover: Michelle Thompson

Inside map: Astrid Prasetianti

Artwork artists: Amy Lane, Clive Goodyer, Joseph wilkins, Andrea Castro Naranjo

Photos: p8 (a): ESB Professional/Shutterstock; p8 (b): Pierre Laborde/Shutterstock; p8 (c): Wangkun Jia/Shutterstock; p8 (d): Petr Kovalenkov/Shutterstock; p8 (e): William Perugini/Shutterstock; p8 (f): Ridofranz/Getty Images; p8 (g): Cultures Studio/Getty Images; p8 (h): Juanmonino/Getty Images; p8 (i): DragonImages/Getty Images; p10 (a): Harriet/Nelson Thornesp10 (b): Nattika/Shutterstock; p10 (c): Ralph Biggör/Shutterstock; p10 (d): Creatus/Shutterstock; p10 (e): Nigel Stripe/Shutterstock; p10 (f): Dolores Giraldez Alonso/Shutterstock; p10 (g): Nattstudio/Shutterstock; p10 (h): mihalec/Shutterstock; p10 (i): Anton Starikov/Shutterstock; p10 (j): BoxerX/Shutterstock; p10 (k): jeff gynane/Shutterstock; p10 (l): Marcelo Soares Moura/Shutterstock; p10 (m): indigolotos/Shutterstock; p10 (n): Evgeniy Kurt/Shutterstock; p10 (o): BGStock72/Shutterstock; p10 (p): Robyn Mackenzie/Shutterstock; p10 (q): Feng Yu/Shutterstock; p10 (r): Mike Flippo/Shutterstock; p10 (s): Evgeny Karandaev/Shutterstock; p10 (t): th3fisa/Shutterstock; p10 (u): Johner Images/Shutterstock; p10 (v): homydesign/Shutterstock; p10 (w): Marcelo Soares Moura/Shutterstock; p10 (x): jeff gynane/Shutterstock; p10 (y): BoxerX/Shutterstock; p10 (z): Robyn Mackenzie/Shutterstock; p12 (a): mhatzapa/Shutterstock; p12 (b): Pakhnyushchy/Shutterstock; p12 (c): Bjoern Wylezich/Shutterstock; p12 (d): BGStock72/Shutterstock; p12 (e): Nattika/Shutterstock; p12 (f): Africa Studio/Shutterstock; p14 (tr): horville/Shutterstock; p14 (tm): ambient_pix/Shutterstock; p14 (ml): Victoria Schaal/Shutterstock; p14 (bl): Alexandros Michailidis/Shutterstock; p14 (bm): Yermakova Iryna/Shutterstock; p14 (br): Nathapon Triratanachat/Shutterstock; p15: Nattika/Shutterstock; p16 (l): karelnoppe/Shutterstock; p16 (r): Cultures Studio/iStock/Getty Images; p20 (a): Cultures Studio/Getty Images; p20 (b): DiversityStudio/Shutterstock; p20 (c): DiversityStudio/Shutterstock; p20 (d): YoPho/Shutterstock; p20 (e): Charles O. Cecil/Alamy Stock Photo; p32 (a), p36 (r): Elena Elisseeva/Shutterstock; p32 (b): Shutterstock/Roman Chazov; p32 (c): Photodisc/Getty images ; p32 (d): Shutterstock/Rudmer Zwerver; p32 (e): Klara Bartyzalova/Shutterstock; p32 (f): 123RF/OLIVER NOWAK; p32 (g): Shutterstock/Boivin Nicolas; p32 (h): Shutterstock / Rich Carey; p32 (i): Shutterstock/Natalia Kuzmina; p32 (j): Shutterstock/Vudhikrai; p36 (l): carballo/Shutterstock; p36 (r): Elena Elisseeva/Shutterstock; p37: Pascale Gueret/Shutterstock; p40 (t): ehtesham/Shutterstock; p40 (m): Henner Damke/Shutterstock; p40 (b): Martin Pelanek/Shutterstock; p43 (e): Catarina Belova/Shutterstock; p43 (a): Iren Key/Shutterstock; p43 (b): Roman Belogorodov/Shutterstock; p43 (c): Vlas Telino studio/Shutterstock; p43 (d): Radu Razvan/Shutterstock; p45 (a): Jose Gil/Shutterstock; p45 (b): Corbis/Foodfolio; p45 (c): Evgeny Atamanenko/Shutterstock; p45 (d): Pixel-Shot/Shutterstock; p46: jan kranendonk/Shutterstock; p54: iStockphoto; p55 (b): Ground Picture/Shutterstock; p55 (t): Zurijeta/Shutterstock; p56 (b): Bricolage/Shutterstock; p56 (t): Anna Nahabed/Shutterstock; p63 (a): Prisma Bildagentur; p63 (b): Chubarova Iryna/Shutterstock; p63 (c): Vlad G/Shutterstock; p63 (d): Sergey Khandogin/Shutterstock; p63 (e): Naveen Macro/Shutterstock; p64 (a): edgardr/iStock/Getty; p64 (b): Myroslava Malovana/Shutterstock; p64 (c): Matt Perrin Sport/Alamy Stock Photo; p64 (d): imtmphoto/Shutterstock; p64 (e): Michael DeFreitas Caribbean/Alamy Stock Photo; p64 (f): Tomsickova Tatyana/Shutterstock; p64 (g): Jose Luis Pelaez/Corbis/VCG/Getty Images; p64 (h): Dean Drobot/Shutterstock; p70: NASA Jet Propulsion Laboratory (NASA_JPL) Prisma Bildagentur AG/Alamy; p71 (t): 123RF; p71 (b): Iakov Filimonov/Shutterstock; p72: Antonio Guillem/Shutterstock; p75 (a): Matej Kastelic/Shutterstock; p75 (b): Luca Brianza/Shutterstock; p75 (c): John Copland/Shutterstock; p75 (d): Vixit/Shutterstock; p75 (e): Casablanca Stock/Shutterstock; p76 (t): Nelson Thornes Ltd; p76 (m): ever/Shutterstock; p76 (b): JeanLuclchard/Shutterstock; p77 (a): grahamheywood/iStock/Getty; p77 (b): Nelson Thornes Ltd; p77 (e): sylv1rob1/Shutterstock; p77 (d): Pixelvario/Shutterstock; p77 (c): phototravelua/Shutterstock; p77 (f): Jose Luiz Pelaez Inc/Getty Images; p77 (g): JeanLuclchard/Shutterstock; p77 (h): JeanLuclchard/Shutterstock; p79 (a): Birte Gernhardt/Shutterstock; p79 (b): GiduStock/Shutterstock; p79 (c): Cephas Picture Library/Alamy Stock Photo;p79 (d): Amanda Hall/robertharding/Alamy; p84 (t): Anne Richard/Shutterstock; p84 (bl): FOUR.STOCK/Shutterstock; p85 (l): DIGIcal/Getty Images; p85 (m): dlewis33/Getty Images; p85 (r): Joao Seabra/Shutterstock; p84 (br): Lunatishe/Shutterstock; p88: Hemis/Alamy Stock Photo; p99 (tl): Nelson Thornes Ltd; p99 (tm): goodluz/Shutterstock; p99 (tr): Nelson Thornes Ltd; p99 (bl): Nelson Thornes Ltd; p99 (bm): Nelson Thornes Ltd; p99 (br): Nelson Thornes Ltd; p100: Nelson Thornes Ltd; p101: Nelson Thornes Ltd; p102 (a): DC Studio/Shutterstock; p102 (b): Ranta Images/Shutterstock; p102 (c): White bear studio/Shutterstock; p102 (d): endeavor/Shutterstock; p102 (e): anaken2012/Shutterstock; p102 (f): Marcelo Soares Moura/Shutterstock; p102 (g): Africa Studio/Shutterstock; p102 (h): jeff gynane/Shutterstock; p102 (i): Dmitry Kolmakov/Shutterstock; p102 (j): Tatiana Popova/Shutterstock; p104 (a): Hemis/Alamy Stock Photo; p104 (b): imageBROKER.com GmbH & Co. KG/Alamy Stock Photo; p104 (c): Panther Media GmbH/Alamy Stock Photo;p104 (d): Courtesy of Ji-Elle; p104 (e): Henk Bogaard/Shutterstock; p104 (f): Lucian Coman/Shutterstock; p104 (g): David Simson; p104 (h): Ulrich Doering/Alamy Stock Photo; p104 (i): Sergey Bezgodov/Shutterstock; p106 (a): Monkey Business Images/Shutterstock; p106 (b): bernatets photo / Shutterstock; p106 (c): Martyn F Chillmaid; p106 (d): Rahman Hanifan/Shutterstock; p106 (e): Aerial-motion/Shutterstock; p106 (f): Fred Fuhrmeister/Alamy Stock Photo; p106 (g): LightField Studios/Shutterstock; p106 (h): kenchiro168/Shutterstock; p109 (a): Dereje/Shutterstock; p109 (b): Charles O. Cecil/Alamy Stock Photo; p109 (c): Irene Abdou/Alamy Stock Photo; p109 (d): Curioso.Photography/Shutterstock; p109 (e): Nature Picture Library/Alamy Stock Photo;p110 (a): BearFotos/Shutterstock; p110 (b): OlegD/Shutterstock; p110 (c): Khumthong/Shutterstock; p110 (d): Viktor1 / Shutterstock; p110 (e): Gayvoronskaya_Yana/Shutterstock; p110 (f): MaraZe/Shutterstock; p110 (g): Mikhail Valeev/Shutterstock; p110 (h): BearFotos/Shutterstock; p110 (i): Daniel_Dash/Shutterstock; p110 (j): kuvona/Shutterstock; p110 (k): zoryanchik/Shutterstock; p110 (l): Fischer Food Design/Shutterstock; p110 (m): Amarita/Shutterstock; p110 (n): Moving Moment/Shutterstock; p110 (o): Science Photo Library/Alamy Stock Photo; p111 (a): Krzysztof Slusarczyk/Shutterstock; p111 (b): [illegible]/Shutterstock; p111 (c): Science Photo Library/Alamy Stock Photo; p111 (d): MisterStock/Shutterstock; p111 (e): hlphoto/Shutterstock; p114 (a): Zeeking/Shutterstock; p114 (b): mmkarabella/Shutterstock; p114 (c): Iurii Kachkovskyi/Shutterstock; p114 (d): cloki / Shutterstock; p114 (e): Maks Narodenko/Shutterstock; p114 (f): Maks Narodenko/Shutterstock; p114 (g): Dionisvera/Shutterstock; p114 (h): JIANG HONGYAN / Shutterstock; p114 (i): akepong srichaichana/Shutterstock; p114 (j): topseller/Shutterstock; p114 (k): grey_and/Shutterstock; p114 (l): Nataliya Schmidt/Shutterstock; p114 (m): Khumthong/Shutterstock; p114 (n): AMV_80/Shutterstock; p114 (o): Olga Guchek/Shutterstock; p114 (p): WIPHARAT CHAINUPAPHA/Shutterstock; p114 (q): Standret/Shutterstock; p114 (r): Egor Rodynchenko/Shutterstock; p120 (t): Savvapanf Photo/Shutterstock; p120 (m): sergiopazzano/Shutterstock; p120 (b): AlessandroBiascioli/Alamy Stock Photo; p124 (a): Cultura Creative RF/Alamy Stock Photo; p124 (b): PhotoSky/Shutterstock; p124 (c): Dean Drobot/Shutterstock; p124 (d): Hoxton/Alamy Stock Photo; p124 (e): Monkey Business Images/Shutterstock; p124 (f): Xinhua/Alamy Stock Photo; p124 (g): Juniors Bildarchiv GmbH/Alamy Stock Photo; p124 (h): Len Green/Shutterstock; p124 (i): Slatan/Shutterstock; p124 (j): Brooke Whatnall/Shutterstock; p126 (a): CapturePB/Shutterstock; p126 (b): AlexMaster/Shutterstock; p126 (c): Mindscape studio/Shutterstock; p126 (d): Bezuglova Evgeniia/Shutterstock; p126 (e): Alexey Borodin/Shutterstock; p126 (g): Shapiso/Shutterstock; p126 (f): Semisatch/Shutterstock; p126 (h): Andrea Leone/Shutterstock; p126 (i): Marcus Bimantoro/Shutterstock; p126 (j): Chromakey/Shutterstock; p126 (k): Tonko Oosterink/Shutterstock; p126 (l): lauro55/Shutterstock; p127 (a): Dmytro Vietrov/Shutterstock;p127 (b): wernimages/Shutterstock; p127 (c): thanmano/Shutterstock; p127 (d): Anton Havelaar/Shutterstock; p127 (e): wavebreakmedia/Shutterstock; p127 (f): Pavel Gulea/Shutterstock; p127 (g): Elena Dijour/Shutterstock; p128 (a): Myrleen Pearson/Alamy Stock Photo; p128 (b): Prostock-studio/Shutterstock; p128 (c): laurentiu iordache/Alamy Stock Photo; p128 (d): Prostock-studio/Shutterstock; p128 (e): Maskot/Alamy Stock Photo; p128 (f): Pavel L Photo and Video/Shutterstock; p130 (l): Krakenimages.com/Shutterstock; p130 (r): Trendsetter Images/Shutterstock; p133 (a): Roman Samborskyi/Shutterstock; p133 (b): Ekaterina Pokrovsky/Shutterstock; p133 (c): Amina Larbi daouadji/Getty; p133 (d): Louis-Paul st-onge Louis/Alamy Stock Photo; p133 (e): Thomas Faull/Alamy Stock Photo; p133 (f): meunierd/Shutterstock; p134, p135 (t): ANURAK PONGPATIMET/Shutterstock; p135 (b): Asier Romero/Shutterstock; p139 (t): deadlyphoto.com/Alamy Stock Photo; p139 (m): David Jeffrey Ringer/Shutterstock; p139 (b): MJ Photography/Alamy Stock Photo; p145: Lucia Lanpur/Alamy Stock Photo; p147 (tr): agefotostock/Alamy Stock Photo; p147 (tl): Maryia_K/Shutterstock; p147 (br): Susie Kearley/Alamy Stock Photo; p150: SGR Wildlife Photography / Shutterstock; p151 (l): Andia/Alamy Stock Photo; p151 (r): Arch White/Alamy Stock Photo; p157: Petr Kovalenkov/Shutterstock;

FSC MIX Paper | Supporting responsible forestry www.fsc.org FSC™ C110497

The manufacturer's authorised representative in the EU for product safety is Oxford University Press España S.A. of El Parque Empresarial San Fernando de Henares, Avenida de Castilla, 2 – 28830 Madrid (www.oup.es/en or product.safety@oup.com). OUP España S.A. also acts as importer into Spain of products made by the manufacturer.

Table des matières

Unité 1 Bonjour!		Page
1A *Ici on parle français*	Greet someone, ask their name and age and tell them yours; ask someone how they are and tell them how you are; use numbers 1-20	8
Phonétique	• the letter 'c'	
1B *Qu'est-ce que c'est?*	Use numbers 1–20 with things in the classroom	10
Phonétique	• the letters 'qu'	
Grammaire	• learn about the gender of nouns (masculine and feminine); learn how to make singular nouns plural	
Stratégies	• working out meaning (1)	
1C *En classe*	Understand classroom commands and vocabulary; practise some questions and answers; *Sommaire*	12
Grammaire	• giving instructions	
Stratégies	• remembering the gender of nouns (1)	
Phonétique	• the letter 'é'	

Unité 2 J'habite ici		Page
2A *Aux quatre coins du monde*	Understand people saying where they live	14
Grammaire	• saying 'in' a place	
Stratégies	• using clues to work out meaning	
Phonétique	• the letters 'i' and 'y'	
2B *Tu as une question?*	Say where you live; ask someone where they live; use numbers up to 60+	16
Grammaire	• asking a question	
Stratégies	• memorising numbers	
Phonétique	• the letters 'j', 'ge', 'gi'	
2C *Comment ça s'écrit?*	Say what day of the week it is; spell words using the French alphabet; *Sommaire*	18

Unité 3 Chez moi		Page
3A *Ma famille*	Talk about your family	20
Grammaire	• use the singular of **avoir** (to have)	
Phonétique	• the letter 'è' with grave accent	
3B *Ma vie*	Say which things belong to you	22
Grammaire	• the words for 'my' and 'your'; using 'de' to show possession	
Phonétique	• the letters 'a', 'à' with grave accent, '-as', '-at'	
3C *Ma maison*	Discuss your family and friends; talk about your home	24
Grammaire	• use the singular of **être** (to be)	
Phonétique	• the letter 'u'	
3D *C'est où?*	Describe where things are in a room	26
Grammaire	• masculine and feminine	
Stratégies	• remembering vocabulary	
Phonétique	• the letters 'ch'	
3E *Une famille fantastique*	Read a poem in French; *Sommaire*	28
Stratégies	• reading a text	
Phonétique	• the letters 's' (between vowels), 'z'	
Rappel 1 Unités 1–3		30

Unité 4 Notre planète		Page
4A *J'aime la nature*	Talk about nature	32
Grammaire	• using adjectives to describe colour and size	
Phonétique	• The letters 'oi'	
4B *C'est comment?*	Use adjectives to describe things	34
Grammaire	• making verbs negative; adjective agreement	
Stratégies	• adding interest to your writing (1) • finding cognates	
Phonétique	• The letters 'ou'	
4C *Tu as des questions?*	Ask questions	36
Stratégies	• remembering vocabulary	
Grammaire	• asking questions; plural nouns	
4D *Tu aimes ça? Et vous?*	Express opinions	38
Stratégies	• using connectives	
Grammaire	• negatives; two ways of saying 'you'	
4E *Une île tropicale*	Understand and practise descriptions; use some everyday phrases; *Sommaire*	40
Presse-Jeunesse 1		42

Unité 5 Au cours de l'année		Page
5A *Des dates importantes*	Ask for and give the date; learn about important days and festivals around the world	44
Grammaire	• the pronoun **on**	
Stratégies	• remembering the months	
5B *Carnaval*	Talk about a fancy dress party for carnival	46
Grammaire	• the verb **être** (to be)	
5C *Ton anniversaire, c'est quand?*	Talk about birthday dates and presents	48
Grammaire	• using adjectives (singular and plural)	
Stratégies	• getting adjectives right	
Phonétique	• the letters 'ui'	

4 quatre

		Page
5D Des cadeaux pour tout le monde	Use wider vocabulary for some more presents; use some higher numbers and prices	50
Grammaire	• numbers	
Stratégies	• preparing for listening	
Phonétique	• the letters *ille*	
5E Des vêtements	Talk about clothes	52
Grammaire	• plural nouns	
Stratégies	• recognising three kinds of words	
5F Les descriptions personnelles	Describe yourself and other people	54
Grammaire	• the verb **avoir** (to have)	
Stratégies	• speaking more confidently	
Phonétique	• the letters '*eu*'	
5G Écoutez bien	Develop and practise your listening skills; *Sommaire*	56
Rappel 2 Unités 4–5		58

Unité 6 Qu'est-ce que tu fais?		Page
6A Quel temps fait-il?	Talk about the weather; say what the temperature is	60
Stratégies	• using clues to work out meaning	
Phonétique	• the letters '*au*', '*aux*', '*eau*', '*eaux*'	
6B Les saisons	Talk about months and seasons	62
Stratégies	• using time expressions	
Grammaire	• using *quand* (when) as a conjunction	
Phonétique	• the letters '*am*', '*an*', '*em*', '*en*'	
6C On joue bien	Talk about sport	64
Grammaire	• *jouer à* + sport/game • *jouer* (to play) – a regular *-er* verb	
Phonétique	• the letters '*-er*', '*-et*', '*-ey*', '*-ez*' at the end of a word	
6D Des bandes dessinées	Find out about *les bandes dessinées* (BD)	66
Grammaire	• regular *-er* verbs	
6E En famille	Talk about family activities; say what you do at weekends	68
Stratégies	• keeping your conversation going	
6F La science, c'est intéressant	Talk about some topics linked to science	70
Grammaire	• using *on* + verb	
Stratégies	• translating from French to English (1)	
6G On s'amuse	Discuss what you do at the weekend; answer questions about free-time activities; *Sommaire*	72
Stratégies	• giving detailed answers	
Grammaire	• accents	
Presse-Jeunesse 2		74

Unité 7 En ville		Page
7A La Rochelle	Learn about a town in France; learn some town vocabulary	76
Grammaire	• say what happens regularly on a particular day	
Phonétique	• the letter '*h*' at the beginning of a word	
7B Qu'est-ce qu'il y a en ville?	Understand and give information about a town	78
Grammaire	• more about adjectives	
Stratégies	• working out meaning	
7C C'est près d'ici?	Ask for and understand directions in town	80
Grammaire	• giving directions	
Phonétique	• the letters '*-t*' or '*-te*' at the end of a word	
7D C'est où exactement?	Discuss possible activities in town	82
Grammaire	• saying 'to' and 'at' + place • other prepositions	
Stratégies	• remembering the gender of nouns (2)	
7E Elle est comment, ta ville?	Talk about the area where you live	84
Grammaire	• *il y a* and *il n'y a pas de*	
Stratégies	• adding interest to your writing (2)	
Phonétique	• the letters '*th*'	
7F Allez, on y va	Make plans and talk about where you are going	86
Grammaire	• the verb *aller* (to go)	
Phonétique	• the letters '*on*', '*om*'	
7G Une ville touristique	Understand tourist information; *Sommaire*	88
Stratégies	• reading and listening to longer texts	
Rappel 3 Unités 6–7		90

Unité 8 Une journée scolaire		Page
8A À quelle heure?	Say at what time events take place; understand and tell the time	92
Grammaire	• telling the time	
8B Une journée en semaine	Talk about daily routine	94
Grammaire	• recognise some reflexive verbs (*je* form only)	
8C Mon emploi du temps	Talk about school subjects	96
Grammaire	• when to use the definite article (*le, la, les*)	
Stratégies	• using spelling patterns to improve writing	
Phonétique	• the letters '*im*', '*in*'	

8D *Qu'est-ce que vous faites?*	Discuss school subjects	98
Grammaire	• the verb **faire** (to do/make)	
Stratégies	• adding interest to your writing (3)	
8E *Mes préférences*	Ask questions to get to know someone; talk about your favourite things	100
Grammaire	• saying 'which?' or 'what?' (*quel/quelle/quels/quelles*) • masculine or feminine?	
Stratégies	• improving your speaking skills	
8F *Notre collège*	Talk about your school	102
Grammaire	• saying 'our' (*notre/nos*), 'your' (*votre/vos*) • saying 'their' (*leur/leurs*)	
Stratégies	• translating from French to English (1)	
8G *Au Sénégal*	Find out about a French-speaking country	104
Phonétique	• the letter 'r'	
8H *Une présentation*	Speak about school and prepare a presentation *Sommaire*	106
Stratégies	• preparing a presentation	
Presse-Jeunesse 3		108

Unité 9 C'est bon, ça!		Page
9A *À table!*	Find out about meals in France	110
Grammaire	• use the words for 'some'	
Phonétique	• the circumflex accent	
9B *Qu'est-ce que tu prends?*	Understand more about meals in France	112
Grammaire	• use the verbs **manger** (to eat) and **prendre** (to take)	
Stratégies	• recognising false friends	
9C *Les fruits et les légumes*	Use words for fruit and vegetables; discuss healthy eating	114
Phonétique	• the letters '*gn*'	
9D *Un repas en famille*	Discuss what you like to eat and drink; practise what to say when dining with French people	116
Grammaire	• use the negative and say *pas de* (not any)	
Phonétique	• the letters '*c*', '*k*', '*qu*'	
9E *Des projets*	Plan some meals and some picnics	118
Grammaire	• the future (**aller** + infinitive)	
9F *Les fêtes dans le monde*	Practise reading longer passages; learn more about festival foods; *Sommaire*	120
Stratégies	• reading for gist and detail	
Rappel 4 Unités 8–9		122

Unité 10 Amuse-toi bien!		Page
10A *On fait du sport?*	Talk about different sports	124
Stratégies	• translating from French to English (2)	
10B *Tu aimes la musique?*	Talk about music	126
Grammaire	• use **jouer de** + musical instrument	
10C *Mes passe-temps*	Talk about leisure activities	128
Grammaire	• **jouer de** … / **jouer à** … / **faire de** …	
Stratégies	• adding interest to your writing (4)	
Phonétique	• the letters '*un*' and '*um*'	
10D *La semaine dernière*	Talk about some recent activities	130
Grammaire	• nouns and adjectives • recognising the perfect tense	
10E *Au parc d'attractions*	Talk about some theme parks; use the 24 hour clock	132
Phonétique	• the letter '*x*'	
10F *Une journée exceptionnelle*	Describe a special day	134
Grammaire	• recognising the perfect tense	
Stratégies	• planning your writing	
Phonétique	• the letters '*-sion*', '*-tion*'	
10G *Les loisirs*	Talk about leisure in general; *Sommaire*	136
Stratégies	• learning and revising vocabulary	
Presse-Jeunesse 4		138

Au choix	Page 140
Extra practice and extension activities	
Grammaire	Page 158
A reference section where you can look up grammar points and verbs	
Glossaire	Français – anglais Page 167
You can check the meaning or gender of a word by looking it up in these sections	Anglais – français Page 173

Course information

Welcome to **Tricolore 6e édition**! Whether you are a total beginner or have studied some French before, you will be learning to use the language to talk about the things that interest you.

Tricolore 1 is available in print or online. The digital version of the book includes many interactive activities to help you learn French.

Dossier-langue Grammaire

These grammar boxes will help you understand the patterns and rules of French. The reference number, e.g. 5.3, links to the **Grammaire** section on pages 58–166, where you can find more detailed information.

Stratégies

In **Tricolore 1** you will find strategies for understanding the language you listen to and read, and for producing accurate French. The **Stratégies** boxes will also give you help with learning vocabulary and grammar.

Phonétique

These boxes help you to learn French sounds and to recognise how these sounds are written in French. So when you see a word written down, you will know how to pronounce it correctly, and when you hear a French word, you will know how to write it down.

These boxes provide interesting information on activities.

Vocabulaire

These boxes will give you key words to help you complete exercises and build your vocabulary.

 The audio symbol indicates that there is an audio track for you to listen to on Kerboodle.

 For some language activities, it is best to work with a partner or in a group.

 Support activities to further embed skills and knowledge, building assessment confidence with additional practice for every student.

 These activities offer an extra challenge.

Dossier personnel

Use this personal project file to look back at what you have learnt at the end of a term. It will also help with revision before a test or exam.

Sommaire

At the end of each unit, there is a summary of the key vocabulary and language taught in that unit.

Au choix

Extra practice and extension activities linked to each unit which can also be used for independent work.

Presse - Jeunesse

This is a magazine-style section for independent reading..

Rappel

This section contains revision activities and is suitable for independent work.

Grammaire

A reference section (pages 158–166) where you can look up grammar points you may have forgotten, such as nouns, gender (masculine or feminine), adjectives, irregular verbs etc. You can refer to this at any time.

Glossaire Glossaire

The glossary has two sections. In each section, the words are listed in alphabetical order.

In the *Français – anglais* section, you can look up the meaning of a French word or check the spelling or gender (masculine or feminine).

In the *Anglais – français* section, you can look up the French for an English word (if it's in the units).

Access the digital book, resources, audio, assessment and track your progress in class or at home with Kerboodle.

sept 7

Unité 1 Bonjour!

1A Ici on parle français

- learn about some aspects of French
- greet someone, ask their name and age and tell them yours
- use numbers 1–20

1. Le français, langue internationale

🎧 Regarde les photos et écoute.
Look at the photos and listen.

On parle français en France.

Au Sénégal, en Afrique, le français est une langue officielle.

Au Québec et dans d'autres régions du Canada, on parle français.

Voici l'île de la Martinique aux Caraïbes. On parle français ici.

Il y a des personnes de tous les continents qui parlent et qui apprennent le français. Ça, c'est intéressant!

2. Bonjour!

🎧 Écoute et répète.
Listen and repeat.

1) Bonjour, je m'appelle Alice.
2) Salut, je m'appelle Louis.
3) Moi, c'est Mariam. Et toi, tu t'appelles comment?
4) Salut, je m'appelle Dong.

3. Salut!

💬 À deux. Complétez la conversation.
Complete the conversation.

A Salut! Tu t'appelles comment?
B Je m'appelle ___. Et toi, ___ comment?
A Moi, je ___.

Vocabulaire

une langue – *a language*
on parle – *people speak*
ici – *here*
autres – *other*

il y a – *there is / there are*
ça – *that*
tous – *all*
qui apprennent – *who learn*

8 huit

Unité 1 Bonjour!

4. Les nombres

🎧 Écoute et répète. *Listen and repeat.*

0	1	2	3	4	5	6	7	8	9	10
zéro	un	deux	trois	quatre	cinq	six	sept	huit	neuf	dix

11	12	13	14	15	16	17	18	19	20
onze	douze	treize	quatorze	quinze	seize	dix-sept	dix-huit	dix-neuf	vingt

5. Tu as quel âge?

🎧 Écoute et lis. *Listen and read.*

1. – Salut, Dong. Tu as quel âge?
   – Bonjour, Alice. J'ai douze ans. Et toi?
   – Moi, j'ai onze ans.

2. – Voici Mariam. Salut, Mariam, tu as quel âge?
   – Moi, j'ai quatorze ans. Et toi, Louis, tu as quel âge?
   – J'ai treize ans.
   – À bientôt, Louis.
   – Au revoir, Mariam.

6. Des conversations

💬 À deux. Complétez la conversation. *Complete the conversation.*

A Bonjour! Tu t'appelles comment?

B Je m'appelle ___.
  Et toi, ___ comment?

A Je ___.
  Tu as quel âge?

B J'ai ___ ans. Et toi, tu as quel ___?

A J'ai ___.

B À bientôt, ___.

A Au revoir, ___.

7. Des phrases en français

1. a. Look at the sentences in French. Which words are the same, or nearly the same, in English?

   - Il y a un festival de musique en septembre.
   - Fantastique, j'adore la musique.
   - Comme transport, il y a le bus et le train.
   - Mes parents arrivent au village en bus.
   - Mes sports préférés sont le football, le hockey et le badminton.
   - Il y a un match de rugby le 23 octobre.

   🎧 b. Now listen to them. Some words sound similar and others sound quite different.

   💬 2. Try saying these words in a French way: *la musique, septembre, le transport, le bus, le train, le village.*

    3. Find five masculine nouns. Look for *le* or *un* in front of the noun.

Phonétique

The letter 'c'

ce ci ç = soft c

c'est voici ça français

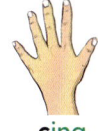
cinq

ca co cu = hard c

Canada comment curieux

carotte

Read the following words and make two lists: soft c and hard c.

calculatrice, cahier, centre, cinéma, cartable, cirque, garçon, comptez

ℹ️ In French, nouns often have a small word (an article) in front. Nouns for things and ideas are treated as masculine (*le, un*) or feminine (*la, une*). When the noun is in the plural, the article is *les* or *des*.

neuf 9

1B Qu'est-ce que c'est?

- talk about items for school and in the classroom
- learn about gender (masculine and feminine)
- learn how to make singular nouns plural

1. Des affaires d'école

Écoute et écris la bonne lettre.
Listen and write the correct letter.

Exemple: 1C

Vocabulaire

Qu'est-ce que c'est? – *What is it?*
Je ne sais pas. – *I don't know.*

Dossier-langue Grammaire 1.1, 1.2

Masculine and feminine (gender)

In French, all nouns are either **masculine (m)** or **feminine (f)**. This is called the gender of a noun.

Before a **masculine** word, use **un** for 'a' or 'an'. Use **le** for 'the', e.g. **le crayon** a pencil.

Before a **feminine** word, use **une** for 'a' or 'an'. Use **la** for 'the', e.g. **la chaise** a chair.

In English, nouns don't have genders, but in French and some other languages they do. Try to learn the gender of each new noun as you meet it.

2. Qu'est-ce que c'est?

a. Regarde les images. Écoute et écris le bon nombre.
Look at the pictures. Listen and write the correct number.

Exemple: 4, …

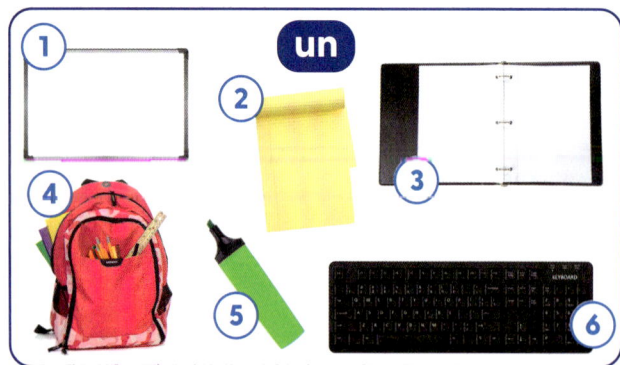

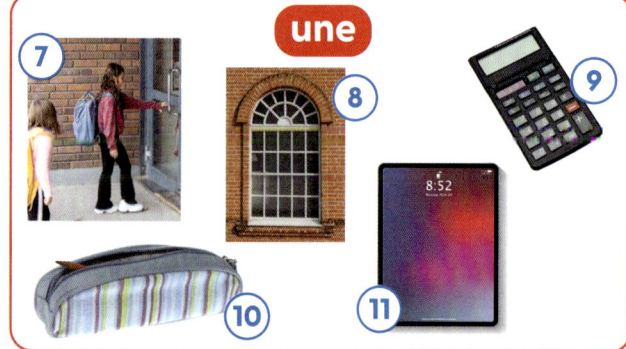

b. À deux. A pose une question. B répond.
A asks a question. B replies.

Exemple:

A Numéro 9, qu'est-ce que c'est?
B C'est une calculatrice. / Je ne sais pas. Qu'est-ce que c'est?

Phonétique

The letters 'qu'

qu'est-ce **qu**e c'est*   **qu**atre   **qu**inze   **qu**estion

*pronounced 'keske say'

Unité 1 Bonjour!

3. Au collège

Le cartable d'Alice **Le sac de Noah**

a. **Copie les bonnes phrases.**
   Copy the correct sentences.

   Exemple: Dans le cartable d'Alice, il y a quatre crayons, …

   1. Il y a quatre crayons.
   2. Il y a deux stylos.
   3. Il y a une trousse.
   4. Il y a trois livres.
   5. Il y a un portable.
   6. Il y a quatre règles.

b. **Copie et complète.**
   Copy and complete.

   Exemple: Dans le sac de Noah, il y a une calculatrice.

   1. Il y a ___ calculatrice (f).
   2. Il y a ___ carnet (m).
   3. Il y a ___ règles.
   4. Il y a ___ crayons.
   5. Il y a ___ taille-crayon (m).

Stratégies

Working out meaning

Words which look the same in French and in English are called **cognates**. It's easy to understand them when you read them, but it can be difficult when you hear them.

Listen to how these words are pronounced in French. You will hear them in a different order. Write down the first letter of each word as you hear it.

double	important	problème
éléphant	melon	surprise
fruit	nature	
garage	orange	

Dossier-langue Grammaire 1.3

Plural nouns

How do we usually make nouns plural in English? Can we normally hear the added letter?

To make nouns plural in French, we also add -s, but usually it is not pronounced.

un crayon → deux crayons

 Listen to these French words in the singular and plural. Can you hear the final -s in the plural?

1. **crayons**   2. **tables**   3. **articles**
4. **solutions** 5. **parents**   6. **sports**

In pairs, try saying plurals 1–6 in French and English.

 c. Regarde le sac de Mariam. Complète les phrases.
   Look at Mariam's bag. Complete the sentences.

Exemple: Dans le sac de Mariam, il y a une tablette.

| règle | trousse | calculatrice | livres |
| surligneurs | stylos | classeurs | crayons |

1. Il y a trois ___ et trois ___.
2. Il y a une ___.
3. Il y a deux ___ et deux ___.
4. Il y a quatre ___.

 d. Regarde le sac de Mariam. Écris six phrases.
   Look at Mariam's bag. Write six sentences.

   Exemple: Il y a quatre surligneurs.

   un (des) classeur(s) – *file(s)*
   un (des) crayon(s) – *pencil(s)*
   un (des) livre(s) – *book(s)*
   un (des) stylo(s) – *pen(s)*
   un (des) surligneur(s) – *highlighter(s)*
   une (des) règle(s) – *ruler(s)*
   une (des) tablette(s) – *tablet(s)*

onze 11

1C En classe

- understand classroom commands and vocabulary
- practise some questions and answers

1. Des instructions

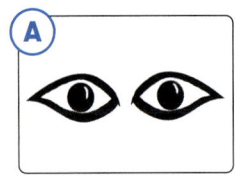 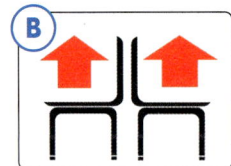  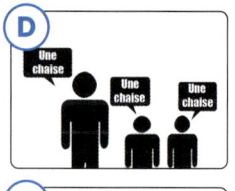 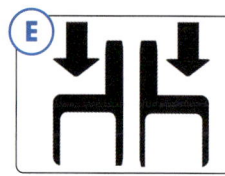
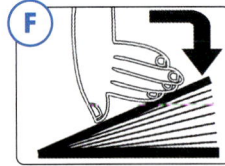 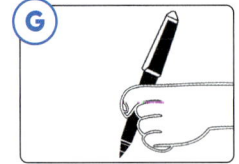 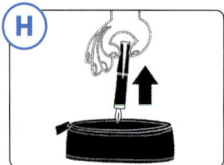  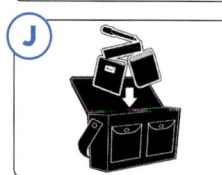

a. Trouve les paires. *Find the pairs.*

Exemple: 1B

1. Levez-vous
2. Asseyez-vous
3. Écoutez
4. Répétez
5. Regardez
6. Prenez un stylo
7. Écrivez
8. Ouvrez le livre à la page 10
9. Fermez le cahier
10. Rangez vos affaires

Dossier-langue Grammaire 11.7

Giving instructions

The form of the verb used to give instructions is called the **imperative**.

If you are speaking to one person, you use the singular, e.g. *Écoute*.

If you are speaking to more than one person, such as a group or the whole class, then use the plural form, e.g. *Écoutez*.

b. Écoute et écris la bonne lettre.
Listen and write the correct letter.

Exemple: 1E

c. Complète les phrases.
Complete the sentences.

Exemple: 1 *Écoutez la chanson.*

| cahier | chanson | crayons | fenêtre |
| livre | stylo | tableau | |

1. Écoutez la ___.
4. Regardez le ___.

2. Ouvrez le ___.
5. Prenez un ___.

3. Fermez le ___.
6. Comptez les ___.

d. Trouve les paires. *Find the pairs.*

Exemple: 1d

1. Trouve les paires.
2. Regarde les images.
3. Écoute et répète.
4. Écoute et écris.
5. Copie et complète.
6. Lis le texte.

a. Listen and repeat.
b. Copy and complete.
c. Read the text.
d. Find the pairs.
e. Look at the pictures.
f. Listen and write.

Phonétique

The letter 'é' with acute accent

éléphant

écoute   écris   répétez

Stratégies

Remembering the gender of nouns

To help you learn the gender of nouns, you could use colour coding. Write or highlight **masculine** nouns in **blue** and **feminine** nouns in **red**. Later you will picture each word in red or blue, and that will remind you of the gender.

1 Sommaire

2. Un, deux, trois

🎧 **Écoute et chante!**
Listen and sing!

- Un, deux, trois (1, 2, 3)
  Salut! C'est moi!
  Quatre, cinq, six (4, 5, 6)
  J'habite à Nice.
  Sept, huit, neuf (7, 8, 9)
  Dans la rue Elbeuf.

  Dix, onze, douze (10, 11, 12)
  Et toi?
- Toulouse.
  Treize, quatorze, quinze (13, 14, 15)
  Dans l'avenue de Reims.

  Seize, dix-sept (16, 17)
  Je m'appelle Colette.
  Dix-huit, dix-neuf, vingt (18, 19, 20) C'est la fin!
  Recommence au numéro un …

SOMMAIRE

Now I can …

- **say hello and goodbye and give my name**

Bonjour! Je m'appelle …	Hello. I'm called …
Tu t'appelles comment?	What are you called?
Salut! Je m'appelle …	Hi! I'm called …
Au revoir	Bye
À bientôt	See you

- **ask others their age and give my age**

Tu as quel âge?	How old are you?
J'ai quatorze ans. Et toi?	I'm 14. And you?

- **recognise masculine and feminine nouns**

  un livre   une table

- **make nouns plural**

  un cahier → des cahiers
  une trousse → des trousses

- **understand classroom commands**

À deux.	In pairs.
Asseyez-vous.	Sit down.
Complète … / Complétez …	Complete … / Fill in …
Compte … / Comptez …	Count …
Copie … / Copiez …	Copy …
Écoute … / Écoutez …	Listen …
Écris … / Écrivez …	Write …
Ferme … / Fermez …	Close …
Levez-vous.	Stand up.
Lis … / Lisez …	Read …
Ouvre … / Ouvrez …	Open …
Prends … / Prenez …	Take … / Pick up …
Range … / Rangez …	Put away …
Regarde … / Regardez …	Look at …
Répète / Répétez …	Repeat
Réponds / Répondez …	Reply
Travaillez à deux.	Work in pairs.
Trouve … / Trouvez …	Find …

- **name things in the classroom**

les affaires (d'école)	(school) things

masculine words

un cahier	exercise book
un carnet	notebook
un cartable	schoolbag
un classeur	file
un clavier	keyboard
un crayon	pencil
un feutre	felt-tip pen
un livre	book
un ordinateur (portable)	(laptop) computer
un portable	mobile phone
un sac (à dos)	bag (backpack)
un stylo	(ballpoint) pen
un surligneur	highlighter
un tableau (interactif)	(interactive) board
un taille-crayon	pencil sharpener

feminine words

une calculatrice	calculator
une chaise	chair
une fenêtre	window
une feuille (de papier)	a sheet of paper
une gomme	rubber
une porte	door
une règle	ruler
une table	table
une tablette	tablet
une trousse	pencil case

treize 13

Unité 2 J'habite ici

2A Aux quatre coins du monde

- understand people saying where they live
- learn the names of some different countries and the continents
- learn how to say 'in' a building, a town and a country

1. C'est mon pays

 a. Écoute et lis. *Listen and read.*

1 Alice
Moi, j'habite dans une ville près de Paris, en France. J'habite dans une maison.

2 Louis
Moi, j'habite à Dakar au Sénégal en Afrique. Dakar est la capitale du Sénégal et c'est un port important.

3 Océane
Je m'appelle Océane et j'habite en Martinique. C'est une île aux Caraïbes. J'habite au bord de la mer. C'est super.

- l'Amérique du Nord
- l'Amérique Centrale
- l'Amérique du Sud
- l'Europe
- l'Afrique
- l'Asie
- l'Australie et l'Océanie

4 Noah
Et moi, je m'appelle Noah et j'habite à Bruxelles en Belgique. La Belgique est un pays en Europe. J'habite dans un appartement au centre-ville. C'est génial.

5 Mariam
Moi, j'habite dans un village au Maroc. C'est à la montagne dans le sud du pays.

6 Dong
Moi aussi, j'habite dans un village. J'habite à la campagne. Mon village est au Vietnam dans le nord du pays. Le Vietnam est en Asie.

Unité 2 J'habite ici

b. Trouve le français. *Find the French.*

Exemple: 1 *dans une ville*

1. in a town
2. near Paris
3. in a house
4. a port
5. an island
6. by the sea
7. in a flat
8. in the mountains
9. in the countryside
10. in the north of the country

c. Complète les mots et traduis en anglais.
Complete the words and translate into English.

Exemple: 1 *une île – an island*

| appartement | campagne | île | maison |
| mer | montagne | pays | ville |

1. _n_ _l_
2. l_ m_r
3. _n p_ys
4. _n_ v_ll_
5. _n_ m__s_n
6. _n _pp_rt_m_nt
7. l_ c_mp_gn_
8. l_ m_nt_gn_

d. Qui habite ici? Attention, il y a deux possibilités pour 5-8.
Who lives here? Watch out, there are two possibilities for 5-8.

Exemple: 1 *Alice*

1. en France
2. au Maroc
3. aux Caraïbes
4. en Asie
5. dans un village
6. dans un pays d'Afrique
7. en Europe
8. dans la capitale du pays

Dossier-langue Grammaire 5.1, 5.3, 5.8

Saying 'in' a building, town, country or continent

In French there are several ways of saying 'in'. It could be **dans**, **en**, **à/au/aux**.
Look at the text on page 14 to complete the rules.

1. Use __ with a building, like a house or a flat.
2. Use __ when you just say 'in' a town or village, without giving the name.
3. Use __ with a named town or city, like Dakar or Bruxelles.
4. Use __ with masculine countries, like *le Sénégal*, *le Maroc* and *le Vietnam*.
5. Use __ for feminine countries, like *la France* and *la Belgique*.
6. Use **aux** for plural words like *les Caraïbes*.

Phonétique

The letters 'i' and 'y'

st**y**lo

l**i**vre

l**i**s **î**le v**i**lle pa**y**s

2. C'est en Europe ou en Afrique?

a. Écris des phrases. *Write sentences.*

Exemple: 1 *La Belgique est en Europe.*

1. La Belgique
2. Le Maroc
3. La France
4. Le Sénégal
5. L'Algérie
6. L'Italie
7. Le Mali
8. Le Royaume-Uni

Stratégies

Using clues to work out meaning

The pictures in an activity can help you work out what words mean. Words which are similar to English (called cognates) also help, e.g. *l'Afrique*, *centre*, *moderne*, *capitale*, *important*. Practise saying these words with a French accent.

What other cognates do you know?

 b. Complète les phrases. *Complete the sentences.*

Exemple: 1 *J'habite dans un appartement.*

1. J'habite __ un appartement.
2. Ma famille habite __ une maison.
3. Bruxelles est __ Belgique (f).
4. Martinique est __ Caraïbes (pl).
5. Paris est une ville __ France (f).
6. Birmingham est une ville __ Royaume-Uni (m).

 c. Regarde le texte à la page 14. Et toi, tu habites où? *Look at the text on page 14. And you, where do you live?*

Exemple: *J'habite dans une maison à Nice en France.*

2B Tu as une question?

- ask and answer questions
- say where you live
- use numbers up to 60+

1. Toi et moi

 a. *Écoute et lis.* Listen and read.

> Bonjour, Océane. Ça va?

> Salut, Louis. Oui, ça va. Et toi?

> Ça va bien, merci. Tu as quel âge?

> Moi, j'ai onze ans. Et toi?

> Treize ans.
> Toi, tu habites en Martinique, non?

> Oui, c'est ça. Et toi, Louis, tu habites où?

> Moi, j'habite au Sénégal.

> Ah bon, tu habites dans une ville?

> Oui, j'habite à Dakar, la capitale.
> Tu habites dans une maison?

> Oui, j'habite dans une maison au bord de la mer. Et toi?

> Moi, j'habite dans un appartement au centre-ville.

> A bientôt, Louis.

> Au revoir, Océane.

Vocabulaire

ça va? – OK? / how are you?
ça va bien, merci – fine, thank you

b. Tu as compris? Réponds en anglais.
   Did you understand? Answer in English.

   Exemple: 1 *eleven years old*

   1. How old is Océane?
   2. Is Louis older?
   3. Dakar is the capital of which country?
   4. Who lives by the sea?
   5. Who lives in the centre of town?
   6. Who lives in a house?

c. Trouve trois questions dans le texte.
   Find three questions in the text.

Dossier-langue Grammaire 8.2

Asking a question

There are several ways to ask a question in French.

The simplest is just to raise your voice in a questioning way:

Tu habites en France, non? You live in France, don't you?

Et toi? And you?

Tu habites dans une ville? Do you live in a town?

You can use a question word:

*Tu t'appelles **comment**?* What are you called? (Literally: **How** do you call yourself?)

*Tu as **quel** âge?* How old are you? (Literally: **Which** age are you?)

*Tu habites **où**?* **Where** do you live?

*Il y a **combien** de maisons ici?* There are **how many** houses here?

Another useful question is:

Qu'est-ce que c'est? What is it?

Phonétique

The letters 'j', 'ge', 'gi'

Bonj**our**

Jamaïque **j**e â**ge** villa**ge** Bel**gi**que

16 seize

Unité 2 J'habite ici

2. Les nombres 20 à 60

Écoute et répète. *Listen and repeat.*

20	21	22	23	24	25	26
vingt	vingt-et-un	vingt-deux	vingt-trois	vingt-quatre	vingt-cinq	vingt-six

27	28	29	30	40	50	60
vingt-sept	vingt-huit	vingt-neuf	trente	quarante	cinquante	soixante

3. La Résidence du Parc

Écoute et écris le bon numéro.
Listen and write down the correct number.

Exemple: 1 La famille belge habite au numéro 16.

(5, 16, 21, 23, 28, 30, 34, 39)

1. La famille belge
2. Le journaliste africain
3. La cycliste anglaise
4. Le musicien de la Jamaïque
5. La famille française
6. La gymnaste du Canada
7. Le footballeur des Caraïbes
8. L'artiste américaine

Stratégies

Memorising numbers

- Learn numbers in groups of five.
- Sing the numbers in a song (see page 13).
- Make some number cards for a game (e.g. dominoes with words and numbers: *deux* / 8, *huit* / 6, etc.).
- With difficult numbers, link them to a picture or a rhyming word (e.g. *quinze* might be a row of 15 cans!). Something funny or crazy will be more memorable.
- Record yourself saying the numbers in French in any order – then listen back and write the numeral you hear (e.g. you hear *treize*, you write 13).

4. Une jeune personne

a. Complète avec tes détails ou des détails imaginaires. *Complete with your details or imaginary details.*

Exemple: 1 *Je m'appelle Alice.*

1. Je m'appelle ___.
2. J'ai ___ ans.
3. J'habite dans ___ (un appartement / une maison).
4. C'est au numéro ___.
5. J'habite dans ___ (une ville / un village).

b. Réponds aux questions en plus.
Answer more questions.

1. C'est ___ (près de … / au nord / au sud du pays / au bord de …).
2. Mon pays est en ___.

5. Des conversations

a. À deux. Inventez une conversation.
In pairs, make up a conversation.

A Tu t'appelles comment?
B Je m'appelle ___. Et toi, tu t'appelles comment?
A Moi, je m'appelle ___. Tu as quel âge?
B J'ai ___ ans. Et toi, tu as quel âge?
A Moi, j'ai ___ ans. Tu habites où?
B J'habite ___. Et toi, tu habites où?
A J'habite ___.

b. Pose une autre question.
Ask another question.

A La ville / Le village, c'est où?
B C'est ___ (près de … / au nord / au sud du pays).
C'est en/au/aux ___ (pays/continent).

dix-sept 17

2C Comment ça s'écrit?

- say what day of the week it is
- spell words using the French alphabet

1. On est quel jour?

Écris le jour et traduis en anglais.
Write the day and translate into English.

Exemple: lu. – lundi, *Monday*

| lu. | ma. | me. | je. | ve. | sa. | di. |

| lundi | mardi | mercredi | jeudi |
| vendredi | samedi | dimanche |

Les jours de la semaine

In French, days of the week are written with a small letter at the beginning, not a capital. They are often shortened to the first 2 or 3 letters.

The name of each day includes the letters 'di'. Which day has these letters in a different place from the others? What do you think 'di' means?

The weekend in French is a cognate: *le weekend*.

2. La semaine d'un journaliste

a. Écoute et lis. *Listen and read.*

Vocabulaire

il/elle voyage – *he/she travels*   **il/elle est** – *he/she is*

Lou Leroux est journaliste. Il voyage beaucoup en Europe cette semaine.

lundi
Lundi, il est dans un village à la campagne.

mardi
Mardi, il est à Londres, au Royaume-Uni.

mercredi
Mercredi, il est à Madrid en Espagne.

jeudi
Jeudi, Lou est à un match de football en Allemagne.

vendredi
Vendredi, il est à la montagne en Italie.

samedi
Samedi, Lou est à Paris en France.

dimanche
Lou est à la maison. Ouf!! Il adore le dimanche!

b. Lis les phrases. C'est vrai ou faux?
Read the sentences. Is it true or false?

Exemple: 1 C'est vrai.

1. Lundi, Lou est à la campagne.
2. Mardi, Lou est au Royaume-Uni.
3. Mercredi, Lou est en Italie.
4. Jeudi, Lou est à un match de cricket.
5. Vendredi, Lou est au bord de la mer.
6. Lou adore le dimanche.

c. Corrige les phrases qui sont fausses.
Correct the sentences which are wrong.

3. L'alphabet

Écoute et chante. *Listen and sing.*

Moi, je sais l'alphabet,
Écoute, est-ce que c'est bon?
A, B, C, D, E, F, G, H …
- Ça continue comment?
- A, B, C, D, E, F, G, H,
  I, J, K, L, M, N, O, P …
- Ça continue comment?
  [...] Q, R, S, T, U, V, W,
- Ça continue comment?
  [...] X, Y, Z.
- Ça continue comment?
- Idiote, c'est tout, c'est bon!
  A, B, C, [...] X, Y, Z

4. Tu habites où?

Écoute et écris les villes. *Listen and write the towns.*

Exemple: 1 Lyon

2 Sommaire

5. Des conversations

 a. Écoute et lis. Complète avec les mots de la case.
Listen and read. Complete with the words from the box.

1. – Bonjour, Michel. Tu as (1) ___ âge?
   – Salut, Sophie. Moi, j'ai onze ans. Tu habites en France, (2) ___?
   – Oui, c'est ça. Et toi, Michel, tu habites (3) ___?
   – Moi, j'habite en Guadeloupe. C'est une (4) ___ aux Caraïbes.
   – Comment ça s'écrit?
   – G-U-A-D-E-L-O-U-P-E

île	non
où	quel

2. – Ah bon, tu (1) ___ dans une ville?
   – Non, j'habite dans un village au bord de la (2) ___.
   – Tu habites (3) ___ un appartement?
   – Non, j'habite dans une (4) ___.

dans	habites
maison	mer

3. – Tu habites à quel (1) ___?
   – J'habite au numéro (2) ___.
   – Voilà mon (3) ___. Au revoir, Michel.
   – À (4) ___, Sophie.

bientôt	bus
numéro	trente

 b. À deux. Lisez la conversation.
Read the conversation.

 c. Inventez une autre conversation.
Invent another conversation.

L'alphabet
Some letters can be tricky in French.

| e | *euh* | h | *ach* | v | *vé* |
| g | *gé* | j | *ji* | w | *double vé* |

Think of some ways to help, e.g.

'i' and 'j' rhyme as in *Fiji*

'g' begins the French word *géographie*

'h' sounds like the French word for 'axe' which is *hache*

'w' is pronounced *double v* in French, not 'double u'. Think of VW cars. The two letters rhyme in French.

SOMMAIRE

Now I can …

- **talk about continents (see page 14) and countries**

Allemagne (f)	Germany
Angleterre (f)	England
Belgique (f)	Belgium
Canada (m)	Canada
Caraïbes (f pl)	the Caribbean
France (f)	France
Italie (f)	Italy
Jamaïque (f)	Jamaica
Maroc (m)	Morocco
Royaume-Uni (m)	United Kingdom
Sénégal (m)	Senegal
Vietnam (m)	Vietnam

- **talk about where I live**

J'habite dans …	I live in …
une maison	a house
un appartement	a flat
une ville / un village	a town / a village
C'est …	It's …
au centre-ville	in the town centre
à Londres	in London
près de Paris	near Paris
à la montagne	in the mountains
au bord de la mer	by the sea
à la campagne	in the countryside
dans le nord/sud du pays	in the north/south of the country

- **ask questions**

Et toi?	And you?
Tu habites où?	Where do you live?
Qu'est-ce que c'est (en français/anglais)?	What is it (in French/English)?
Comment ça s'écrit?	How do you spell it?

- **use numbers up to 60 (see page 17)**
- **say what day of the week it is (see page 18)**
- **use the French alphabet (see page 18)**

Unité 3 Chez moi

3A Ma famille

- talk about your family and other people
- use the singular of the verb *avoir* (to have)

1. La Famille Ba

 a. Écoute et lis. *Listen and read.*

- Salut, Louis! Ça va?
- Oui, pas mal. Et toi?
- Oui, ça va. Louis, tu as des frères et sœurs?
- Oui, j'ai un frère et une sœur.
- Il a quel âge, ton frère?
- Il a dix ans. Mon frère s'appelle Abdou.
- Et ta sœur, elle s'appelle comment?
- Elle s'appelle Amina et elle a quatorze ans. Dans ma famille, il y a cinq personnes: mes parents et trois enfants.

> **Vocabulaire**
>
> **mon, ma, mes** – *my*
>
> **ton, ta, tes** – *your*
>
> You will learn more about this in 3B.

Ma sœur s'appelle Amina. Elle a quatorze ans.

Mon frère s'appelle Abdou et il a dix ans.

Monsieur Ba est le père de la famille.

Madame Ba est la mère de la famille.

 b. Qu'est-ce que c'est en français?
What is it in French?

Exemple: 1 un frère

1. a brother
2. a sister
3. my family
4. five people
5. my parents
6. three children
7. mother
8. father

c. Tu as bien compris? *Did you understand?*

1. How many people are in the family?
2. How old is Louis' brother?
3. How old is his sister?

d. Complète les phrases.
Complete the sentences.

Exemple: 1 *as*

1. Tu ___ des frères et sœurs?
2. J'___ un frère.
3. Il ___ quel âge?
4. Il s'___ comment?
5. J'ai ___ sœur.
6. Elle a neuf ___.

> a   ai   ans   appelle   as   une

> **Phonétique**
>
> The letter 'è' with grave accent
>
> règle
>
> frère   mère   père

Unité 3 Chez moi

> **Dossier-langue** Grammaire 11.10, 11.13
>
> **The singular of avoir (to have)**
>
> You have now met all the singular parts of **avoir**.
>
> | **j'ai** | I have | **il a** | he has |
> |---|---|---|---|
> | **tu as** | you have | **elle a** | she has |
>
> Why has *je* (I) been shortened to *j*?
>
> When *je* comes before a vowel or silent 'h', it changes to *j'*.
>
> Remember *j'habite*? This time it's *j'ai*.
>
> Does it sound like one word or two?
>
> Which letter does the *tu* form end in? Can you hear the final letter?
>
> In the *tu* form, many verbs end in the same letter, e.g. *tu habite**s***.
>
> Remember, to say your age in French, use *avoir*:
>
> *J'ai douze ans.* I am ('have') 12 years (old).
>
> You also use part of *avoir* in the phrase *il y a*, meaning 'there is' or 'there are'.

2. Avoir

 a. Complète le verbe en français. *Complete the verb in French.*

Exemple: 1 *ai*

1. J'__ I have
2. __ you have
3. __ he has
4. __ she has
5. __ there are

b. Traduis en français. *Translate into French.*

Exemple: 1 *J'ai un frère.*

1. I have one brother.
2. Do you have any brothers?
3. No, I have a sister.
4. She is sixteen.

3. Trois familles

 a. Écoute et lis. *Listen and read.*

1. – Alice, tu as des frères et sœurs?
   – Non, je suis fille unique.
   – Tu as des cousins?
   – Oui, j'ai une cousine et un cousin.

2. – Et toi, Noah, tu as des frères et sœurs?
   – Non, je suis fils unique. Dans ma famille il y a quatre personnes: ma mère, mon père, ma grand-mère et moi. Ma grand-mère habite aussi à la maison.
   – Tu as des cousins?
   – Oui, j'ai un cousin. Il habite avec mon oncle et ma tante à la campagne.

3. – Et toi, Océane. Tu es fille unique aussi?
   – Non, non. Dans ma famille, il y a ma mère, mon beau-père et aussi mon demi-frère, ma demi-sœur et moi.

 b. C'est qui? *Who is it?*

1. Elle est fille unique.
2. Elle a une demi-sœur.
3. Elle habite avec sa mère et son beau-père.
4. Il est fils unique.
5. Elle a des cousins.
6. Sa grand-mère habite à la maison.

c. Vrai ou faux? *True or false?*

1. Alice a une sœur.
2. Elle a un cousin et une cousine.
3. Noah est fils unique.
4. Il a treize cousins.
5. Océane a un demi-frère.
6. Dans sa famille, il y a huit personnes.

4. Des conversations

 a. À deux. A pose une question. B répond. Puis, changez de rôle. *A asks a question. B replies. Then change over.*

– Tu as des frères et sœurs?   – Tu as des cousins?

 b. À deux. Posez trois questions en plus. *Ask three more questions.*
Il y a combien de personnes dans ta famille?
Il/Elle s'appelle comment? Il/Elle a quel âge?

> – Oui, j'ai un frère / ... frères / un demi-frère / ... demi-frères.
> – Oui, j'ai une sœur ... sœurs / une demi-sœur / ... demi-sœurs.
> – Non, je suis fils/fille unique.
> – J'ai ... cousin(s)/cousine(s).

vingt-et-un **21**

3B Ma vie

- use the words for 'my', 'your', 'his' and 'her' + noun
- talk about some different languages

1. Dani et son frère

lundi — J'ai un texto de mon frère, Théo. Il est à Nice.

mardi — Voici la guitare de mon frère. J'adore la musique.

mercredi — Mon frère a une batte de cricket. J'aime le cricket.

jeudi — Mon frère a une tablette. Je regarde une vidéo.

vendredi — Où est mon cartable? Ah, voici le sac à dos de mon frère.

samedi — Il y a un match de football. Je prends le ballon de mon frère.

dimanche — Aïe! Voici mon frère.

 Écoute et lis. Tu as bien compris?
Listen and read. Did you understand?

1. Where is Dani's brother most of the week?
2. Which of his brother's things does Dani use?
3. What is the problem on Sunday?

2. On parle de la famille

a. **Complète** avec **mon, ma** ou **mes**.
   Complete with 'my'.

   Exemple: 1 mon

   1. Voici ___ frère.
   2. Et ça c'est ___ sœur.
   3. J'habite avec ___ parents.
   4. ___ demi-sœur a treize ans.
   5. Dans la photo, il y a ___ père, ___ mère et moi.

Dossier-langue Grammaire 4.1

The words for 'my', 'your', 'his' and 'her'

There are three different words for 'my': **mon, ma** and **mes**, and three words for 'your': **ton, ta** and **tes**.

The words for 'his' and 'her' follow a similar pattern.

	masculine (m)	feminine (f)	plural (m or f)
my	mon (frère)	ma (sœur)	mes (cousins)
your	ton (père)	ta (mère)	tes (parents)
his/her	son (oncle)	sa (tante)	ses (amis)

These words are called 'possessive adjectives'. The word for 'my', 'your', 'his', 'her' is masculine, feminine or plural to match the noun which follows it.

If the singular word begins with a vowel (a, e, i, o or u), use *mon, ton, son*, even if the word is feminine.

Unité 3 Chez moi

b. **Complète avec ton, ta ou tes.**
Complete with 'your'.

Exemple: 1 ta

1. Il y a combien de personnes dans __ famille?
2. __ demi-frère a quel âge?
3. __ grands-parents sont à la maison?
4. __ cousine s'appelle comment?
5. Comment s'appelle __ ami?

c. **Ces choses sont à Théo. Complète avec son ou sa.**
These things belong to Théo. Complete with 'his'.

Exemple: 1 sa

1. Voici __ guitare (f).
2. C'est __ batte (f) de cricket.
3. Voilà __ tablette (f).
4. Je prends __ sac à dos (m).
5. C'est __ ballon de foot (m).

Phonétique

The letters 'a', 'à' with grave accent, '-as', 'at'

Afrique

voil**à**   b**as**

b**at**te

s**a**c

Vocabulaire

Des nationalités

allemand/allemande
anglais/anglaise
espagnol/espagnole
marocain/marocaine
sénégalais/sénégalaise

3. Des familles bilingues

 a. **Écoute et lis. Trouve le français.**
Listen and read. Find the French.

Exemple: 1 marocain

1. Moroccan
2. Spanish
3. Arabic
4. also
5. at school
6. China
7. Chinese
8. but
9. in our home
10. we speak

b. **Complète avec les mots de la case.**
Complete with the words from the box.

Exemple: 1 père

1. Le __ de Mariam est marocain.
2. Sa mère est __.
3. Au Maroc, la langue officielle est l'__.
4. En famille, Mariam parle __.
5. Comme langues, elle parle __.

arabe   espagnol   espagnole
français   arabe   père

c. **Réponds aux questions.**
Answer the questions.

Exemple: 1 en Chine

1. Chen habite dans quel pays?
2. Quelle est la langue officielle dans son pays?
3. Sa mère est de quelle nationalité?
4. Son père est de quelle nationalité?
5. Qu'est-ce qu'on parle comme langue à la maison?

Salut! C'est moi, Mariam. J'habite au Maroc avec mes deux frères et ma sœur. Avec mes parents, on est six à la maison. Mon père est marocain, mais ma mère est espagnole. Au Maroc, la langue officielle est l'arabe mais beaucoup de personnes parlent français aussi. Chez nous, on parle espagnol à la maison, mais je parle arabe et français au collège.

Moi, je m'appelle Chen. J'habite à Shanghai en Chine. J'ai une sœur. Elle a dix-huit ans. En Chine, la langue officielle est le mandarin. Ma mère est chinoise, mais mon père est français. Normalement je parle mandarin, mais en famille on parle français.

  d. **Mon ami(e).**

Écris le nom, l'âge et la nationalité d'un garçon ou d'une fille imaginaire.
À deux, posez les questions et répondez.
My friend.
Write the name, age and nationality of an imaginary boy or girl.
In pairs, ask and answer questions.

Exemple: Adam, 12, français

A Ton ami s'appelle comment?
B Il s'appelle Adam.
A Il a quel âge?
B Douze ans.
A Il est de quelle nationalité?
B Il est français.

vingt-trois **23**

3C Ma maison

- talk about your home
- use the singular of *être* (to be)

1. Notre maison

a. Regarde le plan de la maison. Écoute et lis.
Look at the plan of the house. Listen and read.

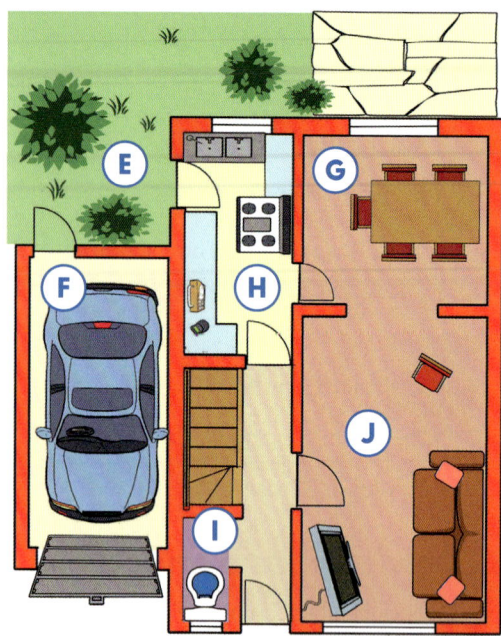

Bonjour. Je suis Sophia. J'habite dans une maison dans la rue du Château. Dans ma famille il y a cinq personnes: ma sœur et moi, mes parents et mon petit frère, Nicolas. C'est un bébé et il a un an.

Voici notre maison et notre jardin. Et voici le garage.

Dans la maison, il y a huit pièces: le salon, la salle à manger, la cuisine, les toilettes, la salle de bains et trois chambres.

Dans la chambre de mes parents, il y a un lit et deux tables de nuit. Il y a un balcon. C'est bien, non?

Moi, je partage une chambre avec ma sœur. Il y a deux lits dans la chambre. Il y a un rideau pour diviser la chambre en deux. Dans ma partie, j'ai mon bureau, une chaise et toutes mes affaires.

Dans la chambre du bébé, il y a un lit bébé, des jouets et des livres.

Près des chambres, il y a la salle de bains.

Dans la salle à manger, il y a une table et cinq chaises. La cuisine est tout près.

Il y a un canapé dans le salon avec des coussins. C'est très confortable.

Il y a aussi un jardin avec des plantes. J'aime bien ça.

b. C'est où? *Where is it?*

Exemple: 1J

1. le salon
2. la salle à manger
3. la cuisine
4. les toilettes
5. la chambre des parents
6. la chambre des deux sœurs
7. la chambre du bébé
8. la salle de bains
9. le jardin
10. le garage

c. Trouve les paires. *Find the pairs.*

Exemple: 1b

1. Dans la maison, …
2. Dans la salle à manger, …
3. Dans la chambre des filles, …
4. Dans le salon, …
5. Dans la chambre de mes parents, …
6. Il y a des plantes …

a. il y a cinq chaises et une table.
b. il y a huit pièces.
c. il y a un balcon.
d. dans le jardin.
e. il y a un rideau.
f. il y a un canapé et des coussins.

Phonétique

The letter 'u'

lune

tu une unique rue

24 vingt-quatre

Unité 3 Chez moi

2. Un appartement au centre-ville

 Écoute et lis. Trouve le français.
Listen and read. Find the French.

Exemple: 1 un immeuble

1. block of flats
2. rooms
3. living room
4. large window
5. view

Salut! Aujourd'hui je suis dans l'appartement de mon oncle et de ma tante. L'appartement est dans un immeuble au centre-ville. Dans l'appartement il y a six pièces. Il y a une salle de séjour, deux chambres, une cuisine, une salle de bains et des toilettes. J'aime bien la salle de séjour. Dans la salle, il y a une grande fenêtre avec vue sur la ville.

Dossier-langue Grammaire 11.13

The singular of être (to be)

Moi, je **suis** fils unique?
Et toi, tu **es** fille unique?

Où **est** ton appartement?

Il **est** dans l'immeuble B.

The words in bold are parts of the verb **être** (to be).
Copy this table and fill in the English meanings.

	Singular		English
1st person	je	suis	
2nd person	tu	es	
3rd person	il/elle	est	

The expression *c'est* is often used to say 'it's …'.
What do these phrases mean?

C'est compliqué.   *C'est vrai ou faux?*   *C'est où?*

Don't forget you can use *il y a* to say 'there is' or 'there are'.

3. Être

a. Complète les phrases.
Complete the sentences.

Exemple: 1 Tu *es* où aujourd'hui?

1. Tu __ où aujourd'hui?
2. Je __ à la maison de mes grands-parents.
3. Mon cousin __ là aussi.
4. Il __ dans le jardin avec ma grand-mère.
5. Mon oncle __ dans la cuisine.
6. Mon grand-père __ dans sa chambre.
7. Il __ dans son lit.

b. Choisis et traduis trois phrases en anglais.
Choose and translate three sentences into English.

 c. Traduis deux phrases en plus.
Translate two more sentences.

4. À deux

 a. À deux. A écrit le nom d'une pièce. B devine où est A. Changez de rôle.
In pairs, A writes the name of a room. B guesses where A is. Change over.

Exemple: A écrit: *le salon*

B Tu es où? Tu es dans **la cuisine**?   A Non.

B Tu es dans **le salon**?   A Oui, c'est ça. Je suis dans **le salon**. Et toi, tu es dans __?

 b. À deux, lisez la conversation. Puis, changez les mots en couleur.
In pairs, read the conversation. Then change the highlighted words.

A Tu es où?

B Je suis à **l'appartement** de **ma grand-mère**.

A C'est où exactement?

B C'est **à la campagne**.

A C'est dans quel pays?

B C'est **au Maroc**.

l'appartement	la maison
à la campagne	
au centre-ville	
à la montagne	
dans un village	

ma grand-mère	mon cousin
ma tante	mon oncle

au Maroc	en France
en Jamaïque	en Chine
au Sénégal	

vingt-cinq **25**

3D C'est où?

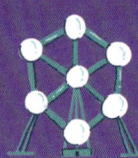

- describe where things are in a room
- use some prepositions
- learn more about masculine and feminine

1. Notre chambre

 Écoute et lis. *Listen and read.*

Salut! Je suis Lyam et j'ai un frère. Mon frère s'appelle Matis.

Je partage une chambre avec Matis. C'est compliqué. Moi, je suis bien organisé, mais pas Matis. Voici notre chambre.

Voici mes affaires. Mes livres sont sur la table et mes crayons sont dans la boîte.

Mon stylo est sur le cahier et mes classeurs sont sous la table.

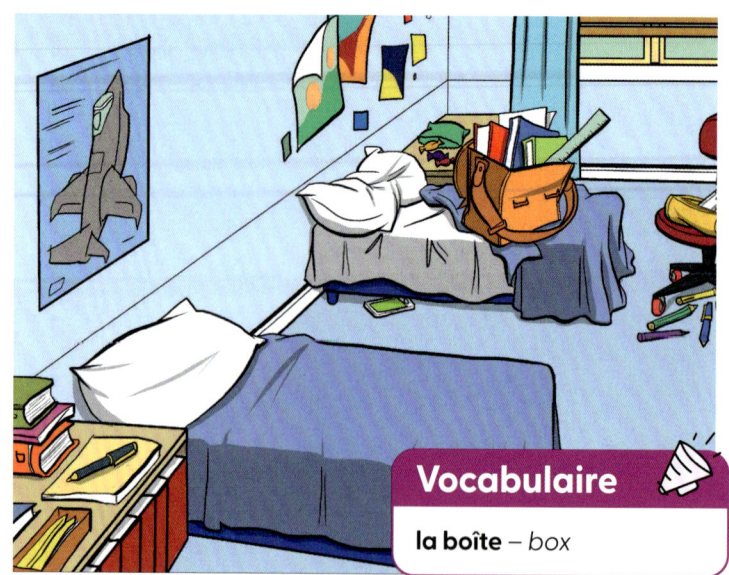

Vocabulaire

la boîte – box

Et voici les affaires de mon frère Matis.
Où est le sac? Ah oui, il est sur le lit!
Dans le sac, il y a une règle et des livres.
Et qu'est-ce qu'il y a sous le lit? Voilà!
Son portable est sous le lit.
Et voici la trousse de Matis, elle est sur la chaise.
Et qu'est-ce qu'il y a dans la trousse? Il y a une gomme dans la trousse, mais les crayons et le stylo sont sous la chaise!

2. La chambre des garçons

Complète les phrases avec sous, sur ou dans.
Complete the sentences with 'under', 'on' or 'in'.

Exemple: 1 sur

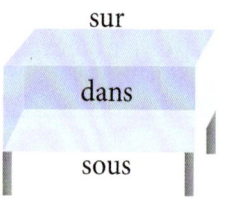

1. Les livres de Lyam sont ___ la table.
2. Il y a aussi une boîte ___ la table.
3. ___ la boîte il y a des crayons.
4. Et son stylo? Il est ___ le cahier.
5. Et ses classeurs? Ils sont ___ la table.
6. Où est le sac de Matis? Il est ___ son lit.
7. Et où est sa gomme? Elle est ___ la trousse.
8. Et la trousse est ___ la chaise.
9. La règle de Matis est ___ son sac.
10. Et son portable? Il est ___ le lit.

Stratégies

Remembering vocabulary

At home, think of the French name for the room you are in and say it aloud or in your head, e.g. *Je suis dans ma chambre, je suis dans la cuisine.* You could put sticky notes around the house to remind you of the rooms and their contents.

3. Où est …?

Trouve les paires. *Find the pairs.*
Exemple: 1c

a. Elle est sous la table.
b. Il est dans le jardin.
c. Il est sous le canapé.
d. Elle est sur le lit.
e. Elle est dans le jardin.
f. Il est sur la chaise.

1. Où est le sac à dos?

2. Où est la batte de cricket?

3. Où est la tablette?

4. Où est le ballon de football?

5. Où est la guitare?

6. Où est le portable?

Unité 3 Chez moi

Dossier-langue Grammaire 1.1, 1.2

Masculine and feminine

All nouns in French are either **masculine** or **feminine**. You can often tell if a word is masculine or feminine by the word in front of it, e.g.

masculine

Mon frère a un portable.

feminine

Où est la guitare de ta sœur?

In some lists and in a dictionary, the gender of a noun is shown by 'm' or 'f'.

Copy and complete.

	masculine	feminine	beginning with vowel or silent 'h'
a (or an)	un	___	un / une
the	___	la	l' / l'
my	mon	___	mon / mon
your	ton	ta	___ / ___
his/her	son	sa	son / ___
he/she/it	il	elle	

The word *il* can mean 'it' when it refers to a **masculine** noun, e.g.

Où est le crayon? Il est sur la table.

Elle means 'it' when it refers to a **feminine** noun, e.g.

Voici la trousse. Elle est sous la table.

4. C'est comment?

 a. Complète les phrases.

Complete the sentences.

Exemple: 1 *cinq*

1. Dans l'appartement, il y a __ pièces.
2. __ la salle de séjour, il y a un balcon.
3. Le balcon a une vue __ la ville.
4. Sur le balcon, il y a des __.
5. Dans la pièce __ un canapé.
6. Sur le canapé il y a des __.

chaises   cinq   coussins
Dans   il y a   sur

Phonétique

The letters 'ch'

chaise
chambre   Chine   chocolat

 b. Écris une description d'un appartement ou d'une maison.

Write a description of a flat or a house.

Exemple:

Dans la maison / l'appartement, il y a … pièces:
le salon, … chambre(s), la cuisine et …

Dans le salon / la salle de séjour, il y a un canapé et …

5. Toi et moi

 À deux. **Inventez une conversation.** *In pairs, make up a conversation.*

Des questions possibles	Des réponses
Tu habites où?	J'habite …
C'est dans quel pays?	C'est …
On parle quelle langue à la maison?	On parle anglais/français/créole/swahili/espagnol, etc.
Qu'est-ce qu'il y a dans ta maison / ton appartement?	Dans notre maison/appartement, il y a …
Ta chambre est comment?	Dans ma chambre, il y a …

6. Dossier personnel

Écris des phrases sur ta famille, ta maison ou ton appartement, ta chambre, etc. pour ton dossier personnel.

vingt-sept 27

3E Une famille fantastique

• read a poem in French

1. Alban et sa famille extraordinaire

 Écoute et lis le poème. *Listen and read the poem.*

Phonétique

The letters 's' (between vowels), 'z'

zéro chaise maison musique

1. Bonjour! Je m'appelle Alban.
   J'ai quel âge? J'ai un an.
   Et qui a cinq ans? Mon grand-père.
   C'est bientôt son anniversaire.

2. J'ai trente frères et vingt-huit sœurs,
   et j'ai aussi dix demi-sœurs.
   Mes vingt-huit sœurs, elles habitent
   dans la chambre de Marguerite.

3. C'est nul chez elle: il y a des classeurs,
   et des livres de toutes les couleurs.
   Et où est le lit de mes sœurs?
   Voilà! Il est sous l'ordinateur.

4. Pour moi, Alban, et mes frères,
   c'est différent et c'est super:
   on habite dans la chambre de Mathieu.
   Il y a de la place pour trente-deux.

5. Chez Mathieu, pas de cahiers,
   mais il y a une grande télé,
   un portable et des jeux vidéo,
   et de la musique pop à la radio.

6. J'ai aussi plusieurs cousines;
   elles habitent dans la cuisine.
   Et où sont donc mes cousins?
   Eh bien, dans la salle de bains.

7. Et toi, tu as des frères et sœurs?
   Ou peut-être des demi-sœurs?
   J'espère que tu n'es pas enfant unique;
   une grande famille, c'est fantastique!

a. Vrai ou faux! *True or false?*

1. Alban est enfant unique.
2. Il a beaucoup de frères.
3. Il aime les grandes familles.
4. Ses cousins habitent dans la cuisine.
5. Son grand-père a dix ans.
6. Marguerite a un ordinateur.

b. Complète les phrases. *Complete the sentences.*

1. Le grand-père d'Alban a __ ans.
2. Alban a __ frères et 28 __.
3. Le lit des sœurs d'Alban est __ l'ordinateur.
4. Dans la chambre de Mathieu, il y a des __.
5. Mathieu aime regarder la __.

2. Une famille curieuse

Invente une famille imaginaire. Décris les membres de la famille.
Invent an imaginary family. Describe the family members.

Exemple: Voici la famille Techno. Le grand-père s'appelle Monsieur Ordi. La grand-mère, c'est Madame Tablette. Voici le père. Il s'appelle … Ça, c'est la mère. Elle s'appelle … Voici le fils. Il …

Vocabulaire

(il n'y a) pas de … – (there are) not any, no …	
plusieurs – several	**j'espère que** – I hope that
peut-être – perhaps	**tu n'es pas** – you aren't

Stratégies

Reading a text

Some words in the poem may be new to you, but you don't need to understand every word in order to get the gist of it.

The context may help. Verse 1 is about ages, so you could guess that *anniversaire* might mean birthday. If there are pictures, they can help you work out the context.

Some words may be similar to words you know, like *habitent* (they live) in verse 2, from the verb *habiter*.

Look for cognates and near-cognates, such as *couleurs* in verse 3.

Maybe you could guess that *grande* in verse 7 means 'big' or 'large'.

3 Sommaire

Now I can ...

- **ask about someone's family**

Tu as des frères et sœurs?	Do you have you any brothers and sisters?

- **talk about my family**

la famille	the family
un père	a father
une mère	a mother
un beau-père	a stepfather
une belle-mère	a stepmother
un frère	a brother
une sœur	a sister
un demi-frère	a stepbrother, half brother
une demi-sœur	a stepsister, half sister
un(e) cousin(e)	a cousin
un grand-père	a grandfather
une grand-mère	a grandmother
des parents (m pl)	parents
des grands-parents (m pl)	grandparents
un oncle	an uncle
une tante	an aunt
Je suis ...	I am ...
fils unique	an only son
fille unique	an only daughter
enfant unique	an only child
l'ami(e) de ...	the friend of ...

- **talk about languages**

bilingue	bilingual
la langue (officielle)	the (official) language
on parle ...	we/they speak ... / ... is spoken
l'allemand	German
l'anglais	English
l'arabe	Arabic
l'espagnol	Spanish
le français	French
le mandarin	Chinese

- **say where things are (see page 26)**

- **talk about rooms in a home**

Dans la maison / l'appartement, il y a ...	In the house/flat there is/are ...
la salle à manger	the dining room
le salon	the lounge/sitting room
la salle de séjour	the living room
la cuisine	the kitchen
la salle de bains	the bathroom
la chambre	the bedroom
les toilettes (f pl)	the toilet(s)
le garage	the garage
le jardin	the garden
le balcon	the balcony

- **talk about furniture and fittings**

un bureau	a desk
un canapé	a sofa
un coussin	a cushion
une chaise	a chair
un lit	a bed
une table (de nuit)	a (bedside) table

- **talk about technology**

un clavier	a keyboard
un écran	a screen
une imprimante	a printer
un jeu vidéo	a video game
un texto	a text message
le wifi	Wi-Fi

- **ask for and give information about other people**

C'est qui?	Who's that? / Who is it?
C'est ...	It's ...
Il/Elle s'appelle comment?	What is he/she called?
Il/Elle a quel âge?	How old is he/she?
Il/Elle a ... ans.	He/She is ... years old.

- **use the singular forms of the verb avoir (see page 21)**

- **use mon/ ma/ mes (my), ton/ ta/ tes (your) and son/ sa/ ses (his/her/its) (see page 22)**

- **use the singular forms of the verb être (see page 25)**

- **recognise masculine and feminine words (see page 27)**

- **use the correct words for 'he', 'she', 'it' (see page 27)**

1 Rappel Unités 1–3

1. Des affaires scolaires

Écris le bon mot pour chaque image avec un, une ou des.
Write the correct word for each picture with un, une or des.

cahiers (m pl)   crayons (m pl)   classeur (m)
feutres (m pl)   gomme (f)   règle (f)
sac à dos (m)   trousse (f)

Exemple: 1 des cahiers

La rentrée

2. En classe

Complète les mots et traduis en anglais.
Complete the words and translate into English.

Exemple: 1 un stylo – *pen*

board   books   calculator   classroom
computer   pen   table   tablet

1. un styl__
2. une t__bl__
3. une t__bl__tt__
4. les l__vr__s
5. le t__bl____
6. l'__rd__n__t____r
7. une c__lc__l__tr__c__
8. la s__ll__ d__ cl__ss__

3. Les nombres

a. **Écris le nombre qui manque.**
Write the missing number.

Exemple: 1 quatorze

1. treize, __, quinze, seize, dix-sept
2. vingt-six, vingt-sept, __, vingt-neuf
3. trente-deux, trente-trois, trente-quatre, __
4. quarante-deux, quarante-trois, __, quarante-cinq
5. quarante-neuf, __, cinquante-et-un, cinquante-deux
6. soixante-et-un, __, soixante-trois, soixante-quatre

b. **À deux, dites les nombres à tour de rôle.**
In pairs, take turns to say the numbers.

4. Jeu de l'alphabet

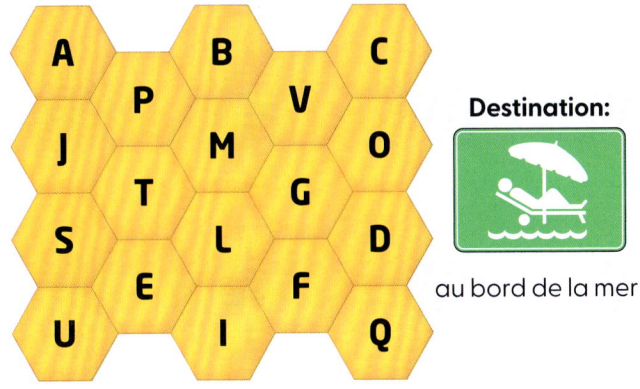

Destination: au bord de la mer

À deux.

a. Dites les lettres pour arriver au bord de la mer.
   Say the letters to arrive at the seaside.

b. Dites chaque lettre et un mot français qui commence par la même lettre.
   Say each letter and a French word which begins with the same letter.

   Exemple: A comme appartement ou anglais

5. Masculin ou féminin

a. Écris deux listes.
   Write two lists.

   Exemple:

masculin	féminin
	une ville

   unevilleunpaysmaisonîlelamerlenordcampagnemontagnecontinentport

b. Utilise trois mots (ou plus) dans une phrase.
   Use three or more words in a sentence.

   Exemple: J'habite dans une ville …

6. Une liste

Copie et complète. *Copy and complete.*

1. room – une   p＿＿ c＿
2. flat – un   ＿pp＿ rt＿m＿nt
3. garden – un   j＿rd＿n
4. living room – une   s＿ll＿ d＿ s＿j＿＿r
5. kitchen – une   c＿＿ s＿n＿
6. bedroom – une   ch＿m b r＿

7. Chasse à l'intrus

Trouve l'intrus. Qu'est-ce que c'est en anglais?
Find the odd word out. What is it in English?

Exemple: 1 semaine – week (the others are days of the week)

1. dimanche, vendredi, semaine, mercredi
2. cinq, âge, huit, onze
3. mer, mon, ma, mes
4. qui, où, ton, quel
5. il, garçon, fille, le
6. frère, sœur, sur, père

8. La bonne réponse

Choisis la bonne réponse: a, b ou c.
Choose the correct answer: a, b or c.

1. Mes affaires sont dans …
   a. mon cartable. b. mon ordinateur.
   c. mon classeur.

2. Je range mes crayons dans …
   a. mon classeur. b. ma trousse.
   c. mon cahier.

3. Dans ma classe, il y a trente …
   a. professeurs. b. maisons. c. élèves.

4. L'Asie est …
   a. une ville. b. un continent.
   c. un pays.

5. Le Sénégal est …
   a. aux Caraïbes. b. en Amérique du nord.
   c. en Afrique.

6. La Martinique est …
   a. une île. b. une montagne.
   c. une ville.

trente-et-un

Unité 4 Notre planète

4A J'aime la nature

- talk about nature and animals
- learn more about singular and plural

1. J'habite en Guadeloupe

Écoute et lis.

Vocabulaire

aveugle – *blind*
un chien d'aveugle – *guide dog*

1 Salut! Je m'appelle Maya. J'habite dans un petit village dans le sud de la Guadeloupe. La Guadeloupe est une île française aux Caraïbes. C'est une île en forme de papillon avec deux parties.

2 Dans notre famille, on est six: maman et papa, ma sœur ainée, mon petit frère et moi. Mon oncle habite avec nous. Il est aveugle et il a un chien d'aveugle. Son chien s'appelle Vanille.

3 On a aussi un petit chat noir. Notre chat s'appelle Minuit parce qu'il est noir, comme la nuit.

4 Notre chat est mignon, mais il chasse les souris dans le jardin. Selon nos parents, c'est utile, mais moi, je n'aime pas ça.

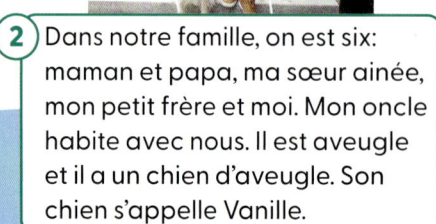

5 Près de notre maison, il y a une ferme avec des chevaux. Ce cheval est assez grand et il est brun.

6 Sur l'île, on trouve des oiseaux de toutes les couleurs. Voici un oiseau bleu, rouge, vert et jaune.

7 Il y a aussi des insectes, comme des papillons. Ce papillon bleu et noir est très joli.

8 On habite près de la mer. Il y a des poissons, des crabes et des tortues. Moi, j'aime bien la nature et les animaux. La Guadeloupe, c'est une île magique!

The word *notre*, meaning 'our', is the same for both masculine and feminine words: *notre chat* (m), *notre famille* (f)

In the plural, it's *nos*: *nos parents* (m pl). **Exemples: notre chat (m), notre famille (f), nos parents (m pl).**

trente-deux

Unité 4 Notre planète

2. La vie de Maya

a. Tu as bien compris?

Exemple: 1 in a small village in the south of the island of Guadeloupe

1. Where does Maya live?
2. What does she say about the shape of the island?
3. What does she say about her uncle's dog?
4. What two things does she say about the cat?
5. Name three other animals or insects that she mentions.

3. Les animaux

a. Trouve les paires. Écris la bonne lettre.

Exemple: 1c

1.	un chat	a.	bird
2.	un cheval	b.	butterfly
3.	un chien	c.	cat
4.	un oiseau	d.	fish
5.	un papillon	e.	horse
6.	un poisson	f.	mouse
7.	une souris	g.	dog
8.	une tortue	h.	tortoise/turtle

 b. Regarde les listes pendant une minute. Ferme le livre et écris le nom de trois animaux en français avec l'anglais.

 c. À deux. Fermez le livre. À tour de rôle, posez une question sur les huit animaux. Un point pour chaque bonne réponse.

Exemple:

A *A horse*, qu'est-ce que c'est, en français?

B *Un cheval*. *A cat*, qu'est-ce que c'est en français?

A Euh, je ne sais pas.

 d. Regarde les photos à la page 32. De quelle couleur sont ces animaux?

Exemple: 1 *Le chien est blanc.*

1. Le chien
2. Le chat
3. Le cheval
4. L'oiseau
5. Le papillon
6. Le crabe

b. Complète avec les mots de la case.

Exemple: 1 *Maya habite sur une île.*

> assez grand   des insectes
> des oiseaux de toutes les couleurs
> des poissons et des crabes   les souris
> sur une île   un chien d'aveugle

1. Maya habite ___.
2. Son oncle a ___.
3. Le chat chasse ___.
4. Le cheval est ___.
5. Sur l'île, il y a ___.
6. Les papillons sont ___.
7. Dans la mer, on trouve ___.

Phonétique

The letters 'oi'

poisson    oiseau

moi trois choix

Dossier-langue Grammaire 2

Adjectives

Adjectives are words that describe nouns, for example the **colour** and **size** of something.

Look for some adjectives of colour in the text on page 32.

Does the colour word go before or after the noun? Does that differ from English?

To say an animal is big, you normally use *gros*, e.g. *un gros poisson*. For large animals like a horse or giraffe, use *grand*. For people, use *grand*, which can also mean 'tall' – if you use *gros* for people, it means 'fat'. *Petit* (small) is used for both people and animals.

Les couleurs

blanc   orange

bleu   rose

brun/marron   rouge

gris   turquoise

jaune   vert

noir   violet

4B C'est comment?

- use adjectives to describe colour and size
- learn about cognates

1. Le zoo extraordinaire

 a. Écoute et lis le poème.

Vocabulaire

ils sont – they are
je crois – I think
il n'est pas – he/it isn't
mignon(ne) – cute

1. Moi, j'adore les animaux –
   Ils sont petits, ils sont très gros,
   Ils sont de toutes les couleurs
   Dans le zoo extraordinaire.
       Tu parles!

2. Un lion rouge et orange!
   Eh bien, c'est très étrange.
   Et un chameau jaune et noir!
   C'est extraordinaire, je crois.
       C'est vrai!

3. Voilà un zèbre vert et blanc.
   Ce n'est pas normal, dis donc!
   Une grande girafe orange et jaune.
   J'aime bien – elle est mignonne.
       Tu trouves?

4. Il y a un gros éléphant ici.
   De quelle couleur? Bleu et gris.
   Voilà un tigre jaune et bleu.
   Est-ce qu'il est dangereux?
       Bien sûr!

5. Voici un ours, il est énorme.
   Tu aimes ses couleurs? Rouge et brun?
   Et le gorille, il n'est pas noir.
   Il est marron et blanc, tu vois?
       Pas mal!

6. Moi, j'adore les animaux –
   Ils sont petits, ils sont très gros,
   Ils sont de toutes les couleurs
   Dans le zoo extraordinaire.
       C'est trop cool!

b. Mets les images dans le bon ordre.

Exemple: B (un lion), …

c. Écris les couleurs pour chaque animal.

Exemple: A un tigre jaune et bleu

d. Trouve le français.

Exemple: 1 Ils sont petits.

1. They are small.
2. They are very big.
3. They are of every colour.
4. It's very strange.
5. It's true.
6. It's not normal.
7. It's not black.

e. Trouve six couleurs différentes dans le poème et écris une liste avec l'anglais.

f. Traduis une strophe (a verse) du poème en anglais.

ℹ️

The phrases at the end of each verse are often used in conversation. Listen out for them and try using them yourself to sound more French.

Stratégies

Cognates

Many names of animals look the same in French and English, but they sound different.

Can you find four or more cognates in the poem? Practise saying them in French.

Phonétique

The letters 'ou'

souris

rouge sous écoute couleur

34 trente-quatre

Unité 4 Notre planète

Dossier-langue Grammaire 2

Adjectives

Voici un petit chat noir et blanc. Il est très mignon.

Voici une petite souris blanche. Elle est très mignonne.

1. As you know, nouns in French are either **masculine (le/un)** or **feminine (la/une)**.
2. Adjectives (words which describe nouns) must be **masculine** or **feminine** to match the words they describe.
3. Colours, like most adjectives, go <u>after</u> the words they describe.
4. Sizes (*gros, grand, petit, long, court*) go <u>before</u> the words they describe.

The rule

You can often make an adjective **feminine** by adding **-e** to the **masculine** form (unless it ends in -e already).

Some exceptions

masculine	feminine	anglais
blanc	blanche	white
mignon	mignonne	sweet/cute
gros	grosse	fat/big
marron	marron	brown (this adjective never changes)

Work in pairs to spot the adjectives on these pages.

Discuss what they describe and how this affects the spelling.

2. Des adjectifs

Copie et complète les listes.

masculin	féminin	anglais
brun	brune	brown
noir	—	—
gris	—	grey
blanc	—	—
jaune	jaune	—
rouge	—	—

masculin	féminin	anglais
gros	—	big/fat
grand	grande	—
petit	—	—
énorme	—	—
méchant	—	nasty
mignon	—	cute

Stratégies

Adding interest to your writing

You can improve descriptions by adding useful words like these (called qualifiers): *très* (very); *assez* (quite); *super* (really); *un peu* (a bit, a little), e.g.

Voici un crocodile bleu, blanc et rouge. Il est assez gros. Attention, il est méchant!

3. C'est quel mot?

a. Écoute. On dit les deux adjectifs, puis on répète quel mot?

Exemple: 1a

1. a. blanc b. blanche
2. a. vert   b. verte
3. a. petit b. petite
4. a. grand b. grande
5. a. gris   b. grise
6. a. gros   b. grosse

b. Écris deux phrases avec un adjectif masculin et deux phrases avec un adjectif féminin.

Exemple: 1 *Voici un chat blanc. Il est sur la boîte verte.*

4. Des animaux

a. À deux. Lisez, puis changez les mots en couleur.

Exemple:

A Regarde **le chat**.
B Il est où?
A Dans **le jardin**.
B Il est comment?
A Il est **assez gros**.
B Il est de quelle couleur?
A Il est **gris**.

| le chat | le papillon |
| le cheval | l'oiseau | le poisson |

| le jardin | le parc |
| le zoo | la mer |

| très petit/gros | grand |
| assez petit/gros | énorme |

| gris | noir | marron | blanc | bleu | vert |

b. Inventez une autre conversation avec un animal féminin, comme une souris ou une girafe.

Exemple:

A Regarde **la** souris.
B **Elle** est où?
A Dans le jardin.
B **Elle** est comment? etc.

trente-cinq

4C Tu as des questions?

- ask questions
- understand inversion
- use *est-ce que*
- use some plural words

1. Salut!

Écoute et lis. Puis, réponds aux questions.

Exemple: 1 *Elle parle avec Léo.*

M Salut! Comment tu t'appelles?
L Je m'appelle Léo. Et toi, comment t'appelles-tu?
M Moi, je m'appelle Maya. Tu as quel âge?
L J'ai 13 ans. Et toi, quel âge as-tu?
M Moi, j'ai 12 ans. Tu habites ici?
L Non, j'habite à Paris en France, mais je passe deux semaines ici chez mes grands-parents. Ils habitent dans le village.
M Est-ce que tu as des frères et sœurs?
L Non, je suis fils unique.

M Tu aimes les animaux?
L Oui et non, ça dépend. J'aime les chats. Et toi?
M Moi, oui, j'aime beaucoup les animaux. On a un chat et mon oncle a un chien. C'est un chien d'aveugle.
L Il est comment, le chat?
M Il est petit et noir. Il s'appelle Minuit.
L Et le chien?
M Il s'appelle Vanille.

1. Maya parle avec qui?
2. Quel âge a-t-il?
3. Où habite-t-il normalement?
4. Il passe combien de temps sur l'île?
5. Il a de la famille en Guadeloupe?

> *Quel* ('which' or 'what') is followed by a noun. It is masculine, feminine, singular or plural to match the noun.

Dossier-langue Grammaire 8.1, 8.2

Different ways to ask questions

1. Raise your voice at the end of a sentence.

   Tu habites ici?   *Tu aimes les animaux?*

2. Use a question word.

   *Il est **comment**?*   *On est **quel** jour?*
   *Il est de **quelle** couleur?*   *Tu habites **où**?*

3. Inversion: sometimes the word order is changed (inverted) after a question word. The **verb** comes **before** the subject.

   *Comment **est**-il?*   *Quel âge **as**-tu?*   *Où **est** le chat?*

   When the subject is a pronoun (e.g. *tu, il, elle*), add a hyphen between the verb and the pronoun.

   *Où habites-**tu**?*   *Quel âge **a-t-il**?*

   Why do you think a 't' is sometimes added?

2. Des questions utiles

Trouve les paires. Écris la bonne lettre.

Exemple: 1*c*

1. Combien?
2. Qu'est-ce que c'est?
3. Elle est comment?
4. Où habites-tu?
5. Qui est-ce?
6. De quelle couleur?
7. Tu as compris?

a. Did you understand?
b. Who is it?
c. How many/much?
d. What colour?
e. What is it?
f. What is she like?
g. Where do you live?

3. Une conversation

À deux. Lisez la conversation, puis changez les mots en couleur.

A Salut! Tu habites ici?
B Non, j'habite à Rabat au Maroc, mais je passe trois semaines chez ma tante.
A Rabat, ça s'écrit comment?
B R A B A T.
A Ta tante habite dans le village?
B Non, elle habite en ville.
A Tu aimes les animaux?
B Oui, j'aime beaucoup les animaux.

Unité 4 Notre planète

4. Dans la rue

🎧 Écoute et lis. Réponds aux questions.

- **L** Salut, Maya.
- **M** Salut, Léo. Ça va?
- **L** Oui, ça va. Et toi?
- **M** Oui, pas mal.
- **L** Maya, est-ce que ta maison est près d'ici?
- **M** Oui, elle est là-bas. C'est la maison jaune avec le toit rouge.
- **L** Ah oui, je vois. Et le monsieur dans le jardin, est-ce que c'est ton oncle?
- **M** Oui, c'est mon oncle avec son chien, Vanille. J'ai un chat aussi. Il est peut-être dans la maison. J'adore les chats. J'aime tous les animaux!

1. Who lives in the yellow house?
2. Who is in the garden?
3. What does Maya say about the dog in the garden?
4. Where is the cat?

Dossier-langue Grammaire 1.3

Plural nouns

Most nouns in French add -s to make them plural, like **des poissons**. Often the singular and plural sound the same, as in **un chat**, **deux chats**.

If the word already ends in -s, the plural remains the same, so **souris** can mean one mouse or several mice. Look for the word in front (*une, des, trois*, etc.) to work out the meaning.

Some eXceptions

Look for the plural of **animal**. Which letter does it end in?

The word **cheval** follows the same pattern. How would 'horses' be spelt?

The singular and plural of *animal* and *cheval* sound different in the plural.

Look for the plural of the word **oiseau** on page 32. How is that spelt? Many words which end in -*eau* or -*eu*, like **tableau**, **jeu**, follow this pattern. In the plural, they sound the same as in the singular.

Dossier-langue Grammaire 8.2

Asking questions with *est-ce que*

You can ask a question by using **est-ce que** at the start of a sentence.

- **Est-ce que** tu as ton sac à dos?
  Do you have your backpack?
- **Est-ce qu'**il est dans ta chambre?
  Is it in your room?

If the next word begins with a vowel, it changes to **est-ce qu'**…

5. Beaucoup de questions

 a. À deux. Faites des questions avec **Est-ce que** ou **Est-ce qu'**.

Exemple: 1 Est-ce que tu aimes le sport?

1. tu aimes le sport
2. ton oncle est dans le jardin
3. ta mère est à la maison
4. tu habites au bord de la mer
5. il y a des crabes ici
6. tu dessines un poisson

 b. Invente deux questions différentes.

 c. À deux. Faites une longue conversation avec beaucoup de questions.

Stratégies

Remembering vocabulary

Try these strategies and see which ones work well for you.

1. Use the technique 'Look, cover, write/say, check' to memorise new words.
2. Make links between new words and phrases and a sound, image, word or action that you know.
3. Every time you see an animal, for example, think of any French word you know which would describe it, e.g. colour, size, temperament.
4. List words in a different order – you often remember those at the beginning and end but forget the ones in the middle.
5. Practise vocabulary with a friend.
6. Draw a spider diagram and link words on the same topic.

trente-sept 37

4D Tu aimes ça? Et vous aussi?

- make verbs negative
- understand two ways of saying 'you'
- describe likes and dislikes

1. Des animaux bizarres

 a. Écoute et lis. Puis, complète les phrases.

Exemple: 1 Télé adore la télévision.

Je m'appelle Gabriel. J'habite dans une maison avec mes grands-parents. J'aime beaucoup les animaux, mais à la maison, il y a des animaux vraiment étranges. Par exemple, il y a un gros chat gris. Il s'appelle Télé parce qu'il adore la télévision. Il aime beaucoup manger et il est énorme. Il n'est pas très gentil.

Et il y a aussi Blanco, un petit chat blanc. Blanco est très différent. Il est mignon. Il ne mange pas beaucoup et il déteste la télévision. Blanco préfère la radio et il aime beaucoup la musique.

Eh bien, Télé aime la télévision, mais Blanco préfère la musique … voilà, c'est très bien … mais non! Ce n'est pas très bien parce qu'il y a aussi Jules. Jules est un oiseau, un perroquet. Il n'est pas très grand, mais il est beau. Il est bleu et rouge avec une longue queue. Jules n'aime pas beaucoup les chats et il déteste la musique. Alors, qu'est-ce qu'il aime, Jules? Il aime deux choses: mon grand-père et le football … à la télévision, naturellement! Il adore ça!

1. Télé adore ___.
2. Il aime beaucoup ___.
3. Blanco aime ___.
4. Il déteste ___.
5. Jules n'aime pas beaucoup ___.
6. Il déteste ___.
7. Il adore ___.

 **b.** Complète la description de Blanco.

Blanco est un ___ chat ___.

Il est ___. Il ne mange pas ___.

 c. Choisis Télé, Blanco ou Jules et écris quatre phrases.

Il est … Il n'est pas …

Il aime … Il n'aime pas …

Dossier-langue Grammaire

The negative

Il **ne** mange **pas** beaucoup.

Je **n'**aime **pas** beaucoup les chats.

Ce **n'**est **pas** très bien. Elle **n'**habite **pas** en France.

Can you work out the meaning of these sentences? In French there are two words to translate 'not': **ne** and **pas**. They go before and after a verb.

Why does **ne** change to **n'** sometimes?

In conversation, the French sometimes drop the *ne* of the negative so you may hear: **ça va pas** and **c'est pas vrai**.

2. Des animaux peu populaires!

a. Trouve le texte pour chaque image.

une araignée   une mouche
un moustique   un rat   un serpent

1.
2.
3.
4.
5.

Vocabulaire

peu populaire – *unpopular*

b. À deux. A pose une question. B répond et pose une autre question.

Des questions possibles
1. Est-ce que tu aimes les serpents?
2. Quels animaux est-ce que tu n'aimes pas?
3. Tu aimes les insectes, comme les mouches?
4. Que penses-tu des araignées?

Des réponses possibles
Oui, j'aime (un peu) les …
Non, je n'aime pas (beaucoup) les …
Je n'aime pas les … Je déteste les …
J'aime …

3. On parle de ses préférences

 Écoute les conversations et fais les activités.

a. Les animaux. Trouve les quatre phrases vraies.

Exemple: 2

1. Madame Rey aime les tigres.
2. Elle aime beaucoup les chevaux.
3. Elle n'aime pas les serpents.
4. Gabriel aime beaucoup les oiseaux.
5. Il adore les papillons.
6. Il déteste les rats.

b. Les couleurs. Complète les phrases.

Exemple: *green and …*

1. Madame Rey likes two colours: __ and __.
2. She dislikes the colour __.
3. Gabriel's favourite colour is __.
4. He dislikes the colour __.

4. C'est une bonne question

 C'est **tu** ou **vous**? Pose la bonne question.

Exemple: *Est-ce que tu aimes la musique?*

1. Ask your friend if he/she likes music.
2. Ask your teacher if he/she likes animals.
3. Ask a boy of the same age if he lives nearby.
4. Ask your friend's grandmother if she lives in the town.
5. Ask your friend's little brother which colour he prefers.
6. Ask a group of young children which colour they prefer.

5. Tes préférences

 À deux. A pose une question et B répond. Après deux questions, changez de rôle.

Qu'est-ce que tu aimes comme animaux/couleurs?
Quels animaux/couleurs est-ce que tu n'aimes pas?
Quel(le) est ton animal / ta couleur préféré(e)?

Dossier-langue Grammaire 3.1

Two ways of saying 'you'

Use **tu** when talking to …
- a friend
- someone your own age or younger
- an animal.

Tu is always singular. With **tu**, the verb usually ends in -s.

Use **vous** when talking to …
- an older person
- someone you don't know well.

Vous can be singular or plural. Always use it when talking to two or more people. With **vous**, the verb often ends in -ez.

Stratégies

Using connectives

When expressing preferences, use connectives such as *et* (and), *mais* (but) and *aussi* (also) to add interest.

*J'aime les lions **et** j'aime **aussi** les tigres, **mais** je n'aime pas beaucoup les serpents.*

	tu aimes vous aimez	le sport? la musique? les animaux?
Est-ce que	tu habites vous habitez	près d'ici? dans la ville? dans le village? en France? etc.
Tu préfères Vous préférez	quelle couleur?	

6. *Dossier personnel*

Écris des phrases pour ton dossier personnel.

J'aime (beaucoup) …
Je n'aime pas (beaucoup) …
Moi, je déteste …
Comme animal/couleur, je préfère …

4E Une île tropicale

- understand a longer article
- talk about nature and the countryside

1. L'île de Madagascar

a. Écoute et lis l'article. Puis, trouve le français.

Exemple: 1 *Ce n'est pas loin*

1. It's not far
2. a species of monkey
3. a very long tail
4. to jump in the trees
5. to do this
6. according to its environment
7. owl
8. forests

• L'île de Madagascar •

1 Madagascar est une très grande île située dans l'océan Indien. Ce n'est pas loin de l'Afrique. Sur l'île, il y a des forêts et de la jungle avec des plantes tropicales. Si tu aimes la nature et les animaux, c'est un vrai paradis.

2 Le lémurien est un animal très connu à Madagascar. C'est une espèce de singe. Cet animal a une très longue queue noire et blanche. Il est très athlétique. Il aime sauter dans les arbres et changer de direction. Pour faire ça, la queue est très utile. Le lémurien mange des fruits, des insectes, des reptiles et des oiseaux.

3 Le caméléon panthère est très gros. Il mesure plus de 60 cm de long. Il mange des insectes et il habite dans les arbres. Ce reptile est de toutes les couleurs: bleu, vert, rouge, jaune, orange, turquoise, violet. Il change de couleur selon son environnement.

4 Le hibou malgache* est un oiseau. Il habite dans les forêts et la jungle. C'est un animal nocturne, alors il est actif la nuit. Il mange des petits amphibiens, des reptiles, des oiseaux et des souris.

malgache – of or from Madagascar

b. C'est quel animal?

Exemple: 1 *le caméléon*

1. Il mange des insectes mais il ne mange pas de reptiles.
2. Il mange des souris.
3. Il mange des fruits et d'autres choses.
4. Quels sont les deux animaux avec une queue très longue?
5. Quels sont les deux animaux qui mangent des reptiles?

 c. Traduis les phrases en anglais.

1. C'est une très grande île.
2. Il y a des plantes tropicales dans la forêt.
3. C'est un animal avec une longue queue.
4. Il habite dans les arbres.

 d. Choisis un des trois animaux et traduis le texte.

4 Sommaire

Now I can ...

- **talk about nature** (see page 40)

- **talk about some animals**

un animal (pl. des animaux)	animal
une araignée	spider
un chat	cat
un cheval (pl. des chevaux)	horse
un chien	dog
un éléphant	elephant
un lion	lion
une mouche	fly
un moustique	mosquito
un oiseau (pl. des oiseaux)	bird
un papillon	butterfly
un perroquet	parrot
un poisson (rouge)	(gold)fish
un rat	rat
un serpent	snake
une souris	mouse
un tigre	tiger
une tortue	turtle, tortoise

  For other animals, see pages 32 and 34.

- **describe animals and things, especially their colour and size**

De quelle couleur est-il/elle?	What colour is he/she/it?
Il/Elle est gris(e).	He/She/It is grey.
Est-ce qu'il/elle est gros(se)?	Is he/she/it big?
Il/Elle est comment?	What is he/she/it like?

  les couleurs / *colours*

masculin	féminin	
blanc	blanche	white
bleu	bleue	blue
brun	brune	brown
gris	grise	grey
jaune	jaune	yellow
marron	marron	brown
noir	noire	black
orange	orange	orange
rouge	rouge	red
turquoise	turquoise	turquoise
vert	verte	green

  la taille / *size*

Il/Elle est grand(e).	He/She/It is big/tall.
Il/Elle a une longue queue.	It has a long tail.

masculin	féminin	
petit	petite	small
gros	grosse	big, fat
énorme	énorme	enormous

  autres qualités / *other qualities*

Il est méchant/mignon/gentil.	He/It is nasty/cute/friendly.
Elle est méchante/mignonne/gentille.	She/It is nasty/cute/friendly.

  use qualifiers

assez	quite
un peu	a little
vraiment	really
super	super
très	very

- **say what I like/dislike/prefer**

Est-ce que tu aimes ...?	Do you like ...?
♡+ (Oui,) j'aime beaucoup ...	(Yes,) I like ... a lot.
♡ J'aime ...	I like ...
♡✓ Je préfère ...	I prefer ...
✗– (Non,) je n'aime pas beaucoup ...	I don't like ... much.
✗ (Non,) je n'aime pas ...	I don't like ...
✗✗ Je déteste ...	I hate ...

- **ask questions in French** (see pages 36 and 37)

  To make a sentence into a question, add est-ce que:

Est-ce que tu habites dans un appartement?	Do you live in a flat?
Est-ce que c'est près d'ici?	Is it near here?
Qu'est-ce que tu aimes comme animaux/couleurs?	What animals/colours do you like?
Quel(le)s animaux/couleurs est-ce que tu n'aimes pas?	What animals/colours do you not like?
Quel(le) est ton animal / ta couleur préféré(e)?	What is your favourite animal/colour?

- **recognise and use the negative** (see page 38)

- **use connectives** (see page 39)

et/mais/aussi	and/but/also

- **say 'you' correctly in French** (see page 39)

quarante-et-un 41

1 Presse-Jeunesse

Une histoire de chats

Hugo et Léa sont à la maison de Mamie (la grand-mère) avec ses chats. Mamie est en vacances. Les enfants trouvent la description des chats.

César est noir et blanc et très gros. Minette est petite et mignonne. Elle est noire et elle a douze ans. Mimi est petite aussi, mais elle n'est pas noire, elle est grise.

Dans la cuisine, il y a un gros chat noir et blanc.

Il n'est pas aimable.

Viens, César!

Mimi est dans la salle à manger.

Voilà Mimi.

Ah oui, elle est grise.

Elle ne mange pas.

Et voilà Minette. Viens Minette!

Dans la chambre, il y a un autre chat.

Il est énorme, et il est noir, gris et blanc. Mais comment s'appelle-t-il?

Oh, regarde!

Il y a un autre chat. Il est énorme. Il est noir, gris et blanc. C'est le chat de M. Lenoir et il s'appelle Géant! Géant – non! non! non!

Ah oui! Il s'appelle Géant!

Lis le texte et les descriptions. C'est quel chat?
Read the text and the descriptions. Which cat is it?

Exemple: 1 C'est César

1. Il est gros. Il n'est pas gris.
2. Elle est petite. Elle n'est pas dans le salon.
3. Il est très, très gros. Ce n'est pas le chat de Mamie.
4. Elle a douze ans. Elle est mignonne.
5. Il est dans la cuisine. C'est un gros chat.
6. Elle est sur le canapé. Elle est grise.

Chimène

1 Lève-toi, Chimène!

2 Tu viens, Chimène?

3 Vite, Chimène! C'est l'heure de ta toilette!

4 Tu es toujours dans la salle de bains, Chimène?

5 Ferme la fenêtre et range tes affaires, Chimène. Ta copine est là.

6 Tu as ton cartable, Chimène, avec ta calculatrice et tes livres?

7 Alors, ça va bien avec tes parents?

8 Oh oui, très bien. C'est moi qui décide tout!

Trouve les paires. *Find the pairs.*

Exemple: 1f

1. Lève-toi!
2. Tu viens?
3. Range tes affaires!
4. vite
5. Ferme la fenêtre!
6. Ça va très bien.

a. Close the window!
b. quickly
c. It's going very well.
d. Are you coming?
e. Tidy up your things!
f. Get up!

Les pays francophones: la France

le pays	la France
le continent	l'Europe (f)*
le drapeau	Tricolore: bleu, blanc, rouge
la capitale	Paris
la langue officielle	le français
la monnaie	l'euro
les montagnes principales	les Alpes, les Pyrénées
monuments célèbres à Paris	la tour Eiffel, le musée du Louvre, la cathédrale Notre-Dame
sports importants	le basket, le cyclisme, le foot, le handball, le judo, le rugby, le ski
un événement populaire	le Tour de France (course cycliste)
autres détails	*La France est aussi formée de départements et de territoires d'outre-mer, comme la Martinique et la Guadeloupe aux Caraïbes.

a. **Regarde la fiche et trouve les informations.** *Look at the table and find the information.*

   Exemple: Tricolore

   1. The name of the French flag
   2. The currency used
   3. One mountain range
   4. Two famous monuments in Paris
   5. Three important sports

b. **Complète le texte avec les mots de la case.** *Complete the text with words from the box.*

   Exemple: 1 Europe

   > Alpes   course   le basket   monument
   > musée   Paris   Europe   Pyrénées
   > ville

c. **Fais des recherches et trouve d'autres détails sur la France.** *Do some research and find out more details about France.*

   Idées

   Le nombre d'habitants

   Le nom de trois grandes villes (à part Paris)

   Le nom de deux fleuves

   Le nom d'un Français ou d'une Française célèbre

La France est un grand pays en (1) ___.

En France, il y a beaucoup de montagnes, par exemple les (2) ___, qui séparent la France de l'Italie et de la Suisse.

Dans le sud du pays, il y a les (3) ___, qui séparent la France de l'Espagne.

La capitale de la France est (4) ___. La (5) ___ est située sur un fleuve, la Seine. Beaucoup de touristes visitent Paris. La tour Eiffel est un (6) ___ célèbre. Il y a aussi le (7) ___ du Louvre avec le célèbre tableau de Léonard da Vinci qui s'appelle La Joconde.

En France, on aime le sport. Le foot est très populaire comme dans beaucoup de pays. On joue au rugby, mais on ne joue pas beaucoup au cricket. Le tennis, le judo, (8) ___ et le handball sont aussi des sports populaires. Les Français aiment beaucoup le cyclisme. En juin et en juillet, on s'intéresse beaucoup au Tour de France, la célèbre (9) ___ cycliste.

Unité 5 Au cours de l'année

5A Des dates importantes

- ask for and give the date
- learn about some important dates
- find out about some festivals

1. C'est dans mon agenda

Quelle est la date? Écoute et écris la bonne lettre.

Exemple: 1K

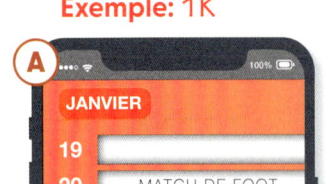
A – JANVIER: 19, 20 MATCH DE FOOT, 20

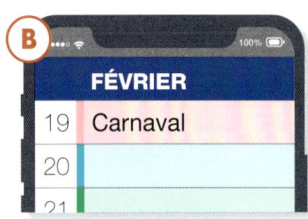
B – FÉVRIER: 19 Carnaval, 20, 21

C – mars 29 dimanche de Pâques

D – 5 avril, fête au club des jeunes

E – mai 22 23 24 **25** 26 27 28 • fête des Mères

F – juin 21 fête de la musique

G – 9 juillet, début des vacances

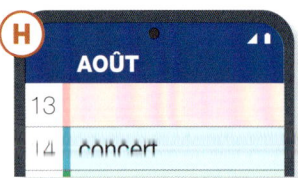
H – AOÛT 13, 14 concert

I – 2 septembre, rentrée scolaire

J – octobre 27 Diwali, soirée chez Rani

K – NOVEMBRE 1 ANNIVERSAIRE DE LUIS

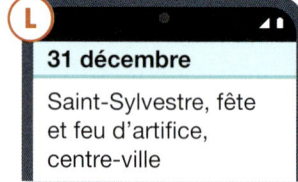
L – 31 décembre, Saint-Sylvestre, fête et feu d'artifice, centre-ville

Vocabulaire

le début – start

le premier – first (other dates just use the number)

la rentrée – return to school

la Saint-Sylvestre – New Year's Eve (St Sylvester's Day)

2. C'est quand?

À deux.

Exemple: 1

A Le match de foot, c'est quand?

B C'est le vingt janvier. Le carnaval, c'est quelle date?

1. le match de foot
2. le carnaval
3. la fête de la musique
4. la soirée chez Rani
5. l'anniversaire de Luis
6. la rentrée scolaire
7. le feu d'artifice en ville
8. le concert

Stratégies

Remembering the months

Compare the spelling of months in English and French.

1. Is the first letter of each month the same in both languages?
2. What is the difference in the spelling of the last four months?
3. Which months have an accent in their French spelling? How does this affect their pronunciation?
4. Do the months begin with a capital letter in French?

Les mois

Several French months look similar to the English, but they all sound different.

Listen to the French names and the English names of 10 months.

Then note which name is repeated: the French (F) or the English (E).

Exemple: 1F

Listen again and repeat the French version.

44 quarante-quatre

Unité 5 Au cours de l'année

3. Des fêtes

 a. Écoute et lis.

Le premier janvier, c'est le jour de l'An. On dit «Bonne Année» à ses amis.

Le six janvier, c'est la fête des Rois. On mange un gâteau spécial: la galette des Rois.

En janvier ou février, on fête le Nouvel An chinois (ou lunaire). Dans le calendrier lunaire, il y a un animal différent pour chaque année — douze animaux en tout. Les défilés avec l'animal de l'année sont souvent spectaculaires.

En mars ou en avril, à Pâques, on mange des œufs en chocolat … et aussi des lapins et des oiseaux en chocolat.

Le 14 juillet, c'est la fête nationale en France. Il y a un défilé dans les rues. Le soir, il y a un feu d'artifice.

Le 25 décembre, c'est Noël. Il y a des cadeaux et le 24 ou le 25 on mange un repas délicieux. On dit «Joyeux Noël» à tout le monde.

Il y a beaucoup d'autres fêtes, par exemple la fête de l'Aïd-el-Fitr, pour la religion musulmane, et la fête des lumières à Diwali, pour la religion hindoue.

b. C'est quoi en français?

1. a special cake
2. Chinese
3. the lunar calendar
4. the national day
5. delicious

c. Trouve les mots dans le texte et traduis en anglais.

Exemple: le jour de l'An – New Year's Day

1. le jour de l'An
2. Bonne Année!
3. des œufs
4. le soir
5. un feu d'artifice
6. la religion hindoue

4. Bonne fête

 a. Écris la date d'anniversaire de trois personnes. A dit la date et B écrit. Puis, changez de rôle.

Exemple: Mon anniversaire est le deux septembre.

Mon anniversaire est …

L'anniversaire de mon père / ma mère / ma sœur / mon frère est …

 b. Écris trois dates importantes pour toi. A dit la date et B écrit. Puis, changez de rôle.

Exemple: Noël, c'est le 25 décembre.

Cette année Ramadan, c'est …

Le match de foot est …

Dossier-langue Grammaire 3.1

The pronoun on

The pronoun **on** is often used in French. Its English translation can be 'one', 'we', 'you', 'people' or 'everyone'.

It is followed by the same part of the verb as *il* or *elle* (3rd person singular).

Work out how to say these sentences in French.

1. In January or February people celebrate Chinese New Year.
2. At Easter we eat chocolate eggs.
3. At Christmas you say 'Merry Christmas' to everyone.
4. On New Year's Eve (*À la Saint-Sylvestre*) everyone says 'Happy New Year' at midnight.

quarante-cinq **45**

5B Carnaval

- talk about a fancy dress party
- practise using the verb *être* (to be)

Carnaval

Dans beaucoup de pays, surtout aux Caraïbes, la tradition du carnaval est très importante. Beaucoup de personnes sont déguisées, il y a des défilés et on danse dans les rues.

1. Le carnaval aux Caraïbes

Écoute et choisis a ou b.

Exemple: 1 *b*

1. C'est …
   a. le 9 février.
   b. le 19 février.
2. C'est …
   a. l'anniversaire de Samuel.
   b. le carnaval.
3. Beaucoup de jeunes sont …
   a. au club des jeunes.
   b. dans les rues.
4. Ils sont …
   a. déguisés.
   b. en jean et en teeshirt.
5. Un garçon est déguisé en …
   a. Père Noël.
   b. panda.
6. Une fille est déguisée en …
   a. perroquet.
   b. souris.
7. Deux filles sont déguisées en …
   a. deux chats noirs.
   b. deux méchantes sœurs.
8. Superman, c'est …
   a. Adio.
   b. Manuel.

Vocabulaire

déguisé(e) – *disguised, in fancy dress*
le club des jeunes – *youth club*

2. C'est qui?

Aujourd'hui, c'est le carnaval. Tout le monde est déguisé. Il y a Samuel et sa sœur, Lola. Il y a Usain et ses cousins, Adio et Laurette. Il y a aussi des amis: Maria, sa sœur, Jamelia, et ses frères, Juan et Roberto.

Comment sont-ils déguisés? Lis les bulles et complète les phrases.

Exemple: 1 Lola est le perroquet.

1. ___ est le perroquet.
2. ___ est le lapin.
3. ___ est Batman.
4. ___ est Superman.
5. ___ est le tigre.
6. ___ est le panda.
7. ___ est le dragon.
8. ___ sont les deux sœurs de Cendrillon.

Unité 5 Au cours de l'année

Dossier-langue Grammaire 11.13

The verb être (to be)

You already know most parts of the verb **être** (to be).

Copy and complete the table. You can find the words you need on page 46.

	singular		plural	
1st person	je ___	I am	nous ___	we are
2nd person	___ es	you are (informal)	vous ___	you are (singular: formal) (plural: informal and formal)
3rd person	il ___ ___ est on est	he (or it) is she (or it) is (every)one is, we/you/people are	___ sont elles ___	they are (masculine or mixed group) they are (feminine group)

- With a name or a noun, e.g. *Marco, ma mère*, use the same part of the verb as for *il/elle* (3rd person singular).
- Someone's name *et moi* (e.g. *Noah et moi*) counts as *nous* (1st person plural).
- If there is more than one name or a plural noun, e.g. *mes amis*, use the part that goes with *ils/elles* (3rd person plural).

3. Des photos

 On regarde les photos du carnaval. Choisis les bons verbes.

Exemple: 1 Vous êtes

1. Ça, c'est vous deux. Vous (est/êtes) horribles!
2. Voilà, c'est moi. Mais je (sommes/suis) fantastique!
3. Et là, c'est toi, Jamelia. Tu (es/est) superbe!

4. Regarde, là, c'est Roberto et moi. Nous (sommes/sont) splendides.
5. Moi, je (suis/sont) extra!
6. Et Roberto (es/est) génial, non?

7. Maria, regarde les garçons. Ils (sommes/sont) extraordinaires!
8. Ah oui, c'est vrai. On (est/sont) super sur les photos.

4. C'est moi!

 Trouve les paires.

Exemple: 1f

1. Je …
2. Mon anniversaire …
3. Ma mère …
4. Mes amis …
5. Nous …
6. Michel et Catherine …
7. Et toi, tu …
8. Vous …

a. sommes dans la même classe.
b. êtes en vacances ici?
c. est assez petite.
d. es français?
e. sont mes cousins.
f. suis élève au collège ici.
g. est le 23 août.
h. sont Zoé et Louis.

5. Une fête

 Tu es avec ta famille ou des amis à une fête. Tout le monde est déguisé. Décris chaque personne.

Exemple: *Je suis déguisé(e) en lion et je suis splendide. Mes cousins sont … Nous sommes tous …*

amusant(e)(s)   horrible(s)
splendide(s)   fantastique(s)
extraordinaire(s)

5C Ton anniversaire, c'est quand?

- talk about birthday dates and presents
- use adjectives to add interest

1. L'anniversaire de Marc

Écoute et lis. Écris a, b ou c.

1. C'est quand, l'anniversaire de Marc?
   - a. le 1er février
   - b. le 1er juillet
   - c. le 8 février
2. Quel âge a-t-il?
   - a. 11 ans
   - b. 12 ans
   - c. 13 ans
3. Comme cadeaux, il a reçu …
   - a. un teeshirt et une carte cadeau.
   - b. une raquette de tennis et un teeshirt.
   - c. un portable et une bande dessinée.

Vocabulaire

- **reçu** – received
- **une bande dessinée** – comic book
- **une carte cadeau** – gift card
- **des chaussures (f pl)** – shoes
- **des écouteurs (m pl)** – headphones
- **une montre** – watch
- **une bague** – ring

2. Des conversations

À deux. Lisez, puis changez les mots en couleur.

- A Salut! C'est quand ton anniversaire?
- B C'est aujourd'hui, le premier février.
- A Alors, bon anniversaire! Quel âge as-tu?
- B Aujourd'hui, j'ai treize ans.
- A Qu'est-ce que tu as reçu comme cadeaux?
- B J'ai reçu un teeshirt bleu et rouge et une raquette de tennis noire.
- A Fantastique! Bonne journée!
- B Merci beaucoup!

le premier février	bleu(e)	rouge
le deux mars	blanc(he)	jaune
le trois avril	vert(e)	orange
le quatre mai	noir(e)	brun(e)
etc.	gris(e)	violet(te)

| treize | douze | onze | etc. |

un livre	une trousse
un sac	une calculatrice
un ballon de foot	une boîte de chocolats
un jeu	une bande dessinée
un jean	une batte de cricket
un vélo	une raquette de tennis de table
etc.	etc.

3. Des cadeaux

Lis et écris la bonne lettre.

Exemple: 1C

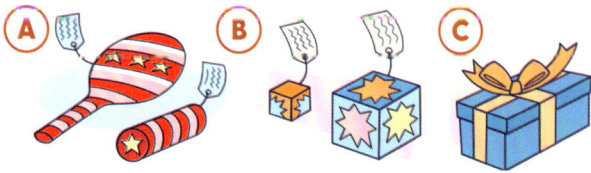
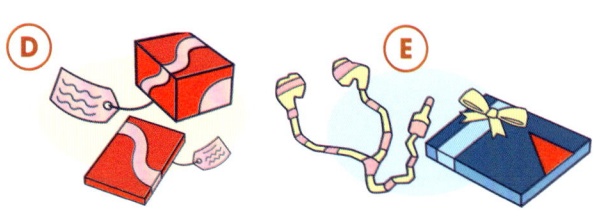

1. Ma mère a reçu un paquet. Elle est très contente. Dans son paquet, il y a des chaussures très élégantes.
2. Ma sœur adore le tennis. Elle a deux paquets. Dans un paquet, il y a une nouvelle raquette de tennis et dans l'autre paquet, il y a des balles de tennis.
3. Mon cousin est très content. Il a deux grands paquets. Dans un paquet, il y a des jeux vidéo et dans l'autre, il y a une bande dessinée.
4. Mon père aussi a deux paquets. Il aime la musique et dans un paquet, il y a des écouteurs. Dans l'autre paquet, il y a des chocolats. Miam-miam!
5. Et ma grand-mère est très contente. Elle a deux petits paquets: une montre et une bague.

Unité 5 Au cours de l'année

Dossier-langue Grammaire 2.1, 2.2

Using adjectives (singular and plural)

As you already know, adjectives agree with the nouns they describe. This means that they are masculine, feminine, singular or plural to match the noun.

1. Many adjectives follow a regular pattern:

singular		plural	
masculine	feminine	masculine	feminine
grand	grande	grands	grandes

2. Adjectives which already end in -e (with no accent) have no different feminine form:

utile	utile	utiles	utiles

3. Adjectives which already end in -s have no different masculine plural form:

français	française	français	françaises

4. Some adjectives double the last letter before adding an -e for the feminine form:

bon	bonne	bons	bonnes

5. Some adjectives are irregular and you need to learn them. The irregular forms are normally given in a dictionary in the French–English section.

blanc	blanche	blancs	blanches
nouveau	nouvelle	nouveaux	nouvelles

Stratégies

Getting adjectives right

To help you remember the correct form and position of adjectives, try learning them with a noun, e.g.

une balle blanche
une nouvelle chanson

Use what you already know to help you recognise the gender of a noun (*un/une, le/la, mon/ma*) and whether it is plural (*des, les, mes*).

Phonétique

The letters 'ui'
huit
cuisine   suis

4. Merci pour les cadeaux

a. Choisis le bon mot.

Exemple: 1 amusants

1. J'adore les jeux (amusant/amusants).

2. Mon cousin est très (content/contente) de sa tablette.

3. Le livre est très (intéressant/intéressante).

4. Ma sœur est très (content/contente) de son cadeau.

5. Elle aime beaucoup les (petite/petits) sacs.

6. Les cartes cadeaux sont toujours (utile/utiles).

7. La peluche est (mignonne/mignonnes).

8. Je suis très content de mon (nouveau/nouvelle) portable.

b. Écris quatre phrases sur les cadeaux.

Exemple: *Pour mon anniversaire, j'ai reçu un nouveau portable. Génial! À Noël, j'ai reçu un livre amusant.*

5. Cherche des adjectifs

Trouve sur cette page:
- 4 adjectifs au pluriel

   Exemple: utiles

- 4 adjectifs au féminin

   Exemple: mignonne

quarante-neuf 49

5D Des cadeaux pour tout le monde

- use wider vocabulary for some more presents
- use some higher numbers and prices

1. Des cadeaux

Complète la liste avec l'anglais. Pour t'aider, regarde les images.

Exemple: 1 a tablet

1. une tablette – __
2. un ballon de foot – __
3. deux billets (m pl) de cinéma – two __
4. des bracelets (m pl) argentés – silver __
5. une calculatrice scientifique – a scientific __
6. une nouvelle casquette – a new cap
7. une ceinture chic – a stylish belt
8. des chaussettes (f pl) amusantes – fun socks
9. un cahier, une trousse et un stylo – __
10. une carte cadeau – a gift __
11. un jean – a pair of __
12. un livre de poche – a paperback __
13. des lunettes (f pl) de soleil – sunglasses
14. une montre connectée – a smart __
15. un nouveau sac – a new __
16. des tennis (m pl) – trainers

IDÉES CADEAUX

- A 6,10
- B 12,30
- C 39,50
- D 47,60
- E 36,20
- F 14,00 les 3
- G 16,50
- H 8,40
- I 15,00
- J 6,30
- K 14,00
- L 25,00
- M 7,50
- N 22,00
- O 9,00
- P 22,00

2. Vous cherchez un cadeau?

Écoute. Quels sont les huit cadeaux mentionnés?

Exemple: 1 J

3. Un cadeau idéal

a. Choisis un cadeau pour chaque personne.

Exemple: 1M

1. Ton cousin aime lire.
2. Ta cousine aime les maths.
3. Ton amie aime acheter des cadeaux.
4. Le weekend, ton frère met toujours un jean.
5. Ta tante aime avoir un sac pour aller en ville.
6. Ton oncle adore les vacances au soleil.
7. Ton frère adore la technologie et les jeux.

b. À deux, lisez puis inventez d'autres conversations.

- Je cherche un cadeau pour mon frère. Tu as des idées?
- Qu'est-ce qu'il aime?
- Il aime les maths.
- Peut-être une calculatrice.

mon grand-père/oncle/demi-frère
ma mère/tante/cousine, etc.

le cinéma / le sport / la nature / les animaux, etc.

une peluche / un livre / un ballon / des balles de tennis, etc.

Unité 5 Au cours de l'année

Dossier-langue Grammaire 6.3

Numbers

After **soixante-neuf** (69), counting in French is a bit different. Look carefully at these four numbers and work out the pattern:

70 **soixante-dix**   72 **soixante-douze**
71 **soixante-et-onze** 73 **soixante-treize**

Following this pattern, complete these numbers (write them down and practise saying them):

74 soixante-___   77 soixante-___-___
75 s___-___   78 ___-___-___
76 s___-___   79 ___-___-___

Now here's another surprise. What number is this?

quatre-vingts

Here are the next two numbers:

81 **quatre-vingt-un**   82 **quatre-vingt-deux**

Predict what the next numbers (**83–89**) will be.

90 is **quatre-vingt-dix**, 91 is **quatre-vingt-onze**. Now keep counting from 92 to 99 (**quatre-vingt-dix-neuf**).

Is there an -s in the French for 80 and is it still there in the numbers from 81 to 99?

After all that, look at this easy word for **100 – cent**.

Above 100, you just add the numbers on to **cent**:

101 **cent-un**   102 **cent-deux**

200 is **deux-cents** (notice the extra -s)

300 is **trois-cents**

Work out how to say these numbers in French:

104, 203, 307, 110, 213, 317, 450, 500.

You can go even further:

1 000 **mille**   2 000 **deux-mille**
2 500 **deux-mille-cinq-cents**
1 000 000 **un-million**
2 000 000 **deux-millions** (notice the extra -s)

You might never have to write down large numbers in words, but you do need to be able to say them and understand someone else saying them, e.g. dates of birth. Look how these dates are said:

1985 **mille-neuf-cent-quatre-vingt-cinq**
2012 **deux-mille-douze**

Look how these prices are said:

€12   **douze euros**
€14,50 **quatorze euros cinquante**

4. La tombola

 Écoute et trouve le bon prix (*prize*).

Exemple: 1 une tablette

un teeshirt   une calculatrice   une carte cadeau
un classeur   des crayons   une peluche
une tablette   une trousse   un sac à dos   un stylo

Stratégies

Preparing for listening

Before you listen to a recording, think about the words you are likely to hear. For example, for activity 4 you could say the numbers aloud so that you can recognise them easily when you hear them.

5. C'est combien?

 Écoute et écris le prix (*price*).

Exemple: 1 €16,50 / 16 euros 50

6. Ma date de naissance

 a. Quelle est ta date de naissance? Qu'est-ce qu'ils disent?

Exemple: 1 Ma date de naissance est le trois mai deux-mille-treize.

 b. À deux. A dit sa date de naissance et B écrit. Puis, changez de rôle.

Phonétique

The letters 'ille'

ju**ille**t b**ille**t f**ille** fam**ille**

Exceptions:
m**ille** tranqu**ille** v**ille**   **bille**

cinquante-et-un **51**

5E Des vêtements

- talk about clothes
- use plural nouns

1. Lou Leroux. Chic: oui ou non?

Écoute et lis.

Vocabulaire

Tu rigoles! – You're joking!

Lou Leroux fait beaucoup d'interviews pour la télé. Cette semaine, sa sœur, Léa, et son amie, Charlotte, sont avec Lou. Il choisit attentivement ses vêtements pour être chic!

jeudi

Aujourd'hui, il porte une chemise noire, un pantalon blanc, une cravate rouge, des chaussettes noires et des baskets blanches. Sa sœur, Léa, porte un pantalon brun et une chemise jaune et Charlotte, son amie, porte un short noir et un teeshirt blanc.

vendredi

Ça va, Léa? Il est chic, mon pull, non?
Tu rigoles!

Lou adore son pull vert et jaune et son pantalon vert. Avec ça, il porte des chaussettes jaunes et des chaussures marron. Léa est très chic. Elle porte une chemise blanche, une jupe noire et des chaussures noires.

samedi

Aujourd'hui, Lou et Léa sont au match de foot. Le joueur de foot porte un maillot rouge et blanc et un short noir. Léa porte une robe bleue et blanche et des sandales blanches. Lou porte un jogging gris, une casquette violette, un sweat orange et des tennis blanches. Est-il chic: oui ou non?

dimanche

Très bien, Lou!
Aujourd'hui, tu es très chic!

Aujourd'hui, Lou est à la maison. Il porte un teeshirt et son jean favori.

2. Des vêtements

Copie et complète la liste.

masculin		féminin	
		des tennis	—
		—	sandals
un jean	(pair of) jeans	une cravate	a tie
—	tracksuit bottoms	une casquette	—
un pantalon	(pair of) —	une chemise	—
—	pullover	une jupe	—
—	(pair of) shorts	—	a dress
—	sweatshirt	des chaussettes	—
—	T-shirt	des chaussures	—
		des baskets	—

3. Vrai ou faux?

a. Regarde les images. Vrai ou faux?

Exemple: 1 Faux. Elle porte une chemise jaune.

1. Jeudi, Léa porte une chemise rouge.
2. Vendredi, Lou porte un pull bleu et blanc.
3. Le joueur de foot porte un jogging gris.
4. Jeudi, Lou porte des sandales blanches.
5. Vendredi, le pantalon de Lou est vert.
6. Dimanche, Charlotte porte un pantalon gris.

b. À deux, inventez des phrases.

Exemple: A Dimanche, Lou porte un jean noir. Vrai ou faux?

Unité 5 Au cours de l'année

Dossier-langue Grammaire 1.3

Plural nouns

un and une (a) change to des (some)		le, la and l' change to les (the)	
singular	plural	singular	plural
un pull	des pulls	le sac	les sacs
une chaussette	des chaussettes	la jupe	les jupes
un élève	des élèves	l'enfant	les enfants

Sometimes in English there is no word before the plural, but in French there is always something, e.g. **des vêtements** = clothes / some clothes.

You use the plural after numbers from 2 onwards.

In French, you usually add -s to the word in the plural, but in spoken French you can't usually hear the -s on the end of a word. Is this the same in English?

If a word already ends in -s, there is no change in the plural, e.g.

une souris – des souris

A few words have a special plural ending in -x, e.g.

des cadeaux, les gâteaux, les oiseaux

les yeux, les feux

les chevaux, les animaux

Like the -s ending, it is not pronounced.

Find four words in **Lou Leroux. Chic: oui ou non?** which are plural in English but singular in French. Clue: you can wear them all!

Stratégies

Recognising three kinds of words

As you learn new words it is very useful to know what kind of words they are.

If they are nouns or adjectives, you need to know if they are masculine or feminine, singular or plural.

- **nouns** (names of people and things):

    (un) garçon   *(des) vêtements*
    (une) chemise

- **adjectives** (words which describe things):

    amusant   *blanches*
    petite

If they are verbs, you need to know which is the correct part to use. (You will learn more about this in Unit 6, page 67.)

- **verbs:**

    adorer   *(il) a*
    (je) porte   *(ils) sont*

Find 4 nouns, 4 verbs and 4 adjectives on page 52.

4. C'est au pluriel?

 a. Trouve les cinq mots au pluriel.

Exemple: 2, …

1. un sweat gris
2. mes lunettes
3. les baskets
4. un pantalon
5. des chaussures
6. des jeux
7. sa sœur
8. des casquettes

 b. Trouve les paires.

Exemple: 1d

1. a shirt
2. shirts
3. the dress
4. some dresses
5. a present
6. presents
7. the school
8. the schools

a. l'école
b. un cadeau
c. les écoles
d. une chemise
e. des robes
f. des chemises
g. des cadeaux
h. la robe

5. C'est qui?

 a. À deux. À tour de rôle, devinez qui c'est.

 Exemple:

A Cette personne porte une chemise bleue. C'est qui?

B C'est B?

A Non, la personne porte aussi un pantalon noir.

b. Écris une description de trois personnes.

Exemple: *A porte … Son sweat est …*

5F Les descriptions personnelles

- describe yourself and other people
- practise using the verb *avoir* (to have)

1. Des photos d'identité

 Écoute. Qui parle?

Exemple: 1B

A  B  C  D  E  F

2. Une description personnelle

 Lis la description de Mia. Change les détails et écris ta description.

> Je m'appelle **Mia**.
> Je suis **assez grande**.
> J'ai les cheveux **châtains** et les yeux **bleus**.
> Je **porte des lunettes**.

Pour décrire quelqu'un

J'ai Il a Elle a Mon père a Ma mère a	les cheveux	longs. courts. frisés. noirs. blonds. roux. bruns. châtains.
	les yeux	marron. verts. bleus. gris.
Je suis Il est Elle est	assez très	grand(e). petit(e).
Je/Il/Elle	porte des lunettes.	
Je/Il/Elle	ne porte pas de lunettes.	

Note that 'hair' is plural in French – you usually have more than one hair!

Use *roux* for auburn hair (not *rouges*).

Use *châtains* for light brown hair.

Use *bruns* for dark brown hair.

Use *marron* for brown eyes. It doesn't change its spelling, whatever it describes.

3. C'est qui?

 a. À deux. A décrit une personne (A–F) de l'activité 1. B devine qui c'est.

Exemple:

A Elle a les cheveux longs.
B C'est C?
A Non. Elle a les cheveux longs et blonds et les yeux bleus.
B C'est A?
A Oui, c'est A.

 b. Décris un(e) ami(e), un membre de ta famille ou une personne célèbre.

Exemple: Mon amie Jade a les cheveux …

Stratégies

Speaking more confidently

When you are speaking, try to stick to things you know and avoid difficult things until you are confident in saying them.

To sound more fluent, try to join some sentences using *et* or *mais*.

Phonétique

The letters 'eu'

jeu cheveux yeux

heureux

54 cinquante-quatre

Unité 5 Au cours de l'année

Dossier-langue Grammaire 11.13

The verb *avoir* (to have)

You have already met parts of the verb **avoir** (to have). See what you can remember and then use Léa's message to help you to complete this table:

singular		plural	
j'ai	I have	___ avons	we have
tu ___	you have (informal)	vous ___	you have (singular: formal) (plural: informal and formal)
il a	he (or it) ___	ils ___	they have (masculine or mixed group)
___ a	she (or it) has		
on ___	one has, people have	___ ont	they have (feminine group)

4. Un message de Léa

Lis le message et trouve …

5 adjectifs
4 noms au pluriel
3 meubles
2 membres de famille
1 appareil électrique

boîte mail

Merci pour ton message. Comme tu vois sur ma photo, j'ai les cheveux longs et bruns et les yeux verts. Les deux garçons sont mon frère, Luc, et mon demi-frère, Jules. Ils ont aussi les cheveux bruns.

Nous avons une maison avec un grand jardin. J'aime le jardin parce qu'il y a beaucoup d'oiseaux.

Qu'est-ce que tu as dans ta chambre? Moi, j'ai mon lit, une table, une chaise et un ordinateur. Pour mon anniversaire, je voudrais un nouveau jeu vidéo. J'aime beaucoup jouer sur l'ordinateur. Et toi?

Léa :-)

5. Chez nous

 Choisis le bon mot et complète le message.

Exemple: 1 Nous avons

boîte mail

Nous (**1** avons/a/ont) un petit appartement au centre-ville. Dans l'appartement, nous (**2** avez/ai/avons) un salon, une cuisine, une salle de bains et trois chambres. Nous (**3** a/avons/ont) aussi un garage.

Et vous, comment est votre maison? Est-ce que vous (**4** ai/as/avez) un jardin?

Dans ma chambre, j'(**5** a/ai/ont) un ordinateur, et ma sœur (**6** as/a/ont) une tablette. Mes frères (**7** avons/avez/ont) une console de jeux.

Et toi, qu'est-ce que tu (**8** ai/as/a) dans ta chambre?

Écris-moi vite, Sameer

6. Chez moi

 Écris un message à un(e) amie français(e) sur ta maison et ta chambre.

Exemple: Ma maison est (assez/très) (grande/petite). Nous avons (un salon, etc.). Dans ma chambre, j'ai … J'aime beaucoup / Je n'aime pas les animaux. Nous avons (un chat). Il y a (des oiseaux dans le jardin/parc).

7. Une conversation

 **a.** À deux. Choisissez Section 1 ou Section 2. Faites une conversation. Puis, changez de rôle.

Exemple:

Section 1 – moi et ma famille

A Tu es grand(e) ou petit(e)? B Je suis …
A Comment sont tes yeux? Et tes cheveux? B J'ai …
A Il y a combien de personnes dans ta famille? B Il y a (trois) personnes … J'ai (une sœur/…)

Section 2 – ma maison / mon appartement

A Tu habites dans une maison ou un appartement? C'est comment? B J'habite dans … Mon appartement est …
A Comment est ta chambre? B Dans ma chambre …

 b. Ton/Ta partenaire parle et tu notes les détails, puis tu écris un résumé.

Exemple: Mon ami s'appelle … Dans sa famille, il y a … Dans sa maison, il y a … Il/Elle aime … Mais il/elle n'aime pas beaucoup …

cinquante-cinq **55**

5G Écoutez bien

- develop and practise your listening skills
- practise key vocabulary from this unit

1. Trouve le bon mot

First, check that you can recognise words that you have met before.

Écoute et écris la bonne lettre.

Exemple: 1f

a. fille
b. famille
c. livre
d. ville
e. fils
f. oui

2. Questions ou réponses?

Listen for clues from someone's tone of voice or the way they speak.

Écoute et écris Q (pour une question) ou R (pour une réponse).

Exemple: 1Q

3. C'est quelle image?

Now listen to some words you might not have met before, then add them to your vocabulary book.

If two nouns sound very similar, listening to the word before the noun might help you to spot which is which, e.g.

le cricket — la casquette

Écoute et écris la bonne lettre.

Exemple: 1D

 A la pluie
 D un croissant
 B  un parapluie
 E une pharmacie
 C  une boisson
F un pharmacien

4. Des descriptions

a. Réponds aux questions et écris la description d'une des personnes.

Exemple: *Nina habite à Genève en Suisse. Elle a 13 ans et son anniversaire est ...*

Nina – 13 ans, anniversaire 20/11; taille 1,50 m
Domicile: Genève, Suisse; appartement en ville
Famille: frère 17 ans
Aime: les chevaux, la musique, les vêtements, Noël
N'aime pas: la télé, les jeux vidéo

Usain – 12 ans, anniversaire 17/05; taille 1,60 m
Domicile: Sainte-Anne, Martinique; maison au bord de la mer, jardin
Famille: frère 9 ans, sœur 11 ans
Aime: le carnaval, les jeux vidéo, le basket, les oiseaux
N'aime pas: les araignées

Les questions:
- Où est-ce que Usain/Nina habite?
- Il/Elle a une maison ou un appartement?
- Quel âge a-t-il/elle? C'est quand, son anniversaire?
- Comment est-il/elle? (cheveux, yeux, etc.)
- Qu'est-ce qu'il/elle porte?
- Il/Elle a des frères et sœurs?
- Qu'est-ce qu'il/elle aime et n'aime pas?
- Quelle est sa fête préférée?

b. À deux. A dit une phrase, B devine qui c'est. Puis, changez de rôle.

Exemple: A Cette personne a 12 ans.
B C'est Usain.

c. À deux. Imaginez une conversation entre Usain et Nina avec beaucoup de détails.

Exemple: A Salut! Je m'appelle Usain. Et toi?
B Bonjour, je suis Nina et j'habite à ... en ... Où est-ce que tu habites?
A Moi, j'habite ... Nous avons une maison ...

5 Sommaire

Now I can ...

- **ask for and give the date**

Quelle est la date aujourd'hui?	*What's the date today?*
C'est le trente août.	*It's the 30th of August.*
C'est quand, le match?	*When is the match?*
C'est le mardi premier juin.	*It's Tuesday 1st June.*
C'est quand, ton anniversaire?	*When is your birthday?*
C'est le dix-neuf juillet.	*It's the 19th of July.*

- **say and write the months**

les mois	***the months***
janvier, février	*January, February*
mars, avril	*March, April*
mai, juin	*May, June*
juillet, août	*July, August*
septembre, octobre	*September, October*
novembre, décembre	*Novembe, Decemberr*

- **talk about special days**

le jour de l'An	*New Year's Day*
le Nouvel An chinois/lunaire	*Chinese/Lunar New Year*
la fête nationale	*National Day*
à Pâques/Noël	*at Easter/Christmas*
le Carnaval	*carnival*
le Diwali	*Divali*
le Ramadan	*Ramadan*

- **understand and give greetings**

Bonne Année!	*Happy New Year!*
Joyeuses Pâques!	*Happy Easter!*
Joyeux Noël!	*Happy Christmas!*
Bon anniversaire!	*Happy Birthday!*
Bonne fête!	*Happy festival / name day!*

- **talk about presents**

Qu'est-ce que tu as reçu comme cadeaux?	*What presents did you get?*
J'ai reçu un teeshirt et des chaussures.	*I got a T-shirt and some shoes.*
une carte cadeau	*gift card/token*
un casque (audio)	*headphones*
des écouteurs (m pl)	*earphones*
une montre connectée	*smart watch*
des lunettes de soleil (f pl)	*sunglasses*

- **talk about clothes**

les vêtements	***clothes***
des baskets (f pl)	*trainers*
une casquette	*baseball cap*
une ceinture	*belt*
des chaussettes (f pl)	*socks*
des chaussures (f pl)	*shoes*
une chemise	*shirt*
une cravate	*tie*
un jean	*jeans*
un jogging	*jogging trousers, tracksuit bottoms*
une jupe	*skirt*
un pantalon	*trousers*
un pull	*jumper*
une robe	*dress*
des sandales (f pl)	*sandals*
un short	*shorts*
un sweat	*sweatshirt*
un teeshirt	*T-shirt*
des tennis (f pl)	*tennis shoes, trainers*

- **use numbers 70–100 (and beyond) (see page 51)**

- **describe people's hair and eyes**

J'ai / Il a / Elle a …	*I have / He has / She has …*
les cheveux longs/courts.	*long/short hair.*
les cheveux frisés/raides.	*curly/straight hair.*
les cheveux noirs/blonds.	*black/blonde hair.*
les cheveux roux.	*red/ginger hair.*
les cheveux bruns.	*dark brown hair.*
les cheveux châtains.	*light brown hair.*
les yeux marron/verts.	*brown/green eyes.*
les yeux bleus/gris.	*blue/grey eyes.*
Je/Il/Elle porte des lunettes.	*I wear / He/She wears glasses.*
Je/Il/Elle ne porte pas de lunettes.	*I don't wear / He/She doesn't wear glasses.*

- **use the pronoun *on* (see page 45)**

- **use the verb *être* (see page 47)**

- **use adjectives (see page 49)**

- **use plural nouns (see page 53)**

- **use the verb *avoir* (see page 55)**

cinquante-sept **57**

2. Rappel — Unités 4–5

1. Un jeu 5–4–3–2–1

Trouve ... *Find ...*

- 5 couleurs
- 4 animaux
- 3 vêtements
- 2 continents
- 1 jour

blanc, un cheval, mardi, un lapin, l'Asie, jaune, l'Afrique, un poisson, vert, rouge, une jupe, noir, un pantalon, une souris, une robe

2. Chasse à l'intrus

a. Trouve l'intrus. *Find the odd word out.*

b. Explique pourquoi, si possible. *Explain why, if possible.*

Exemple: 1 une carte – Les autres sont des choses à manger.

1. un gâteau, une carte, un œuf, une crêpe
2. un chien, une tante, une souris, un cheval
3. un pantalon, un teeshirt, un short, un lapin
4. une chaussure, un cahier, un classeur, une calculatrice
5. février, avril, bleu, juillet
6. jeudi, mercredi, gros, vendredi
7. treize, neuf, mardi, onze
8. lundi, samedi, petit, dimanche
9. la chambre, le poisson, la salle à manger, le salon
10. mon frère, ma sœur, mon père, ma maison

- des animaux
- des vêtements
- des pièces
- des choses à manger
- des membres de la famille
- des jours de la semaine
- des affaires d'école
- des nombres

3. Masculin ou féminin

Écris deux listes. *Write two lists.*

Exemple:

masculin	féminin
un cadeau	

The following ending is usually **masculine**: **-eau**.

The following endings are usually **feminine**: a double consonant followed by **-e**, e.g. **une fille**, **une tablette** (but not **un homme**).

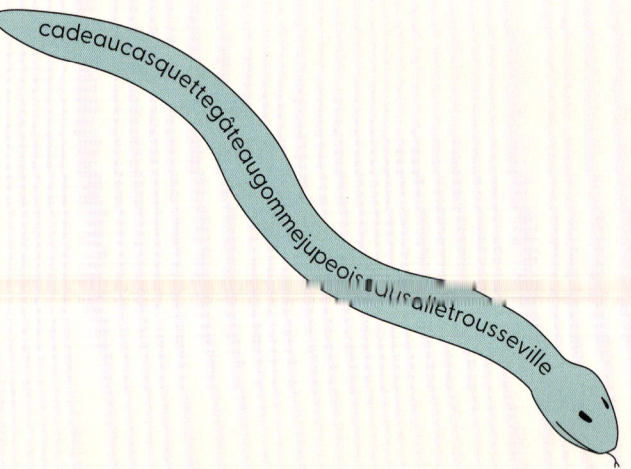

cadeau casquette gâteau gomme jupe oiseau souris salle trousse ville

4. Ça commence par un «c»

Trouve dix choses qui commencent par un «c».
Find 10 things beginning with 'c'.

Exemple: 1 une chaise

58 cinquante-huit

5. L'année en France

a. Trouve les paires. *Find the pairs.*

Exemple: 1c

1. Le premier janvier,
2. Le nouvel an chinois (ou lunaire)
3. Au mois de février ou de
4. Pâques, c'est quelquefois en mars et
5. En mai, c'est la
6. Le quatorze juillet, c'est
7. Le vingt-cinq décembre,
8. Le mois d'août, c'est souvent
9. Mais en septembre, après les

a. la fête nationale en France.
b. quelquefois en avril.
c. c'est le jour de l'An.
d. vacances, c'est la rentrée.
e. c'est Noël.
f. est en janvier ou février.
g. le mois des vacances.
h. fête des Mères en France.
i. mars, il y a carnaval.

b. Quels mois ne sont pas mentionnés? (3)
What months are not mentioned? (3)

c. Écris une phrase pour ces trois mois.
Write a sentence for these three months.

Exemple: J'aime / Je n'aime pas le mois de … En …, c'est mon anniversaire / le festival de … Il y a un feu d'artifice / un grand match de football/cricket en …

7. Questions et réponses

a. Complète les questions avec **ton, ta** ou **tes**.
*Complete the questions with **ton**, **ta** or **tes**.*

Exemple: 1 ton

1. Quel est ___ jour favori?
2. Quel âge a ___ frère?
3. De quelle couleur est ___ maison?
4. Est-ce que ___ ville est grande?
5. Comment s'appellent ___ amis?

b. Complète les réponses avec **mon, ma** ou **mes**.
*Complete the answers with **mon**, **ma** or **mes**.*

Exemple: a ma

a. Oui, ___ ville est assez grande.
b. ___ amis s'appellent Gabriel et Chloé.
c. ___ jour favori est le dimanche.
d. ___ maison est blanche.
e. ___ frère a treize ans.

c. Trouve les paires. *Find the pairs.*

Exemple: 1c

6. Beaucoup de cadeaux

Décris les cadeaux.
Describe the presents.

Exemple: A Le pull est vert.

baskets   casquette
chaussettes   chaussures
crayons   ballon de foot   montre
pull   sac   stylos   trousse
est / sont

blanc / blanches   bleue   brune
gris   jaunes   noir / noires
rouge / rouges   vert / verts

8. Sacha

Complète les phrases avec la bonne forme du verbe **avoir** ou **être**.
*Complete the sentences with the correct form of **avoir** or **être**.*

Exemple: 1 Je suis

1. Je ___ français.
2. Mon père ___ français et ma mère ___ anglaise.
3. J'___ douze ans.
4. J'___ un frère et une sœur.
5. Mon frère ___ quinze ans. Il ___ assez grand.
6. Ma sœur ___ sept ans. Elle ___ petite.
7. Nous ___ deux chats. Ils ___ noirs et ils ___ gentils.
8. Mes amis ___ Arthur et Lucas.
9. Nous ___ dans la même classe au collège.

Unité 6 Qu'est-ce que tu fais?

6A Quel temps fait-il?

- talk about the weather
- say what the temperature is

1. On parle du temps

A Il fait beau.
B Il fait chaud.
C Il fait froid.
D Il fait mauvais.
E  Il pleut.
F Il neige.
G Il y a du brouillard.
H Il y a du soleil.
I Il y a du vent.
J  Il y a des nuages.

a. Écoute et regarde les images.

b. Écoute encore. Cette fois, l'ordre est différent. Écris la bonne lettre.
   Exemple: 1D

Phonétique

The letters 'au', 'aux', 'eau', 'eaux'

eau gâteaux animaux chaud

2. Le temps dans le monde

a. Consulte le tableau et complète les phrases.

Exemple: 1 À Dakar, il fait chaud

1. À Dakar, il fait ...
2. À Marrakech, il ...
3. À Hanoï, il fait ...
4. À Ushuaia, il ...
5. À Paris, il y a du ...
6. À Sydney, il y a des ...
7. À Londres, il y a ...
8. À New Delhi, il ...
9. À Auckland, il ...
10. À Montréal, il ...

La ville	Le pays	Le continent	Le temps	La température
Dakar	Le Sénégal	Afrique		24°C
Marrakech	Le Maroc	Afrique		21°C
New York	Les États-Unis	Amérique du nord		6°C
Montréal	Le Canada	Amérique du nord		-4°C
Ushuaia	L'Argentine	Amérique du sud		4°C
Rio de Janeiro	Le Brésil	Amérique du sud		31°C
Hanoï	Le Vietnam	Asie		18°C
New Delhi	L'Inde (f)	Asie		16°C
Paris	La France	Europe		8°C
Londres	Le Royaume-Uni	Europe		11°C
Auckland	La Nouvelle Zélande	Océanie/ Australie		22°C
Sydney	L'Australie (f)	Océanie/ Australie		20°C

b. Décris le temps ...
1. à New York
2. à Rio
3. dans ta ville

3. Les températures

Quelle température fait-il? Est-ce qu'il fait chaud ou froid?

Exemple: À Dakar, il fait 24 degrés. Il fait chaud.

Temperatures are shown in Centigrade (Celsius) in most countries, but the US uses the Fahrenheit scale.

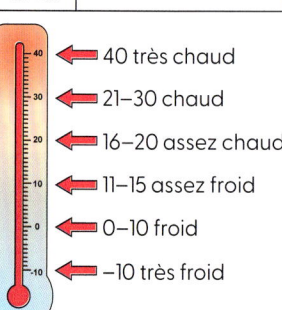

- 40 très chaud
- 21–30 chaud
- 16–20 assez chaud
- 11–15 assez froid
- 0–10 froid
- –10 très froid

60 soixante

Unité 6 Qu'est-ce que tu fais?

4. Voici la météo

 a. Écoute. Quel temps fait-il? Écris la bonne lettre.

Exemple: 1C

1. Paris
2. Rennes
3. Bordeaux
4. Toulouse
5. Nice
6. Grenoble
7. Strasbourg
8. Lille
9. Dieppe

 b. Écoute encore. Quelle température fait-il?

Exemple: 1 7°C

5. Des conversations

a. Écoute la conversation.

b. À deux, changez les mots en couleur.

A Salut, Maya. C'est Gabriel.
B Bonjour, Gabriel. Où es-tu?
A Je suis à Genève, en Suisse.
B Quel temps fait-il?
A Il neige.
B Quelle température fait-il?
A Moins cinq.

Stratégies

Using clues to work out meaning

When you come across new words, look out for prefixes (at the beginning of a word) and suffixes (at the end of a word). They can help you work out meanings. Para- gives the idea of 'against'. Can you work out what each of these words means?

un parapluie   un parasol   un paravent

Ville	Genève	Rabat	Kingston	Bruxelles
Pays	la Suisse	le Maroc	la Jamaïque	la Belgique
Temps	❄❄❄	25→	☀	💧💧💧
Température	–5°C	20°C	29°C	16°C

6. La météo aujourd'hui

a. Lis le texte et regarde la carte. Complète les phrases avec un mot de la case.

Exemple: 1 fait

> beau brouillard fait neige soleil vent

Dans le nord de la France, il (1) __ mauvais, avec de la pluie* à Lille et du (2) __ à Dieppe. Mais il ne fait pas mauvais partout. Dans la région méditerranéenne, il fait beau en général et il y a du (3) __ à Nice. Dans l'ouest de la France, sur la côte atlantique, il fait assez (4) __ à La Rochelle, mais il y a du (5) __ à Bordeaux. À Grenoble, dans les Alpes, il fait froid et il (6) __.

la pluie – *rain*

b. Trouve le français.

Exemple: 1 dans le nord

1. in the north
2. the weather isn't bad
3. the weather is good
4. in general
5. in the west
6. it's cold

7. Dossier personnel

 a. Écris trois phrases sur le temps.

Quel temps fait-il? Il fait …

Est-ce qu'il y a du soleil / des nuages, etc.? Il y a …

Quelle température fait-il? Il fait … degrés.

b. Invente la météo pour ton pays.

Dans le sud / l'est / l'ouest, il fait / il y a / il …

À (ville), il …

Dans la région de (nom) …

À la montagne, …

soixante-et-un

6B Les saisons

- talk about months and seasons
- use *quand* + a phrase in a sentence

1. Les saisons en France

La France est en Europe dans l'hémisphère nord.

a. C'est quelle saison?

Exemple: 1 le printemps

1. Ça commence le 21 mars.
2. Ça commence le 21 septembre.
3. Ça commence le 21 juin.
4. Ça commence le 21 décembre.
5. C'est novembre.
7. C'est avril.
6. C'est août.
8. C'est le jour de l'An.

b. Complète les phrases.

Exemple: 1 Au printemps, il fait beau.

1. Au printemps, il fait b__. Il y a du s__. Quelquefois, il p__.
2. En été, il fait c__. Normalement, le ciel est b__.
3. En automne, il y a du v__. Quelquefois, il y a du b__.
4. En hiver, il fait f__. Il fait souvent m__. Quelquefois, il n__.

c. Écris une phrase avec **souvent**, **quelquefois** ou **normalement** pour chaque saison.

Exemple: En été, il fait souvent beau.

Au printemps
Il fait beau.
Il y a du soleil.

En été
Il fait chaud.
Le ciel est bleu.

Moi, j'adore le soleil.

Je déteste le froid! *Quelle pluie!* *Quel vent! Aïe, mon parapluie!*

En hiver
Il fait froid.
Il fait mauvais.
Il neige.
Il pleut.

Moi, j'adore la neige.

En automne
Il y a du vent.
Il y a du brouillard.

2. La chanson des saisons

 Écoute. Complète la chanson avec les mots de la case.

Exemple: 1 hiver

| beau | chaud | froid |
| hiver | pleut | vent |

1. Le premier mois, c'est janvier.
   Nous sommes en (1) __.
   Il neige beaucoup en février,
   En mars, il fait mauvais.

2. Au mois d'avril, il pleut, il (2) __.
   Nous sommes au printemps.
   Il fait très (3) __ au mois de mai,
   La météo dit: beau temps!

3. Et puis c'est juin, et juillet, août.
   Nous sommes en été.
   Il fait très (4) __ pour les vacances,
   Ma saison préférée.

4. Au mois de septembre la rentrée.
   Octobre, c'est l'automne.
   Du brouillard pendant novembre.
   Oh! Qu'est-ce qu'il fait du (5) __!

5. Le dernier mois, on fête Noël.
   Nous sommes en décembre.
   Il fait très (6) __, mais moi, j'ai chaud.
   Je reste dans ma chambre!

Stratégies

Using time expressions

The words *souvent* (often), *quelquefois* (sometimes), *normalement* (usually) tell you how often something happens. They are used here to talk about the weather, but they can be used in many different contexts. Try adding them to your work to make it more interesting.

Phonétique

The letters 'am', 'an', 'em', 'en'

When 'a' or 'e' is followed by 'n' or 'm' it is often a **nasal vowel** (pronounced through the nose).

v**en**t   **en**f**an**t   qu**an**d   t**em**ps

Dossier-langue Grammaire 9

Using *quand* (when) as a conjunction

You can use **quand** + a weather phrase, just as in English.

Quand il fait beau ... When the weather's good ...

Quand il fait très chaud ... When it's very hot ...

Unité 6 Qu'est-ce que tu fais?

3. Le climat à travers le monde

Les saisons sont différentes selon les régions du monde. En Australie, dans l'hémisphère sud, par exemple, les saisons sont à l'inverse. En janvier, c'est l'été, et en juin, c'est l'hiver.

Dans les régions tropicales près de l'équateur, comme au Sénégal, il y a seulement deux saisons: la saison sèche et la saison humide. La saison sèche commence en décembre et continue jusqu'à mai. Pendant cette saison, il y a du soleil et il fait chaud avec des températures entre 27°C et 34°C.

En Asie du Sud-Est, il pleut très fort pendant la période de la mousson. La mousson apporte de l'eau nécessaire à l'agriculture mais elle provoque aussi des difficultés énormes.

Aux Caraïbes, pendant la saison humide (de juin à novembre), le temps est instable. Il pleut, surtout à la montagne, il y a du vent et quelquefois il y a des orages. Le risque de cyclones et d'ouragans est grand, principalement aux mois d'août et de septembre.

a. Trouve le français et devine le sens en anglais.

   Exemple: 1 the other way round

   1. à l'inverse
   2. près de l'équateur
   3. la saison sèche
   4. jusqu'à
   5. des orages
   6. le risque de cyclones et d'ouragans

b. Tu as bien compris?
   1. What season is it in January in the southern hemisphere?
   2. How many seasons are there in tropical regions?
   3. What is a benefit of the monsoons?
   4. Which season lasts from June to November in the Caribbean?
   5. In the Caribbean, what is the risk during August?

c. Regarde les photos et trouve le texte qui correspond.
   1. Au Québec au Canada, il fait très froid (-20°C) en hiver et il neige souvent, surtout à la montagne. C'est bien pour le ski.
   2. Aux Caraïbes, la période des cyclones et des ouragans dure six mois, mais le risque est plus grand en août et en septembre.
   3. En France, beaucoup de maisons ont des volets aux fenêtres. On ferme les volets quand il fait très chaud. C'est pratique.
   4. Dans les régions tropicales près de l'équateur, il y a du soleil et il fait chaud pendant la saison sèche.
   5. À Delhi, en Inde, il pleut très fort pendant la période de la mousson.

4. Le climat dans ma région

Moi, je m'appelle **Tom** et j'habite à **Newcastle au Royaume-Uni**. En **Europe**, il y a **quatre** saisons: **le printemps, l'été, l'automne et l'hiver**. Ma saison préférée est **l'été**. Normalement **il y a du soleil et il fait chaud**. **Il pleut** quelquefois. Quand **il fait beau, je joue au tennis dans le parc**.

En **hiver**, **il fait assez froid et il y a du vent**. Quelquefois, **il neige**. Quand **il fait mauvais, je reste à la maison et j'écoute de la musique**.

a. Lis le message et réponds aux questions.
   1. Où habite Tom? (ville et pays)
   2. Quelle est sa saison préférée?
   3. Quel temps fait-il normalement en été?
   4. Qu'est-ce que Tom fait quand il fait beau?
   5. Quel temps fait-il normalement en hiver?
   6. Qu'est-ce que Tom fait quand il fait mauvais?

 b. Décris le climat et les saisons dans ta région. Change les mots en couleur dans le message de Tom.

6C On joue bien

- talk about some sports
- use the verb *jouer* (to play)

1. Au club de sports

 a. Écoute et trouve la bonne photo.

Exemple: 1A

b. Regarde les photos et complète les phrases.

Exemple: A Ils jouent au volley.

- **A.** Ils jouent au …
- **B.** Elle joue au …
- **C.** Ils jouent au …
- **D.** Elle joue au …
- **E.** Ils jouent au …
- **F.** Il joue au …
- **G.** Elles jouent au …
- **H.** Ils jouent au …

2. Des conversations

 À deux. Lisez, puis changez les mots en couleur.

A Qu'est-ce que tu fais comme sport?
B Je joue au tennis. Et toi, tu joues au tennis aussi?
A Non, moi, je joue au basket.

Phonétique

The letters '-er', '-et', '-ez', '-ey' at the end of a word

aim**er**

jou**ez** juill**et** regard**er** hock**ey**

Exceptions: bask**et** Intern**et** hiv**er**

Dossier-langue Grammaire 11.11

jouer à + sport/game

français	anglais
jouer au cricket	to play cricket
jouer au football	to play football
jouer au volley	to play volleyball
jouer au basket	to play basketball
Why is the word different here?	
jouer aux cartes	to play cards

Dossier-langue Grammaire 11.9

jouer (to play): a regular -er verb

You have been using different parts of the verb *jouer* (to play). The infinitive, *jouer*, ends in *-er* and follows this pattern.

1. The first part of the verb *jou-* is the stem.
2. The part that changes is the ending, the highlighted parts in the verb table.
3. Each subject pronoun (*je*, *tu*, *il*, etc. – the person of the verb) has a matching ending, e.g. *tu jou**es***.
4. Most endings on *-er* verbs sound the same or are silent BUT they may not be spelt the same. Only the *nous* and *vous* endings sound different.
5. There is only one present tense in French. It is used to translate 'I play', 'I'm playing' and 'I do play'.

	singular		plural	
1st person	je jou**e**	I play/am playing	nous jou**ons**	we play/are playing
2nd person	tu jou**es**	you play/are playing (informal)	vous jou**ez**	you play/are playing (singular: formal) (plural: informal and formal)
3rd person	il jou**e**	he (or it) plays/is playing	ils jou**ent**	they play/are playing (masculine or mixed group)
3rd person	elle jou**e**	she (or it) plays/is playing	elles jou**ent**	they play/are playing (feminine group)
	on jou**e**	one plays, we/people play		

3. Ils jouent?

Choisis le bon mot.

Exemple: 1 *Je joue*

1. Je (**joue**/joues/jouent) au hockey.
2. Tu (joue/joues/**jouez**) beaucoup?
3. Ma fille (joues/**joue**/jouent) de la guitare.
4. Nous (**jouons**/jouez/jouent) au cricket.
5. Vous (joue/jouent/**jouez**) au badminton?
6. Ils (joues/**jouent**/jouent) dans le jardin.

4. Du sport pour tous

Complète les phrases.

Exemple: 1 *jouez au volley*

1. Au collège, est-ce que vous  ?
2. Non, mais nous  .
3. a. Et toi, tu ? b. Oui, je .
4. Et ton frère, est-ce qu'il  ?
5. a. Est-ce que tes parents ?
   b. Oui, ils 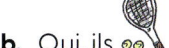 .
6. Et mon grand-père  , mais sur l'ordinateur!

5. Dossier personnel

a. Écris six phrases sur six sports différents.

Moi, je joue au ...

Quelquefois, je ...

Au collège, on joue au ...

Mon ami(e) ...

En été, mes parents jouent ...

b. Imagine: tu es une personne célèbre ou imaginaire. Écris un paragraphe sur le sport.

Exemple: Je suis joueur de foot professionnel. Le sport est très important pour moi. Je joue très souvent au ... et au ... Quelquefois, on ... , mais en général, on ... Quand il pleut, je joue ... En été, nous jouons ... Mes amis/amies ...

6D Des bandes dessinées

- read a comic strip story
- use some regular -er verbs

1. Matou et Joujou

a. Écoute et lis la bande dessinée de Matou et Joujou.

Vocabulaire

une bande dessinée – *comic strip*

JOUJOU EST UNE SOURIS. ELLE PENSE À QUELQUE CHOSE. C'EST LE FROMAGE.

MATOU EST UN CHAT. IL PENSE À QUELQUE CHOSE. C'EST JOUJOU.

VOILÀ LE FROMAGE. VOILÀ JOUJOU.

JOUJOU MANGE LE FROMAGE.

VOILÀ MATOU. MATOU ENTRE DANS LA CUISINE.

MATOU CHASSE JOUJOU. EST-CE QU'IL MANGE JOUJOU? JOUJOU ENTRE DANS LE SALON.

MATOU SAUTE SUR JOUJOU. IL ATTRAPE JOUJOU?

AÏE!! NON, IL N'ATTRAPE PAS JOUJOU.

MATOU CHASSE JOUJOU DANS LA SALLE DE BAINS. IL SAUTE ...

PLOUF! NON! IL N'ATTRAPE PAS JOUJOU DANS LA SALLE DE BAINS.

JOUJOU RENTRE DANS LA CUISINE. VOILÀ LE FROMAGE! MAIS VOILÀ MATOU!

DEHORS!
ET VOILÀ MADAME. ELLE ARRIVE DANS LA CUISINE. ELLE CHASSE MATOU ... ET JOUJOU MANGE LE FROMAGE.

b. Vrai ou faux?

Exemple: *1 vrai*

1. Joujou aime le fromage.
2. Joujou trouve du fromage dans le jardin.
3. Joujou commence à manger le fromage.
4. Matou, le chat, arrive.
5. La souris chasse le chat dans le salon.
6. Matou saute sur Joujou mais il n'attrape pas Joujou.
7. Joujou entre dans la salle à manger, Matou aussi.
8. Joujou rentre dans la cuisine, mais le chat est là aussi.
9. Madame entre dans la cuisine.
10. Les deux animaux mangent le fromage.

c. Corrige les phrases qui sont fausses.

Exemple: *2 Joujou trouve du fromage dans la cuisine.*

Unité 6 Qu'est-ce que tu fais?

Dossier-langue Grammaire 11.4

Regular -er verbs

Many verbs have an infinitive ending in **-er**, e.g. **aimer**. You normally have to change the infinitive before you use it.

The stem

If you take off the **-er**, you are left with the stem of the verb, e.g. **aim-**. This appears in all parts of the verb.

The endings

French verbs have different endings according to the person or subject of the verb (I, you, he, she, we, they, etc.). The endings are added to the stem.

singular		plural	
je (or j')	-e	nous	-ons
tu	-es	vous	-ez
il/elle/on	-e	ils/elles	-ent

Many verbs are regular **-er** verbs. Here are two examples.

chanter (to sing)

je chante	nous chantons
tu chantes	vous chantez
il/elle/on chante	ils/elles chantent

aimer (to like)

j'aime	nous aimons
tu aimes	vous aimez
il/elle/on aime	ils/elles aiment

If the verb begins with a vowel (a, e, i, o, u) or sometimes 'h', use **j'** instead of **je**, e.g. **j'aime, j'écoute, j'habite**.

Make a list of some regular **-er** verbs you have learned.

2. Pendant les vacances

Écoute et trouve les paires.

Exemple: 1b

1. François …
2. Christine et sa famille …
3. En hiver, Jean-Marc et Sandrine …
4. En été, Jean-Marc et Sandrine …
5. M. et Mme Duval …
6. Mathilde …
7. Nicolas et Isabelle …
8. Isabelle …
9. Le soir, Nicolas et ses amis …
10. Quand il pleut, Nicolas …

a. aiment le ski.
b. adore le camping.
c. passent les vacances d'été au soleil.
d. écoutent de la musique.
e. invitent des amis à la maison.
f. aime les animaux.
g. chante dans un groupe.
h. jouent au football.
i. joue sur l'ordinateur.
j. travaillent à la ferme.

3. On parle des vacances

a. À deux, lisez puis changez les mots en couleur.

– Tu joues à quels sports pendant les vacances?
– Je joue au cricket et au badminton.
– Et quand il pleut?
– Je reste à la maison. J'ai beaucoup de livres dans ma chambre. Je regarde une bande dessinée ou je joue sur mon ordi.

Des sports	Des activités à la maison
le badminton	jouer sur l'ordi
le basket	regarder un livre ou un magazine
le cricket	regarder un film
le football	jouer aux cartes
le hockey	écouter de la musique
le tennis (de table)	inviter des amis
	chanter
le volley	travailler

b. Pose des questions à trois partenaires et écris des notes.

Exemple: Tu joues à quels sports pendant les vacances? Qu'est-ce que tu fais quand il pleut?

4. *Dossier personnel*

a. Écris des phrases pour ton dossier personnel.

Pendant les vacances, je joue … Quand il pleut, je …

b. Écris un paragraphe sur tes trois partenaires.

Pendant les vacances, Jamie/Elena joue … Quand il pleut, il/elle …

soixante-sept 67

6E En famille

- talk about family activities
- say what you do at weekends
- use -er verbs

1. Les frères, c'est difficile!

a. Lis le message et complète le résumé.

Exemple: 1 frère

> **boîte mail**
>
> Voilà mon problème. J'ai un petit frère. Il s'appelle Léo. Il a quatre ans et il partage ma chambre. Il est très, très méchant. Il saute sur le lit, il dessine sur les murs, il joue sur ma tablette, il mange mes bonbons. Quand je travaille, il chante et il danse. Quand je raconte tout ça à ma mère, elle dit: «Mais il est petit, il est mignon!». Qu'en pensez-vous?
>
> Nathan

Vocabulaire

Qu'en pensez-vous? – What do you think (about it)?

Nathan a un petit (1) __ difficile. Il s'appelle Léo. Léo partage une (2) __ avec Nathan. Mais Léo est (3) __ . Il __ (4) sur le lit. Il (5) __ sur les murs. Il (6) __ sur sa tablette. Il (7) __ ses bonbons. Quand Nathan (8) __ , Léo (9) __ et il (10) __ .

b. Relis le message de Nathan. Trouve au moins dix verbes.

Exemple: J'ai, …

2. Les Paresseux

Complète les phrases d'Anne Active.

Exemple: 1 nous organisons

La famille de mon cousin, Paul Paresseux, n'est pas très active.

1. Au printemps, nous (organiser) la maison, …

2. … mais les Paresseux (consulter) les sites web!

3. En été, nous (jouer) au tennis …

4. … mais les Paresseux (regarder) le tennis à la télé.

5. Le soir, nous (danser) au club des jeunes …

6. … mais ils (écouter) de la musique à la maison.

7. En automne, nous (travailler) dans le jardin …

8. … mais ils (rester) à la maison. Ils (regarder) des livres et des magazines.

9. Au mois de décembre, nous (chanter) des chants de Noël …

10. … mais ils (écouter) des chants à la radio.

11. Mais le 25 décembre, nous (fêter) Noël tous ensemble.

3. Le weekend

Complète les phrases.

Exemple: 1 *Je prépare*

Je (préparer) des crêpes.

Tu (chanter) au concert?

Il (détester) les serpents.

Elle (travailler) dans le jardin.

Nous (écouter) de la musique.

Vous (travailler), Anne et Lucie?

Ils (aimer) le rugby.

Elles (regarder) un film.

4. Deux interviews

Écoute et choisis la bonne réponse.

a. Anne.

Exemple: 1 *b*

1. **a.** J'adore le sport. **b.** Je n'aime pas le sport.
2. **a.** Je retrouve des amis. **b.** Je range le salon.
3. **a.** Nous dansons ensemble.
   b. Nous discutons ensemble.
4. **a.** Nous écoutons de la musique.
   b. Nous jouons au Monopoly.
5. **a.** Je joue sur ma console. **b.** Je joue aux cartes.
6. **a.** Je prépare un gâteau. **b.** Je regarde une vidéo.

b. Marc.

1. Marc adore (**a.** les animaux **b.** la musique **c.** le sport).
2. Il joue au football (**a.** avec son frère **b.** avec des amis **c.** le samedi).
3. Il joue au tennis dans (**a.** le parc **b.** le jardin **c.** la rue).
4. Quand il fait mauvais, il regarde (**a.** du sport **b.** un film **c.** un jeu) à la télé.
5. Il n'aime pas beaucoup (**a.** les chiens **b.** les jeux vidéo **c.** la musique).

5. Des conversations

À deux. Écoutez et lisez la conversation, puis changez les mots en couleur.

A Qu'est-ce que tu fais normalement, le weekend?

B Je joue souvent **au foot**. J'adore ça. Et toi?

A Moi, je joue **au volley**. Et quand **il pleut**?

B Je **joue sur l'ordi**. Et toi?

A Je **regarde un film**. Tu **retrouves des amis**?

B Oui, quelquefois. Tu aimes **le sport à la télé**?

A **Non, je déteste ça**.

Stratégies

Keeping your conversation going

It is often useful to ask questions to keep a conversation going. Make a note of some useful questions which you could use in different contexts.

Qu'est-ce que tu fais aujourd'hui / le weekend / quand il fait froid?
Où es-tu? Quel temps fait-il? Tu aimes le sport?

Sometimes, short questions work well, e.g.
Et toi? Et quand il pleut? Tu aimes ça? Avec qui?

soixante-neuf

6F La science, c'est intéressant

- talk about some topics linked to science
- use *on* + verb

1. La fête de la science

a. Lis le texte et réponds en anglais.

Exemple: 1 *In October and November.*

1. When is the science festival held?
2. What can you do in a 'science village'?
3. Name two other activities you can do during the science festival.
4. What scientific topics can be explored?
5. What can you visit if you are interested in astronomy?
6. What can you do if there's no event nearby?

 b. Choisis et traduis un titre.

> La science concerne tout le monde.

> Une qualité est nécessaire: la curiosité.

> L'observation attentive de la nature révèle ses mystères.

En octobre et en novembre, on organise un grand festival de la science en France et dans d'autres pays. Dans certaines villes, on organise des activités spéciales dans les musées. Parfois, il y a même un petit «village de science» où on peut visiter des expositions et participer à des ateliers (*workshops*). On organise aussi des visites de laboratoires, de sites naturels et industriels, des conférences et des spectacles. Quelquefois des comédiens réalisent des sketchs sur l'histoire de la science.

Pour les visiteurs, il y a une variété de thèmes scientifiques, par exemple, la conquête de l'espace, le climat, l'eau, la recherche dans l'Antarctique, etc. Quelquefois, on monte un petit planétarium pour regarder les planètes et les étoiles.

S'il n'y a pas de fête dans sa région, on peut participer à des activités virtuelles en ligne.

La fête de la science est un festival populaire pour tout le monde.

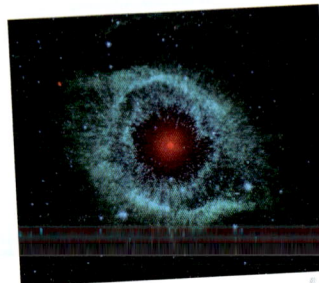

Stratégies

Translating from French to English

It can sound very unnatural if you try to translate word for word from one language to another. Instead, think about what is normally said in French or English.

The pronoun *on* can be translated in various ways. Work out what sounds most natural each time.

Dossier-langue Grammaire 3.1

Using *on* + verb

You learned about the pronoun *on* in Unit 5A. It is used a lot in French and can be translated in different ways.

1. It can mean 'people in general' or 'they', e.g.

   On organise un grand festival. People (They) organise a big festival.

2. It can mean 'everybody' or 'you', e.g.

   Quand il pleut, on cherche un parapluie. When it rains, you look for an umbrella.

3. It can also mean 'we', especially when talking about you, your family and friends, e.g.

   On est combien? How many are we?

   Le lundi, on a français. On Mondays, we have French.

4. A phrase with *on* is often used to make suggestions, e.g.

   Qu'est-ce qu'on fait? What shall we do?

5. Here are some other useful phrases with *on*:

   On s'amuse. We're having a good time.

   On y va? Shall we go?

2. C'est quoi en anglais?

Traduis en anglais.

Exemple: 1 *We have science on Wednesdays.*

1. On a science le mercredi.
2. Il pleut alors on joue aux cartes?
3. On ne joue pas au foot dans la cuisine.
4. Il fait beau, on joue au volley?
5. On parle français au Québec.

3. Au téléphone

 a. Écoute et complète avec les mots de la case.

Exemple: 1 *Bordeaux*

1. Luc est à ___.
2. On joue un match de ___.
3. Il fait ___.
4. Suzanne est à ___.
5. Il fait ___.
6. Elle range sa ___.

 b. Écoute et réponds aux questions.

Exemple: 1 *Max*

1. Qui téléphone à Nicole?
2. Qui travaille sur l'ordinateur?
3. Qui joue au tennis?
4. Qui préfère rester à la maison?
5. Quel temps fait-il?

c. Écoute et corrige les phrases.

Exemple: 1 *Chen est en ville.*

1. Chen est à la campagne.
2. Il y a une exposition sur les bandes dessinées.
3. Il y a des stands sur les sports.
4. L'exposition est là jusqu'à samedi.

> basket   beau   Bordeaux
> chambre   mauvais   La Rochelle

4. Les océans du monde

Complète avec les mots de la case.

> chaude   continents   dangereux   grand   surface

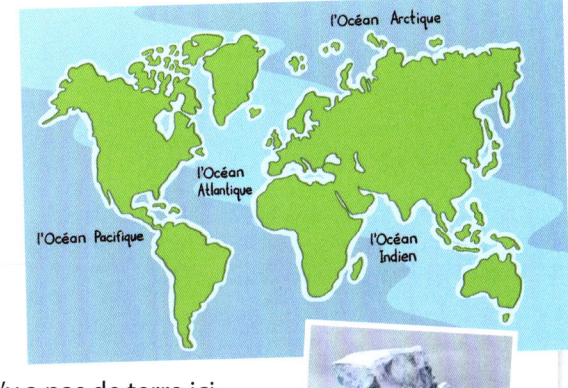

Les océans recouvrent environ 66% de la (1)___ de la planète. L'eau des océans et des mers est salée.

L'océan Arctique, au pôle Nord, est le plus petit des océans. Il n'y a pas de terre ici, seulement de la glace. Il y a des icebergs. Ces montagnes de glace flottent à la surface. Ils sont très (2)___ pour les bateaux. Les animaux comme l'ours polaire habitent ici.

L'océan Pacifique est le plus (3)___ des océans et aussi le plus profond. Dans le Pacifique, il y a beaucoup d'îles et d'archipels, comme la Polynésie française.

L'océan Atlantique a une forme comme la lettre 's'. Il sépare les (4)___ de l'Europe et de l'Afrique du continent de l'Amérique. Sous la surface de **l'océan, il y a une très grande chaîne de montagnes.**

L'océan Indien se trouve dans une région (5)___ et la température de l'eau aussi est assez chaude (vers 28 degrés).

5. Des conversations

 À deux. Lisez et inventez d'autres conversations.

> Dakar   Marrakech   Sainte-Anne   Strasbourg

A Salut. Quel temps fait-il à **Dakar**?
B **Il fait chaud**, mais **il pleut**.
A Et qu'est-ce que tu fais?
B **Je reste à la maison. Je travaille.** Et toi?
A Moi, **je visite une exposition sur la science.**

Il fait mauvais
Il pleut
Il y a du vent
Il y a du brouillard
Il y a des nuages

Il fait beau
Il fait chaud
Il y a du soleil
Il n'y a pas de vent

je joue au badminton/ hockey/football/rugby, etc.
je regarde un film
j'écoute de la musique
je travaille
je reste à la maison, etc.
je visite une exposition sur l'art / la science, etc.

6. Des textos

 Complète le texto.

> On (1)___ trois jours ici. Il fait (2)___ et (3)___ pleut.
> (4)___ reste à la maison. Mes amis (5)___ de la guitare.
> Moi, je (6)___ un film et mon frère (7)___ un gâteau.

> il   jouent   mauvais   On   passe   prépare   regarde

6G On s'amuse

- discuss what you do in your free time
- give detailed answers
- learn more about accents

1. Deux jeunes

a. Écoute et complète le texte.

Exemple: 1 le weekend

- Qu'est-ce que tu fais (1) __ ?
- Je joue souvent au foot avec mes (2) __ . Quand il fait (3) __ , je regarde un film ou une vidéo. Est-ce que tu joues au foot?
- Non, je ne joue pas au foot, mais quelquefois, je joue au (4) __ avec ma sœur. Tu aimes le sport?
- Oui, j'adore le sport. Je joue au foot et au (5) __ et je regarde souvent des matchs à la (6) __ . Et toi?
- Le sport, ça va, mais je préfère écouter de la (7) __ ou visiter une exposition.

> amis badminton basket le weekend
> mauvais musique télé

b. Regarde la photo et réponds aux questions.

1. Il y a combien de personnes sur la photo?
2. Où sont-elles?
3. Quel temps fait-il?

Stratégies

Giving detailed answers

When replying to questions, try to give detailed answers:

- say 'when', e.g. *samedi, le weekend, en été, quand il fait beau*
- say 'who with', e.g. *avec mon frère / ma sœur*
- use *normalement* (usually), *souvent* (often) and *quelquefois* (sometimes)
- use connectives, e.g. *et* (and), *mais* (but).

2. Des questions et des réponses

Écris une question de chaque section (A, B, C). Puis, écris des réponses.

Exemple: A Qu'est-ce que tu fais en été?
Je joue au tennis.

Des questions		Des réponses possibles
A Qu'est-ce que tu fais	en hiver/été? quand il fait mauvais? le samedi? etc.	Je retrouve mes amis. Je/On joue (souvent) au tennis/football/basket/cricket, etc. (quand il fait beau).
B Est-ce que tu joues au	badminton/ tennis? etc.	Je joue souvent au … Je ne joue pas au …, mais je joue au … Quelquefois, quand il fait beau, je … mais je n'aime pas le …
C Tu aimes	les animaux? le sport? etc.	Oui, j'aime beaucoup … Un peu, mais je préfère … Non, je n'aime pas …

3. Une conversation

À deux. Inventez une conversation avec beaucoup de questions et de réponses.

Dossier-langue

Accents

You have already learned about the sound of **é** (e acute) and **è** (e grave). Sometimes an accent changes the meaning, not the sound, e.g.

à Paris = 'to' or 'at'

Elle a un chat. = 'has', from the verb **avoir**

Où est le lapin? = 'where'

Tu préfères les chiens ou les chats? = 'or'

A circumflex accent can be found on any vowel, e.g. **pâtes** (pasta), **île** (island), **hôpital** (hospital), **août** (August), **la forêt** (forest), **la côte** (coast).

A cedilla under c (**ç** or **c-cédille**) makes the 'c' soft like 'ss', e.g. **garçon**.

You have also met **ë** (**Noël**) and **ï** (**aïe**). The two dots (called **tréma** in French) indicate that you should sound each vowel separately.

6 Sommaire

Now I can ...

- **talk about the weather**

Quel temps fait-il?	*What's the weather like?*
Il fait beau/mauvais/ chaud/froid.	*The weather's fine/ bad/hot/cold.*
Il pleut.	*It's raining.*
Il neige.	*It's snowing.*
Il y a du brouillard/du soleil/ du vent/des nuages.	*It's foggy/sunny/ windy/cloudy.*

- **talk about the seasons of the year**

le printemps, au printemps	*spring, in spring*
l'été (m), en été	*summer, in summer*
l'automne (m), en automne	*autumn, in autumn*
l'hiver (m), en hiver	*winter, in winter*
la saison sèche	*the dry season*
la saison humide	*the wet season*

- **use some regular French verbs that end in -er (see page 67)**

adorer	*to love, adore*
aimer	*to like, love*
arriver	*to arrive*
chercher	*to look for*
cliquer	*to click*
consulter	*to consult*
détester	*to hate*
écouter	*to listen to*
entrer	*to enter*
habiter	*to live in*
jouer	*to play*
passer	*to spend*
penser	*to think*
regarder	*to watch, look at*
rentrer	*to come back*
rester	*to stay*
taper	*to type*
téléphoner	*to phone*
travailler	*to work*
visiter	*to visit*

- **use some time expressions**

normalement	*usually*
quelquefois	*sometimes*
souvent	*often*

- **talk about some sports**

Je joue au badminton.	*I play badminton.*
basket.	*basketball.*
cricket	*cricket*
foot(ball).	*football.*
golf.	*golf.*
hockey.	*hockey.*
rugby.	*rugby.*
tennis.	*tennis.*
tennis de table.	*table tennis.*
volley.	*volleyball.*

- **discuss other activities**

Qu'est-ce que tu fais?	*What are you doing?*
Qu'est-ce que tu fais le weekend?	*What do you do at weekends?*
Qu'est-ce que tu fais quand il fait mauvais?	*What do you do when the weather's bad?*
Je reste à la maison.	*I stay at home.*
Je regarde un film/la télé.	*I watch a film/TV.*
Je consulte/regarde des sites web.	*I consult/look at websites.*
J'écoute de la musique/ la radio.	*I listen to music/ the radio.*
Je chante/danse/dessine.	*I sing/dance/draw.*
Je range ma chambre.	*I tidy up my room.*
Je joue sur la console.	*I play on the console.*
Je travaille.	*I work.*
Je joue/travaille sur l'ordi (ordinateur).	*I play/work on the computer.*
Je regarde mes e-mails/ textos/messages.	*I look at my emails/ texts/messages.*
J'écris des textos/messages.	*I write some texts/ messages.*
Je téléphone à un(e) ami(e).	*I phone a friend.*
Je retrouve mes amis.	*I meet up with my friends.*
Je discute avec mes amis.	*I chat with my friends.*
On joue à des jeux vidéo.	*We play computer games.*
On joue aux cartes.	*We play cards.*

- **sign off at the end of a message**

Amitiés	*Best wishes*
Ton ami(e)	*Your friend*
À bientôt	*See you soon*
À plus (tard)	*See you later*
@+ (often used at end of messages)	*See you later*

soixante-treize 73

2 Presse-Jeunesse

Le nouvel élève

il a l'air sympa – he looks nice

Réponds en anglais.

1. What comment is made about Patrick at the beginning?
2. Where does he live?
3. Does he have brothers and sisters?
4. What is he invited to do after class one day?
5. What is he invited to do on Saturday afternoon?
6. Why do things become difficult for Patrick?
7. Why is Patrick unable to stay behind after school?
8. How do things change at the end?

Les pays francophones: le Maroc

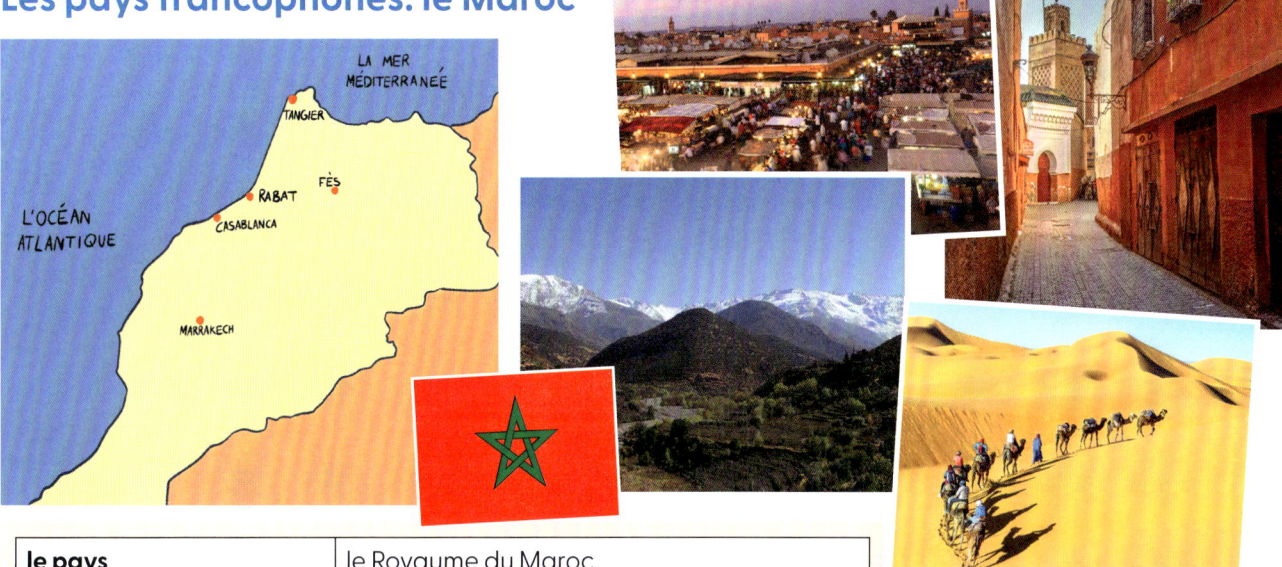

le pays	le Royaume du Maroc
le continent	l'Afrique
la capitale	Rabat
autres villes importantes	Casablanca, Marrakech, Fès
les langues officielles	l'arabe, le tamazight (la langue des Berbères)
autres langues	le français est souvent utilisé
la monnaie	le dirham marocain
la montagne la plus haute	Djebel Toubkal
le domaine Internet	.ma

a. **Complète avec les mots de la case.**

Exemple: 1 pays

> aiment   avec   couleur   grande   montagnes   océan   pays   volley

Le Maroc est un (**1**) ___ arabe de l'Afrique du Nord, situé dans l'ouest du continent. Il a une côte sur la mer Méditerranée et une côte sur l' (**2**) ___ Atlantique. À l'est, le Maroc partage une frontière (**3**) ___ l'Algérie, un autre pays arabe, où beaucoup de personnes parlent français.

Le paysage du Maroc est divers et spectaculaire: il y a des (**4**) ___, des plaines, des plateaux et un désert.

La capitale du Maroc est Rabat. Beaucoup de touristes (**5**) ___ visiter les villes historiques, comme Fès et Marrakech. On nomme Marrakech «la ville rouge» à cause de la (**6**) ___ des bâtiments. Au centre-ville, il y a une très (**7**) ___ place du marché, avec beaucoup de boutiques et de restaurants.

Au Maroc, on aime le sport. Le foot est très populaire comme dans beaucoup de pays. On joue aussi au cricket, au basket et au (**8**) ___.

b. **Fais des recherches et trouve d'autres détails sur le Maroc.**

Idées

Le nombre d'habitants du pays

Le nom d'un fleuve

Le nom d'un fruit cultivé au Maroc

Le nom d'un plat ou d'une boisson populaire

Unité 7 En ville

- learn about a town in France
- learn some town vocabulary
- say what happens regularly on a particular day

7A La Rochelle

1. Voici La Rochelle

La Rochelle est une ville touristique très populaire avec plus de quatre millions de visiteurs par an.

a. Écoute et lis. Puis, trouve l'image qui correspond.

Exemple: 1G

1. Salut! Je m'appelle Marine, et voici mon frère, Noah. Nous habitons à La Rochelle. C'est une ville dans l'ouest de la France.
2. La Rochelle est au bord de la mer, alors on fait beaucoup de sports nautiques.
3. Dans le centre-ville, il y a beaucoup de magasins et de cafés. Il y a un marché dans les rues le mercredi et le samedi.
4. En été, il fait très beau ici et beaucoup de touristes visitent la ville. Ils vont au Vieux-Port et ses trois tours. Quelquefois, il y a des acrobates et des artistes – c'est amusant.
5. Pour aider les touristes, il y a un office de tourisme. Il y a des touristes français, mais il y a aussi un grand nombre de touristes de nationalités différentes.
6. Les touristes logent à l'hôtel, au camping ou à l'auberge de jeunesse.
7. Voici l'hôtel de ville avec son drapeau tricolore.
8. En ville, il y a des jardins et des parcs.
9. Il y a aussi des musées et un aquarium. Moi, j'aime bien le Musée Maritime. On monte à bord de différents bateaux. C'est très sympa.

b. Complète la liste.

1. au bord de la mer — by the sea
2. le centre-___ — the town centre
3. beaucoup de ___ — a lot of shops
4. un ___ — a market
5. un ___ — a tourist office
6. une ___ — a youth hostel
7. l'___ (m) — the town hall
8. un ___ — a museum

Unité 7 En ville

2. Une ville intéressante

 a. Trouve les paires.

1. La Rochelle est une
2. Le Vieux-Port est très populaire
3. Il y a des hôtels, des campings et
4. Le Musée Maritime et l'Aquarium
5. Il y a beaucoup de
6. Normalement, il fait très

a. sont très intéressants.
b. beau à La Rochelle en été.
c. ville dans l'ouest de la France.
d. une auberge de jeunesse pour les visiteurs.
e. avec les touristes.
f. magasins et de cafés.

 b. Fais des recherches sur une ville d'un autre pays francophone. Écris quatre phrases ou plus.

Exemple: Montréal est une grande ville dans l'est du Canada. La ville est sur une île au milieu du fleuve Saint-Laurent et c'est un port important. Dans le centre-ville, il y a ... En hiver, il fait ...

Vocabulaire

le fleuve – large river

Phonétique

The letter 'h' at the beginning of a word

h is usually silent, as if the word begins with a vowel.

l'**h**omme
en **h**iver   l'**h**ôpital

Exceptions:
le **h**ockey   le **h**indi

Dossier-langue Grammaire 6.7

Say what happens regularly on a particular day

Le lundi, le musée est fermé.

The museum is closed on Mondays.

Il y a un marché dans les rues le mercredi et le samedi.

There's a street market on Wednesdays and Saturdays.

Which word goes in front of the day of the week to indicate that something happens regularly on that day? Work out what the following sentences mean.

1. *Il y a un marché en ville le jeudi.*
2. *Le château est ouvert le mardi.*
3. *Le restaurant est fermé le dimanche.*

soixante-dix-sept

7B Qu'est-ce qu'il y a en ville?

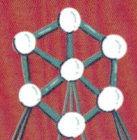

- understand and give information about a town
- learn more about adjectives

1. En ville

a. Qu'est-ce que c'est? Attention! Tous les mots ne sont pas utilisés.

Exemple: A un théâtre

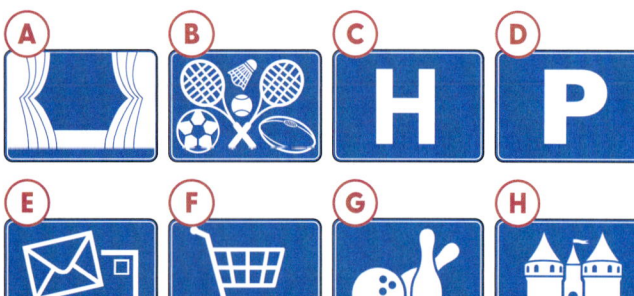

une banque   un bowling   le centre commercial
un centre sportif   un château   un hôpital   un parking
une piscine   la plage   le port   la poste
un supermarché   un théâtre

 b. Écoute et écris la bonne lettre.

Exemple: 1E

c. Complète les phrases.

Exemple: 1 Pour les touristes, il y a des hôtels, des campings et une auberge de jeunesse.

1. Pour les touristes, il y a des h__, des c__ et une a__ de jeunesse.
2. Si vous aimez le shopping, allez aux m__ au c__ c__.
3. Pour acheter des provisions, allez au s__.
4. Il y a beaucoup de bateaux au p__.
5. Il y a des m__ intéressants et un vieux ch__.
6. Pour les sportifs, il y a une p__ et un c__ s__.
7. Pour les personnes en voiture, il y a un grand p__ près du centre-ville.
8. C'est amusant d'aller au b__ et au th__.

2. Des descriptions

Ajoute les adjectifs.

Exemple: 1 Dans le centre-ville, il y a <u>une belle cathédrale</u>.

1. Dans le centre-ville, il y a <u>une cathédrale</u>. (belle)
2. <u>Le château</u> est très intéressant. (historique)
3. On fait beaucoup <u>de sports</u> à La Rochelle. (nautiques)
4. Il y a beaucoup <u>de bateaux</u>. (grands)
5. <u>La ville</u> a <u>des bâtiments</u>. (vieille) (magnifiques)
6. Il y a <u>une piscine</u> près <u>du jardin</u>. (nouvelle) (public)

Dossier-langue Grammaire 2.2, 2.3

More about adjectives

1. Irregular adjectives

Many common adjectives are irregular. You learned **blanc** in Unit 4A. Can you remember the feminine form?

	singular		plural	
	masculine	feminine	masculine	feminine
white	blanc	___	blancs	___
false	faux	fausse	faux	fausses
new	nouveau (nouvel before a vowel)	nouvelle	nouveaux	nouvelles
old	vieux (vieil before a vowel)	vieille	vieux	vieilles

2. Position of adjectives

In most cases, adjectives follow the noun, unlike in English.

des musées intéressants interesting museums

un monument historique a historic monument

Some common adjectives go before the noun.
It's useful to learn these in a phrase to help you remember them.

un grand festival, une bonne idée, le vieux port, la grosse horloge

Unité 7 En ville

3. La Rochelle – ville du vélo

Le centre-ville de La Rochelle est un centre historique avec beaucoup de vieux bâtiments et de vieilles maisons. Le centre-ville est maintenant une zone piétonne pour protéger la vieille ville de la pollution. Alors, il n'y a pas de voitures, mais il y a des piétons et des cyclistes.

En effet, il y a beaucoup de vélos jaunes à louer à La Rochelle. Depuis longtemps, on encourage les gens (les habitants et les visiteurs) à prendre un vélo pour circuler en ville. Il y a aussi beaucoup de pistes cyclables pour protéger les cyclistes. C'est une bonne idée, non?

Stratégies

Working out meaning

- Use the pictures, title and questions for clues to work out the context.
- Look for words you know, e.g. *jaunes*. Is this singular or plural? Which word does it go with? Can you link this with something in a picture?
- Look out for cognates, e.g. *cycliste*.

a. Réponds en anglais.

1. What is not allowed for getting around in the town centre, and why?
2. What colour are the town bikes for hire?
3. Why did the council set up the system?

b. Trouve le français.

1. a lot of old buildings
2. now
3. a pedestrian zone
4. the old town
5. for hire
6. residents
7. lots of cycle lanes
8. it's a good idea

4. Des messages

 a. Complète avec les mots de la case.

Exemple: 1 *auberge de jeunesse*

> port   ville   auberge de jeunesse
> chaud   plage   musées   tours

Nous passons trois jours à l'(**1**) __ ici à La Rochelle. C'est une (**2**) __ intéressante. Il y a un vieux (**3**) __ avec trois (**4**) __. Il y a beaucoup de (**5**) __, comme le Musée Maritime. Il fait (**6**) __, alors nous allons à la (**7**) __ cet après-midi.
À bientôt,
Gabriel

 b. À deux. Lisez, puis changez les mots en couleur.

A Salut! Nous sommes à La Rochelle!
B Vous passez combien de temps à La Rochelle?
A Nous passons le weekend ici à l'hôtel. C'est (très) intéressant.
B Quel temps fait-il?
A Il fait (assez) chaud.
B Qu'est-ce qu'il y a en ville?
A Il y a beaucoup de magasins et les vieux bâtiments sont fantastiques. J'aime le Vieux-Port mais je n'aime pas la plage.
B À bientôt, alors.

 c. Écris un message de vacances de La Rochelle ou d'une autre ville francophone.

> Nous passons … (jours/semaine(s) / le weekend) à (Sainte-Anne en Martinique / Bruxelles en Belgique /…)
>
> Il y a … On va … J'aime / Je n'aime pas … Il fait (beau) / Il …

soixante-dix-neuf 79

7C C'est près d'ici?

- ask for and understand directions in town
- understand and give directions

1. Où vont les touristes?

Écoute et écris la bonne lettre.

Exemple: 1H

A 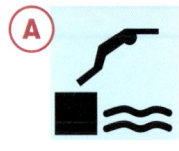 B 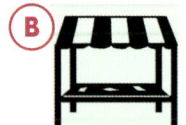 C  D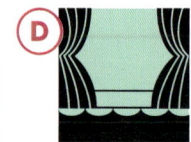

E  F  G  H

I 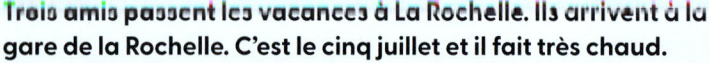 J

2. Excusez-moi

Pose des questions.

a. Pour aller ...?

Exemple: 1 Pour aller au cinéma, s'il vous plaît?

 1  2   3

b. Est-ce qu'il y a ... près d'ici?

Exemple: 1 Est-ce qu'il y a un parking près d'ici?

 1  2   3

c. ..., c'est loin / c'est près d'ici?

Exemple: 1 La plage, c'est loin?

 1   2   3

3. On arrive en ville

a. Écoute et lis. Vrai ou faux?

Exemple: 1F (faux)

Trois amis passent les vacances à La Rochelle. Ils arrivent à la gare de la Rochelle. C'est le cinq juillet et il fait très chaud.

- Pardon, madame. Le centre-ville, c'est loin?
- Le centre-ville? Oui, c'est loin!
- Est-ce qu'il y a un bus?
- Oui, prenez le bus numéro 1 devant la gare.
- Merci, madame.
- De rien.

Les trois amis arrivent au centre-ville. Ils descendent place de Verdun.

- Alors, on va à l'office de tourisme?
- Bonne idée!
- Pardon, monsieur, est-ce que l'office de tourisme est près d'ici?
- L'office de tourisme? Oh, c'est loin! C'est près de l'Aquarium et c'est assez près de la gare.
- Quoi, c'est près de la gare? Oh non, alors!
- Zut, l'office de tourisme est très loin!
- Pfff! Il fait très chaud, hein?
- Oui, c'est vrai. Alors, on cherche un café?
- Bonne idée ... Pardon, madame. Est-ce qu'il y a un café près d'ici?
- Bien sûr! Il y a un petit café sympa dans la rue à gauche. Ce n'est pas loin.

1. C'est le cinq janvier.
2. Il fait très froid.
3. Les amis arrivent à la piscine de La Rochelle.
4. Ils prennent le bus numéro 10.
5. Ils cherchent d'abord l'auberge de jeunesse.
6. L'office de tourisme est près de la gare.
7. Ensuite, ils cherchent le marché.
8. Il y a un café tout près.

b. Corrige les phrases qui sont fausses.

Exemple: 1 C'est le cinq juillet.

4. Dans quelle direction?

Écoute et note la direction.

à gauche   tout droit   à droite

Phonétique

The letters '-t' or '-te' at the end of a word

por**t**   restauran**t**   tou**t** droi**t**

por**te**   j'habi**te**   à droi**te**

soixan**te**   spor**t**

5. À gauche, à droite ou tout droit?

Regarde le panneau et complète les phrases.

Exemple: 1 *La poste est à gauche.*

1. La poste est ___.
2. Le parking est ___.
3. Le centre-ville est ___.
4. Le théâtre est ___.
5. L'hôtel de ville est ___.
6. Le marché est ___.
7. La gare est ___.
8. L'hôpital est ___.

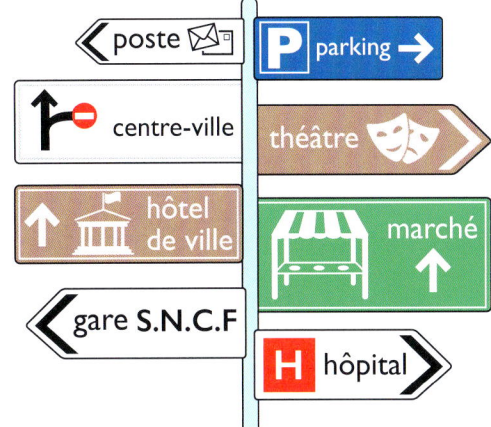

6. Par ici!

Quelle est la bonne réponse? Trouve les paires.

Exemple: 1b

1. Pour aller à la piscine, s'il vous plaît?
2. Où est la poste, s'il vous plaît?
3. Est-ce qu'il y a un restaurant près d'ici?
4. Où est le cinéma, s'il vous plaît?
5. Pour aller à l'église, s'il vous plaît?

a. Allez tout droit, puis c'est dans la deuxième rue à droite.

b. C'est la première rue à droite. Ce n'est pas loin.

c. Allez tout droit, prenez la deuxième rue à gauche. Puis c'est à gauche.

d. La première rue à gauche, puis c'est tout droit.

e. C'est tout droit, puis la deuxième à gauche, et puis c'est dans la première rue à droite.

7. Des conversations

a. Écoute et lis.

1. **A** Pardon, monsieur, pour aller à la piscine, s'il vous plaît?
   B Continuez tout droit, puis prenez la rue à gauche. Descendez la rue et voilà!
   A Merci, monsieur. C'est loin?
   B Non, c'est tout près.

2. **B** Pardon, madame, est-ce qu'il y a un supermarché près d'ici?
   C Continuez tout droit, puis prenez la première rue à gauche.
   B Merci, madame. C'est loin?
   C Oui, c'est assez loin.

b. À deux. Changez les mots en couleur.

c. À deux. Dessinez un plan avec cinq (ou plus) bâtiments. Demandez et donnez des directions.

Dossier-langue Grammaire 11.7

Giving directions

To give directions, use the imperative (*vous*) form of the verb.

infinitive	imperative (*vous* form)	English
aller	allez	go
continuer	continuez	continue
prendre	prenez	take

Using the verb **tourner**, work out how to say: Turn right, then turn left.

7D C'est où exactement?

- discuss possible activities in town
- use the preposition à (au, à la, à l', aux) and other prepositions

1. Questions sur la ville

Choisis la bonne réponse.

1. Pour jouer au tennis, on va …
   a. au bowling.   b. à la piscine.   c. au parc.
2. Pour manger un bon repas, on va …
   a. à la poste.   b. au restaurant.   c. au théâtre.
3. Pour trouver une chambre, les touristes vont …
   a. à l'église.   b. au supermarché.   c. à l'hôtel.
4. Pour prendre le train, on va …
   a. au château.   b. à la gare.   c. au port.
5. Pour acheter un cadeau, on va …
   a. aux magasins.   b. à la tour.   c. au musée.
6. Pour voir un film, nous allons …
   a. au marché.   b. au parc.   c. au cinéma.

2. On va en ville?

À deux. Lisez, puis changez les mots en couleur.

A On va en ville cet après-midi?
B Oui, d'accord.
A On va aux magasins?
B Ah non, ce n'est pas intéressant.

A On va à la piscine?
B Non, moi, je n'aime pas ça.
A On va au cinéma, alors?
B D'accord. On va au cinéma.

On va	au	Vieux-Port/château/musée/cinéma/parc/temple/bowling.
	à la	plage/piscine/gare/mosquée.
	à l'	office de tourisme/aquarium/église.
	aux	magasins.

3. Une semaine de vacances

 a. Complète les phrases.

Exemple: 1 Lundi, je vais à l'Aquarium.

1. Lundi, je vais ___ Aquarium.
2. Mardi, je vais ___ cinéma (m).
3. Mercredi, on va ___ piscine (f).
4. Jeudi, je vais ___ Vieux-Port (m) et ___ magasins.
5. Vendredi, on va tous ___ restaurant (m).
6. Et samedi, on reste ___ maison (f).

 b. Écris des phrases avec **au, à la, à l'** ou **aux**.

Exemple: 1 Lundi, je vais au bowling.

1. lu.
2. ma.
3. mer.
4. jeu.
5. ven.
6. sa.
7. di.

Dossier-langue Grammaire 5.1

Saying 'to' and 'at' + place

The preposition for 'to' and 'at' has different forms, depending on whether the noun which follows is masculine, feminine, singular or plural.

masculine	feminine	before a vowel or silent 'h'	plural
le	la	l'	les
au	à la	à l'	aux

Remember: à + le = au   à + les = aux

Stratégies

Remembering the gender of nouns

You often need to know the gender of a noun, e.g. when using adjectives or the preposition à. The noun's ending can give you a clue.

endings normally masculine	exceptions	endings normally feminine	exceptions
-é -ier -eau -ing -in -isme	la fin	-ée -ille -que	un musée un kiosque

Keep using blue (masculine) and red (feminine) colours to help you remember the gender of nouns.

Unité 7 En ville

4. On va où?

Écoute et note en anglais l'endroit et d'autres détails.

Exemple: 1 castle, quite far, straight on, after supermarket

> **Dossier-langue** Grammaire 5.8
>
> **Other prepositions**
>
> These prepositions are often used to describe where places are situated.
>
> **dans** in **derrière** behind
> **devant** in front of **entre** between
> **sous** underneath, below **sur** on
>
> The following prepositions are a bit different in that **de + le** changes to **du**, and **de + les** changes to **des**.
>
> **à côté de** next to, e.g. **à côté du cinéma**, **à côté de la piscine**
>
> **près de** near, e.g. **près du parc**, **près de la poste**, **près des magasins**

5. Dans la rue

Vrai ou faux?

Exemple: 1 faux

1. Le cinéma est entre le café et le supermarché.
2. Le musée est entre la poste et la banque.
3. Mme Dubois est devant le supermarché.
4. Les enfants sont devant le cinéma.
5. Il y a un vélo devant la banque.
6. Le parking est entre le supermarché et le café.
7. M. Dubois est dans le café.
8. Le chat est devant la poste.

6. Où?

a. Complète avec la bonne préposition.

Exemple: 1 entre

| devant | dans | sur |
| derrière | entre | sous |

b. Invente trois images amusantes pour illustrer des prépositions.

  La souris est ___ les deux chats.

 La mouche est ___ la grenouille.

  La souris est ___ le chat.

 La mouche est ___ la grenouille.

  La souris est ___ le chat.

 La mouche est ___ les deux grenouilles.

 La souris est ___ le chat.

 La mouche est ___ la grenouille.

7E Elle est comment, ta ville?

- talk about the area where you live
- use *il y a* and *il n'y a pas de*

1. Un jeu 5–4–3–2–1

Écris les mots dans la bonne catégorie.

Exemple: 5 *une église, …*

- 5 la religion
- 4 le sport
- 3 le logement
- 2 on mange là
- 1 on trouve des livres là

> une auberge de jeunesse   une bibliothèque
> une cathédrale   une église   une mosquée
> une patinoire   une piscine   une synagogue
> un café   un camping   un centre sportif   un hôtel
> un restaurant   un temple   un terrain de football

2. Mon quartier

🎧 Écoute et trouve les bonnes images.

Exemple: 1C

A B C D E
F G H I J

Dossier-langue Grammaire 11.10

il y a and *il n'y a pas de*

Il y a	There is … / There are …	Il n'y a pas de	There isn't … / There aren't any …
Dans mon village, il y a un magasin, une église et des maisons.	In my village, there's a shop, a church and some houses.	Il n'y a pas de cinéma, il n'y a pas de piscine et il n'y a pas de cafés.	There is no cinema, there is no swimming pool and there aren't any cafés.

What do **un/une** and **des** change to after *il n'y a pas*?

When talking about a place where there isn't much to do, you could say:

Il n'y a pas vraiment grand-chose. There really isn't much.

3. Qu'est-ce qu'il y a?

Complète les phrases.

Exemple: 1 *Dans le centre-ville, il y a un centre sportif.*

1. Dans le centre-ville, il y a .
2. Dans ma ville, il y a  et .
3. Près d'ici, il y a  avec beaucoup de magasins.
4. J'aime bien mon quartier parce qu'il y a  et .
5. Dans mon quartier, il y a  avec  et .

4. Et qu'est-ce qu'il n'y a pas?

Écris des phrases.

Exemple: 1 *Il n'y a pas de bowling.*

1 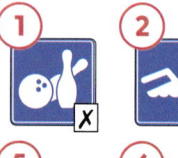   2    3    4
5    6    7    8

Unité 7 En ville

5. Jeu de mémoire

En groupe. Pour trouver des idées, regardez les listes et les symboles à la page 84.

a. A dit un endroit en ville, B répète la phrase et ajoute un deuxième endroit, C continue et ainsi de suite (*and so on*).

Exemple:

A Dans ma ville, il y a un centre sportif.

B Dans ma ville, il y a un centre sportif et un musée.

C Dans ma ville, il y a un centre sportif, un musée et une patinoire, etc.

b. Maintenant, on fait la même chose, mais on dit ce qu'il n'y a pas en ville.

Exemple:

A Dans ma ville, il n'y pas de bowling.

B Dans ma ville, il n'y pas de bowling et il n'y a pas de cinéma, etc.

6. Ma ville, mon quartier

Complète le texte avec les mots de la case.

Exemple: 1 *ville*

| bibliothèque | Mais | loin | magasins |
| parce que | pas | pour | ville |

J'habite à Tricville. C'est une (1) ___ moyenne au centre du pays. Mon quartier est assez (2) ___ du centre-ville. Dans mon quartier, il y a des (3) ___, une mosquée, un café et un parc, mais il n'y a pas de centre sportif. Ce n'est pas intéressant (4) ___ les jeunes. (5) ___ au centre-ville, il y a un grand centre commercial, une piscine, une (6) ___ et un bowling. Il n'y a (7) ___ de théâtre. Ça, c'est dommage. J'aime bien aller en ville (8) ___ j'adore le shopping.

Phonétique

The letters 'th'

th**é**âtre cath**é**drale   th**é**

Stratégies

Adding interest to your writing

These strategies will help improve your writing:

- Use connectives to join short sentences together, e.g. *et, mais, alors, aussi, parce que, au contraire.*
- Add your opinions, e.g. *j'aime, j'adore, je déteste,* etc.
- Note down and learn phrases that you can use later, e.g. *il n'y a pas de ..., c'est dommage,* etc.

Find examples of those three strategies in the sentences below.

Dans ma ville, il y a un centre sportif avec une très grande piscine et beaucoup de parcs. C'est super parce que j'adore le sport, mais il n'y a pas de bowling.

Dans mon quartier, il n'y a pas grand-chose. Il y a trois ou quatre magasins, mais il n'y a pas de cinéma. Ça, c'est dommage parce que j'adore aller au cinéma.

7. Dossier personnel

a. Écris quatre phrases sur ton quartier et ta ville.

b. Écris deux paragraphes. Pour t'aider, regarde **Unité 7 Au choix (page 151),** l'exercice 5 «Un message».

Exemple:

J'habite dans un quartier moderne dans une assez grande ville. C'est dans le sud-est du Vietnam.

Dans mon quartier, il y a des magasins, une bibliothèque et un parc, mais il n'y a pas de cinéma ou de piscine. C'est dommage, mais au centre-ville, il y a un centre sportif avec une grande piscine, et il y a une belle plage. Ça, c'est bien.

7F Allez, on y va

- make plans and talk about where you are going
- use the verb *aller*

1. Où vont-ils?

Complète le texte.

Exemple: 1 au concert

1. Vous allez …
2. Elle va …
3. Tu vas …
4. Il va …
5. Nous allons …
6. Ils vont …

Dossier-langue Grammaire 11 13

The verb *aller* (to go)

Like many common verbs, **aller** is irregular and does not follow the pattern of regular **-er** verbs.

	singular		plural	
1st person	*je vais*	I go, I am going	*nous allons*	we go, we are going
2nd person	*tu vas*	you go, you are going (informal)	*vous allez*	you go, you are going (singular: formal) (plural: informal and formal)
3rd person	*il/elle/ on va*	he/she/one goes, is going	*ils/elles vont*	they go, they are going

Où vont les touristes?
Ils vont à la tour Eiffel.
Où vas-tu?
Je vais au musée.

2. On y va

Écoute et trouve les bonnes phrases.

Exemple: 1f

a. tu vas à la bibliothèque
b. on va à la plage
c. nous allons à l'Aquarium
d. vous allez tout droit
e. ils vont en vacances
f. je vais au supermarché
g. elle va à la bibliothèque
h. vous allez à l'Aquarium

Phonétique

The letters 'on', 'om'

When 'o' is followed by 'n' or 'm' it is often a **nasal vowel**.

c**om**bien   v**on**t   **on**cle   cit**ron**

86   quatre-vingt-six

3. Allez!

Trouve les paires.

Exemple: 1h

a. va au supermarché.
b. vont au match.
c. allez à la banque?
d. vais à la gare.
e. vont à l'hôtel.
f. vas au festival de musique?
g. va au parc.
h. allons au marché aux poissons.

 1 Nous …
 2 Elles …
 3 Vous …
 4 Elle …
 5 Ils …
 6 Tu …
 7 On …
 8 Je …

4. Ah non!

 Complète la conversation.

Exemple: 1 *je vais*

- Demain, je (**1**) __ chez ma grand-mère pour l'aider un peu. Tu viens?
- Ah non! Demain, je (**2**) __ au cinéma.
- Mercredi, nous (**3**) __ à la ferme pour travailler avec mon oncle. Tu viens?
- Ah non! Mercredi, on (**4**) __ au parc avec des amis.
- Samedi, ma sœur (**5**) __ aux magasins. Tu (**6**) __ avec elle?
- Ah non! Samedi, mes cousins (**7**) __ au match de football et moi, je (**8**) __ au match aussi.
- Dimanche, nous (**9**) __ tous au Parc Astérix en minibus.
- Ah oui? Je viens!
- Désolé, mais il n'y a pas de place dans le bus!

5. Le weekend

 a. À deux. Lisez, puis changez les détails.

A Vendredi soir, je vais au cinéma. Et toi?
B Je vais chez des amis. Samedi, nous allons aux magasins.
A Moi, je ne vais pas aux magasins. Je vais au temple.
B Samedi après-midi, ma cousine va au match avec moi.
A Ah oui? Mon frère et moi allons au match aussi.
B Super! Et dimanche matin, je vais en ville avec mes parents. On va au marché.

b. À deux. Où allez-vous normalement le weekend? Inventez une conversation.

Exemple:

A Le vendredi soir, je vais chez un ami. On regarde la télé.
B Alors moi, je vais au bowling le vendredi soir. (etc.)

Quand?		Qui?		Où?	
Vendredi Samedi Dimanche	soir matin après-midi	je	vais	au restaurant au temple au bowling au cinéma au marché au parc au supermarché	en ville chez un(e) ami(e) chez des amis à l'église aux magasins à la synagogue à la piscine à la mosquée
		ma sœur mon frère on	va		
Le vendredi Le samedi Le dimanche		nous	allons		
		mes amis mes parents	vont		
		je ne vais pas			

7G Une ville touristique

- understand tourist information
- read and listen to longer texts

Visitez l'Aquarium

quai Louis Prunier
17002 LA ROCHELLE
Tel: 05 4634 00 00
www.aquarium-larochelle.com

L'Aquarium se situe dans le centre-ville (près de la gare SNCF).
Parking payant à 300m.
Ouvert 365 jours par an.

- C'est une vraie fenêtre ouverte sur l'océan
- Faites un voyage au fond des océans
- Observez plus de 12 000 animaux marins de l'Atlantique, de la Méditerranée et des Tropiques
- Visitez le grand Aquarium des requins*
- Trouvez les étoiles de mer
- Marchez dans un tunnel sous l'eau, entouré de méduses

Avant ou après votre visite, allez au café de l'Aquarium avec vue panoramique sur la vieille ville, le port et ses célèbres tours.

Avis

| «Magnifique !» Margaux | «Super – un peu long mais très beau.» Théo | «Un très bon moment. Si possible, allez-y le matin.» Hassan |

requins – *sharks*

1. Une fenêtre ouverte sur l'océan

a. Réponds en anglais.

1. What kind of text is it?
   a. a publicity leaflet
   b. a magazine article
   c. a story about fish
2. Where is the Aquarium situated?
3. What could you do before or after a visit?

b. Vrai ou faux?

1. L'Aquarium est loin de la gare.
2. Il n'y a pas de parking.
3. C'est ouvert en hiver.
4. On trouve des requins au café.

c. Corrige les phrases qui sont fausses.

2. À l'office de tourisme

a. Listen first to find out what this is about. Is it … ?
   a. a recorded announcement about events in La Rochelle
   b. an interview with the director of tourism
   c. a conversation between tourists and a member of staff

b. Read the list a–f. Listen again and write down the letters in the order you hear them.

   Exemple: *d, …*

c. Write down any other details.

a. l'Aquarium
b. l'île de Ré
c. le bus de mer
d. le Musée Maritime
e. le port de pêche
f. le port de plaisance

Stratégies

Reading and listening to longer texts

Use the title, picture or questions to help you understand the context. When reading or listening for the first time, try to get a general idea of what the text is about. Don't expect to understand every word. Sometimes you may need to understand specific details, like times or prices. It's useful to listen several times in order to 'tune in' to the French.

7 Sommaire

Now I can ...

- **talk about places in a town**

un aquarium	aquarium
une auberge de jeunesse	youth hostel
une banque	bank
une bibliothèque	library
un bowling	bowling alley
un camping	campsite
un centre commercial	shopping centre
un centre sportif	sports centre
un château	castle
une gare	station
un hôpital	hospital
un hôtel	hotel
un hôtel de ville	town hall
un magasin	shop
un marché	market
un musée	museum
un office de tourisme	tourist office
un parc	park
un parking	car park
une patinoire	skating rink
une piscine	swimming pool
une place	square
la poste	post office
un restaurant	restaurant
un terrain de football	football pitch
un théâtre	theatre
une tour	tower
des bâtiments religieux	**religious buildings**
une cathédrale	cathedral
une église	church
une mosquée	mosque
une synagogue	synagogue
un temple	temple

- **ask for directions**

Pardon, monsieur/madame.	Excuse me, sir/madam.
Pour aller au centre-ville, s'il vous plaît?	How do you get to the town centre, please?
Est-ce qu'il y a un café près d'ici?	Is there a café near here?
C'est loin?	Is it far?

- **understand and give directions**

à gauche	on the left
à droite	on the right
tout droit	straight on
Prenez la première rue à gauche.	Take the first road on the left.
Tournez à droite.	Turn to the right.
Continuez tout droit.	Continue straight on.

- **understand how far away places are**

C'est tout près.	It's very near.
C'est loin.	It's a long way.
C'est assez loin.	It's quite a long way away.
Ce n'est pas loin.	It's not far.
C'est à 50 mètres.	It's 50 metres away.

- **use some prepositions**

C'est devant l'église.	It's in front of the church.
C'est derrière l'église.	It's behind the church.
C'est entre le cinéma et le café.	It's between the cinema and the café.
C'est à côté du cinéma.	It's next to the cinema.
C'est à côté de la poste.	It's next to the post office.

- **use** *il y a* **and** *il n'y a pas de* **(see page 84)**

- **talk about my town/area (see page 85)**

- **use connectives and give opinions to make my work more interesting (see page 85)**

- **use the words for 'at' and 'to'**

Je vais à Paris.	I'm going to Paris.
Tu vas au parc?	Are you going to the park?
Il va à la gare.	He's going to the station.
Nous allons à l'hôpital.	We're going to the hospital.
Ils vont aux magasins.	They are going to the shops.

- **use the verb** *aller* **(see page 86)**

quatre-vingt-neuf

3 Rappel Unités 6–7

1. Au contraire

Trouve les contraires.
Find the opposites.

Exemple: 1e

1. oui
2. chaud
3. beau
4. petit
5. l'hiver
6. noir
7. devant
8. sous

a. mauvais
b. sur
c. derrière
d. blanc
e. non
f. grand
g. froid
h. l'été

2. Les mots en escargot

a. **Trouve six endroits en ville.**
Find six places in a town.

Exemple: église, ...

b. **Avec les lettres qui restent, écris le nom d'une saison.**
With the remaining letters, write the name of a season.

3. Chasse à l'intrus

a. **Trouve l'intrus.**
Find the odd word out

b. **Explique pourquoi, si possible.**
Explain why, if possible.

Exemple: 1 du sport – Les autres sont des descriptions du temps.

1. du brouillard, du vent, du soleil, du sport
2. cent, quatre-vingts, travailler, soixante-dix
3. jouer, février, dessiner, chanter
4. une église, une banque, un magasin, un homme
5. première, derrière, deuxième, troisième
6. sous, sur, devant, méchant
7. l'été, l'hiver, l'ami, l'automne
8. le printemps, le volley, le golf, le tennis

| des nombres | des prépositions | des bâtiments |
| des verbes | des saisons | des sports |

4. Quel temps fait-il?

Complète les phrases avec des voyelles. Trouve le symbole qui correspond.
Complete the phrases with the missing vowels. Find the matching symbol.

Exemple: 1 Il y a du soleil. (C)

1. Il y _ d_ s_l__l.
2. Il f__t fr__d.
3. Il pl__t.
4. Il y _ d_ br__ll_rd.
5. Il n__g_.
6. Il f__t ch__d.

5. Masculin ou féminin

Écris deux listes.
Write two lists.

Exemple:

masculin	féminin
	une brochure

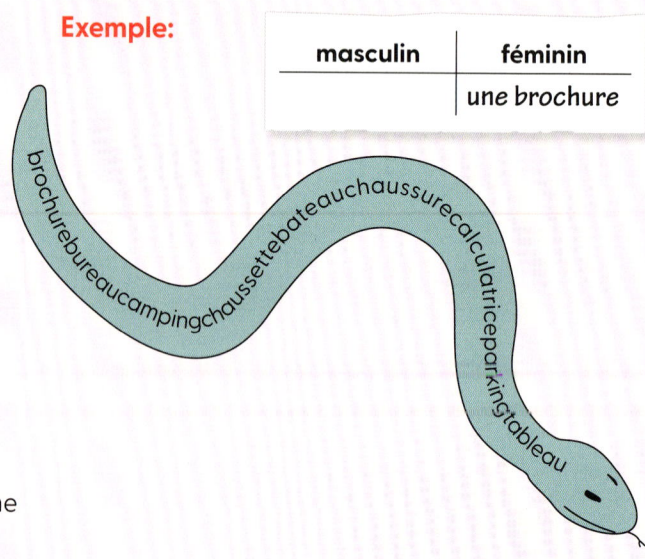

The following endings are usually masculine: **-ing**, **-eau**.

The following endings are usually feminine: **-ure**, **-tte**, **-rice**.

6. À la maison

Complète les phrases avec la bonne forme du verbe.
Complete the sentences with the correct form of the verb.

Exemple: 1 Il n**eige**.

1. Il __. (*neiger*)
2. On __ à la maison. (*rester*)
3. Moi, je __ à mes amis. (*téléphoner*)
4. Toi, tu __ sur l'ordinateur? (*travailler*)
5. Marc __ de la musique. (*écouter*)
6. Sophie __. (*dessiner*)
7. Nous __ un grand repas. (*préparer*)
8. Vous __ le salon, les enfants? (*ranger*)
9. Le soir, mes parents __ du piano. (*jouer*)
10. Ma grand-mère et ma sœur __ un film. (*regarder*)

7. Où est le lapin?

Il y a un lapin dans la maison. Où est-il?
There's a rabbit in the house. Where is it?

Exemple: 1 Le lapin **est entre les livres.**

9. À toi!

Réponds aux questions en français.
Answer the questions in French.

1. Où vas-tu en ville le samedi?
2. Et tes amis, où vont-ils?
3. Qu'est-ce que tu préfères: aller au cinéma ou aller au match de football?
4. Qu'est-ce que tu fais quand il fait mauvais?
5. Et tes amis?
6. Qu'est-ce que tu préfères: jouer sur l'ordinateur ou regarder un film?

8. Le weekend

Trouve les paires. *Find the pairs.*

Exemple: 1*c*

1. Moi, je …
2. Et toi, tu …
3. Mon ami …
4. Ma cousine va …
5. Nous …
6. Et vous, vous …
7. Mes parents …
8. Les filles vont à …

a. … vont au supermarché.
b. … va à la piscine.
c. … vais au musée.
d. … vas au parc.
e. … au match.
f. … la patinoire.
g. … allez aux magasins.
h. … allons au concert.

10. Matou et Joujou en ville

Complète avec les bons mots.
Complete with the correct words.

Exemple: 1 **ville**

C'est samedi. Joujou décide d'aller en (1) **ville/lit/collège**. Elle va d'abord (2) **à/au/aux** magasins. Puis, elle va au (3) **hôpital/café/piscine**. Ensuite, elle va chez une amie qui habite à l' (4) **bowling/port/hôtel**. Puis, elle va (5) **au/à la/aux** gare. Ah non! Matou est à la (6) **gare/hôtel/café** aussi. Matou (7) **travaille/chasse/chante** Joujou. Joujou (8) **vont/allons/va** dans la direction du port. Puis, elle (9) **tourne/tournes/tournent** à gauche. Matou continue (10) **allez/assez/tout droit**.

Joujou arrive (11) **aux/à l'/au** parc.

Matou tombe (12) **derrière/dans/entre** la rivière.

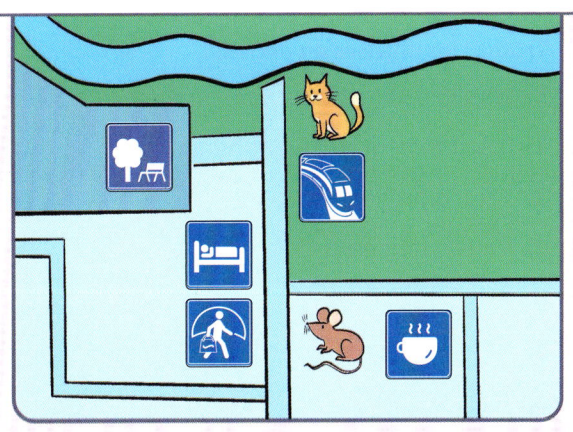

quatre-vingt-onze **91**

Unité 8 Une journée scolaire

8A À quelle heure?

- say at what time events take place
- understand and tell the time

1. C'est à quelle heure?

Écoute et écris l'heure.

Exemple: 1 3h00

Dossier-langue Grammaire 6.1

The time

L'heure

… moins cinq … cinq
… moins dix … dix
… moins le quart … et quart
… moins vingt … vingt
… moins vingt-cinq … vingt-cinq
… et demie

Quelle heure est-il?

12:00 Il est midi.
12:30 Il est midi et demi.
00:00 Il est minuit.
00:30 Il est minuit et demi.

To say the time, use **il est** + time.

01:00 Il est une heure.   03:30 Il est trois heures et demie.
02:15 Il est deux heures et quart.   04:45 Il est cinq heures moins le quart.

The phrase **à + time** is used to say at what time or when something is happening.

2. Le weekend

Complète les phrases.

Exemple: 1 à midi

1. Louis et Sophie vont aux magasins …

2. Fabio va à la piscine …

3. Yousef et Adam vont au parc …

4. M. Leclerc va à l'église …

5. Elsa et Kim vont au musée …

6. Mangetout va dans la cuisine …

3. C'est quoi en anglais?

Traduis les phrases en anglais.

Exemple: 1 What time does it begin?

1. Ça commence à quelle heure?
2. C'est à dix heures.
3. Quelle heure est-il?
4. Il est midi.
5. Le magasin est ouvert à quelle heure?
6. C'est ouvert à 19 heures.

4. Rendez-vous à quelle heure?

a. Écoute et écris l'heure.

Exemple: 1 2h30

b. Écoute encore une fois et écris l'endroit en anglais.

Exemple: 1 under the large clock tower

Unité 8 Une journée scolaire

5. Quelle journée!

a. Thomas amuse son petit frère et ses deux sœurs. Lis le texte et trouve les paires.

Exemple: 1C

1. À huit heures, Thomas va à la boulangerie.
2. À dix heures vingt, il va au marché avec Mathéo.
3. Puis à onze heures cinq, Thomas va à la piscine avec les trois enfants.
4. Ils mangent un sandwich au café à midi et demi.

5. L'après-midi, ils sont au parc à deux heures moins vingt-cinq. Les enfants jouent dans le parc. Ils aiment bien ça.
6. À trois heures et demie, ils vont au cinéma.
7. Puis à six heures et quart, ils rentrent à la maison.
8. Plus tard, à huit heures moins le quart, un ami de Thomas téléphone.

Tu joues au football avec nous ce soir, Thomas?

Non, merci, Hugo. Moi, je vais au lit ... Pfff! Quelle journée!

b. Quelle heure est-il et où est Thomas?

Exemple: À huit heures, il est à la boulangerie.

1. 08:00
2. 10:20
3. 11:05
4. 12:30
5. 13:35
6. 15:30
7. 19:45

au	café
	cinéma
	marché
	parc
à la	boulangerie
	maison
	piscine

c. Raconte une journée différente. Change les personnes, les heures et les endroits. Pour des idées, regarde la page 89.

Exemple: À neuf heures moins le quart, Maria va à la plage avec son frère et ses petites sœurs.

6. Des conversations

À deux. Jetez un dé ou choisissez des nombres entre 1 et 6. Inventez des conversations.

Exemple:

A On va à la piscine, tu viens?
B Oui, bonne idée. À quelle heure?
A À quatre heures, ça va?
B Oui, d'accord. Alors rendez-vous derrière le cinéma.

1. au cinéma	1. 09h10	1. devant le musée
2. au stade	2. 10h20	2. au café
3. à la piscine	3. 11h50	3. à l'office de tourisme
4. à la plage	4. 12h30	4. derrière le cinéma
5. à l'aquarium	5. 14h00	5. sous l'horloge
6. aux magasins	6. 16h00	6. à la gare

quatre-vingt-treize 93

8B Une journée en semaine

- talk about daily routine
- recognise some reflexive verbs

1. Une journée typique

Écoute et lis. Olivier parle d'une journée typique.

1 Le matin, je me lève à sept heures.

2 Je prends mon petit déjeuner à sept heures et demie. Je mange du pain avec du beurre et de la confiture, et je bois du jus d'orange.

3 Je quitte la maison à huit heures et j'arrive au collège à huit heures vingt.

4 Les cours commencent à huit heures et demie. J'ai quatre cours le matin.

5 À dix heures et demie, il y a la récréation du matin. Ça dure dix minutes.

6 À midi, je mange à la cantine. Puis, je vais dans la cour avec mes copains. Quelquefois, nous jouons au football.

7 L'après-midi, nous commençons à deux heures. J'ai cours jusqu'à quatre heures moins dix. Puis, je rentre à la maison.

8 Pour mon goûter, je mange un sandwich et je bois un chocolat chaud.

9 À six heures, je commence mes devoirs.

10 Le soir, nous mangeons à sept heures. Après le dîner, je continue à travailler.

11 Puis je regarde la télé, j'écoute de la musique ou je joue sur l'ordinateur.

12 Et à neuf heures, je me couche.

Unité 8 Une journée scolaire

2. La journée d'Olivier

Lis le texte (page 94) et fais les activités.

a. Mets les mots dans le bon ordre.

La journée	Les repas
l'après-midi	le déjeuner
le matin	le dîner
la nuit	le goûter
le soir	le petit déjeuner

b. Trouve dans le texte.

Exemple: 4 nombres: sept, …

4 nombres
3 verbes
2 bâtiments
1 chose à manger

c. Trouve les paires.

Exemple: 1f

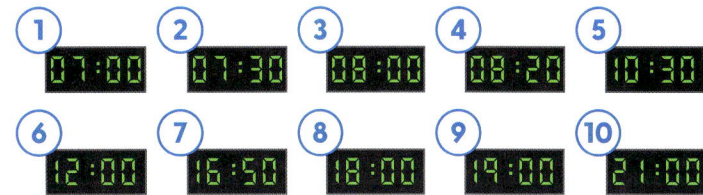

a. Olivier prend son petit déjeuner.
b. Olivier arrive au collège.
c. Il commence ses devoirs.
d. Il se couche.
e. Il quitte la maison.
f. Olivier se lève.
g. Olivier mange à la cantine.
h. Il quitte le collège.
i. C'est la récréation.
j. Il dîne.

3. Ma journée

Complète le résumé avec les mots de la case.

Exemple: 1 matin

> devoirs   matin   après-midi   soir   goûter
> déjeuner   petit déjeuner   cours

boîte mail

Le (1) ___, je prends mon (2) ___ à sept heures et quart. Au collège, les (3) ___ commencent à neuf heures. À midi, je prends le (4) ___ à la cantine. L'(5) ___, nous avons cours de deux heures à quatre heures moins le quart. Pour le (6) ___, je mange du chocolat ou un fruit. Puis je commence mes (7) ___. Le (8) ___, nous dînons à sept heures.

4. Un questionnaire

À deux. Posez des questions à un(e) partenaire et notez les réponses. Puis, changez de rôle.

Exemple: 1 7h50

A À quelle heure est-ce que tu quittes la maison?
B (Je quitte la maison) à huit heures moins dix.

À quelle heure est-ce que …
1. tu quittes la maison le matin? 7h50
2. tu arrives au collège?
3. les cours commencent?
4. tu manges à la cantine / tes sandwichs?
5. tu quittes le collège?
6. tu rentres à la maison?
7. tu commences tes devoirs?
8. tu manges le soir?

Dossier-langue Grammaire 11.6

Reflexive verbs (*je* form)

Je me lève   I get up (or 'I get myself up')
Je me couche   I go to bed (or 'I lay myself down')

Verbs like these are called **reflexive verbs**. They contain an extra word (***me/m'***, etc.) which is called a reflexive pronoun.

You've also used ***Je m'appelle …*** (I'm called / I call myself …).

5. Dossier personnel

a. Complète le résumé d'une journée scolaire.

Exemple: Le matin, je quitte la maison à huit heures et quart et …

Le matin, je quitte la maison à … et j'arrive au collège à …

Les cours commencent à …, puis on mange à …

Je quitte le collège à … et je rentre à la maison à …

b. Relis «Une journée typique» (page 94) et change les phrases pour faire une description de ta journée.

quatre-vingt-quinze

8C Mon emploi du temps

- talk about school subjects
- practise telling the time

1. Les matières

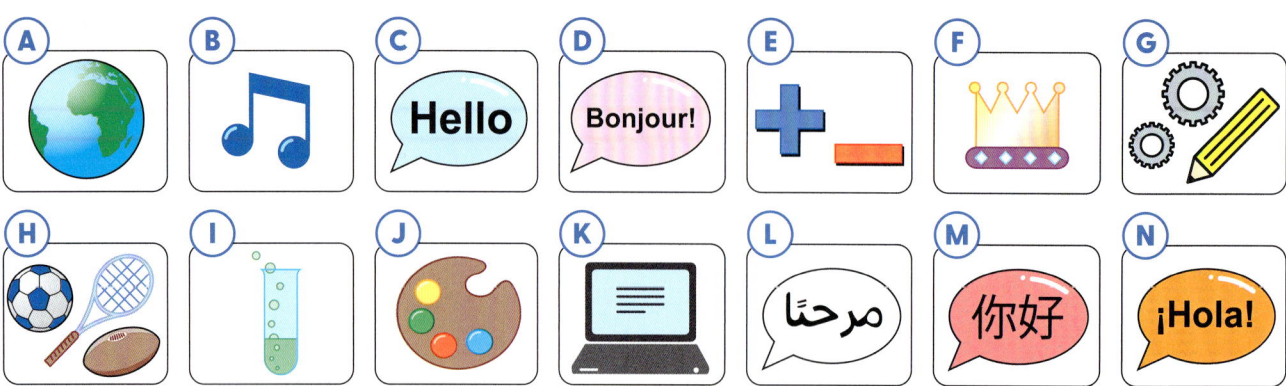

🎧 **a.** Écoute et écris la bonne lettre.

Exemple: 1G

b. Écris le nom des matières.

Exemple: A la *géographie*

les matières (f pl)

l'anglais (m)
l'arabe (m)
les arts plastiques (m pl)
l'espagnol (m)
le français
le mandarin
le sport (l'EPS)

la géographie
l'histoire (f)
l'informatique (f)
les maths (f pl)
la musique
les sciences (f pl)
la technologie

2. Une journée au collège

Trouve les paires.

Exemple: 1G

1. J'arrive au collège à huit heures moins dix.
2. Les cours commencent à huit heures cinq.
3. La récréation est à dix heures vingt.
4. J'ai un cours de deux heures de dessin à onze heures dix.
5. La pause-déjeuner est à midi vingt-cinq.
6. Nous avons maths à deux heures moins vingt-cinq.
7. L'après-midi, la récréation est à trois heures moins vingt.
8. Je quitte le collège à quatre heures moins cinq.

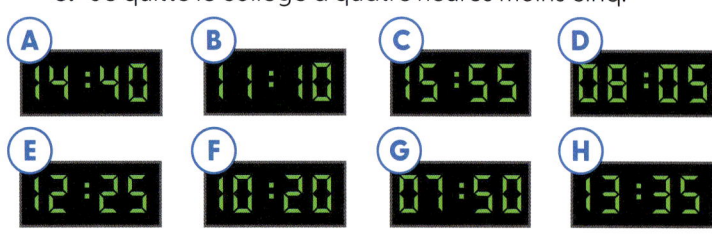

Stratégies

Using spelling patterns to improve writing

Look out for patterns that may help you to write French words correctly.

- French words ending in *-ie*

  Find two school subjects which end in *-ie* in French. What is their ending in English?

  Using the same rule, how would you spell the French words for the following?

  a photography **b** biology **c** astronomy

  The next two need an acute accent, as in *géographie*:

  d melody **e** comedy

- French words ending in *-que*

  If 'music' is *la musique*, guess how to spell the French words for the following:

  f fantastic **g** historic **h** electronic (also needs an acute accent)

3. Dans la cour

🎧 Écoute et écris la matière, puis l'heure.

Exemple: 1 anglais, 8h30

96 quatre-vingt-seize

Unité 8 Une journée scolaire

4. Un emploi du temps

	lundi	mardi	mercredi	jeudi	vendredi
8h30	anglais	français	français	maths	EMS
9h30	histoire	géographie	anglais	anglais	français
10h20	récréation				
10h30	français	maths	musique	français	maths
11h30	maths	arts plastiques		informatique	maths
12h25	déjeuner				
14h10	technologie	SVT		français	EPS
15h10	technologie	SVT		informatique	EPS
16h00	récréation				
16h10		EPS			anglais

EMS = Enseignement moral et civique EPS = Éducation physique et sportive
SVT = Sciences de la Vie et de la Terre
The school subject 'art' is described as either *le dessin* or *les arts plastiques*.

a. Réponds aux questions.
 1. How many hours of lessons are there per week?
 2. Which two subjects appear to be the most important (by number of hours)?
 3. How does this compare with your timetable?

b. Écoute et consulte l'emploi du temps. C'est quel jour? C'est le matin ou l'après-midi?

 Exemple: 1 mercredi matin

c. À deux. Consultez l'emploi du temps et inventez des conversations.

 Exemple:
 A Qu'est-ce qu'on a lundi à 9h30?
 B À 9h30, on a histoire. C'est bien, j'adore l'histoire.

5. Dossier personnel

a. Écris l'emploi du temps de ton jour préféré.

b. Complète les phrases.
 1. Mon jour préféré est le …
 2. Comme cours, on a …
 3. J'aime bien …
 4. On n'a pas … (anglais).
 5. La récréation est de … à …
 6. On quitte le collège à …

c. Un jour que j'aime et un jour que je n'aime pas. Écris des phrases avec des raisons.

 Exemple: Mon jour préféré est le … parce qu'on a … et j'aime bien ça.
 Par contre, je n'aime pas le … parce qu'on a … et …

Dossier-langue Grammaire 1.4

When to use the definite article (le/la/les) with school subjects

- *avoir* or *faire* + school subject – do **not** use the article

The article (**le**, **la** or **les**) is **not** used when you talk about what school subjects you have or do. This is the same as in English.

Cet après-midi, nous avons histoire.
This afternoon we have history.

Comme langues vivantes, on fait français et arabe.
For modern languages, we do French and Arabic.

- *aimer/détester* + school subject – use the article

J'aime les maths. I like maths.

Mes amis et moi détestons la technologie.
My friends and I hate technology.

Phonétique

The letters 'im', 'in'

When 'i' is followed by 'n' or 'm', it is often a nasal vowel.

20 vi**n**gt

i**n**formatique i**m**possible mati**n**

quatre-vingt-dix-sept 97

8D Qu'est-ce que vous faites?

- discuss school subjects
- use the verb *faire* (to do, to make)

1. Des conversations au collège

Écoute et complète le texte avec les mots de la case. Attention, deux mots sont utilisés deux fois!

Exemple: 1 l'EPS

A Qu'est-ce que tu aimes comme matières?

B Ma matière préférée est (1) __. J'adore le sport.

A Qu'est-ce que vous faites comme (2) __ au collège?

B En hiver, nous faisons de la gymnastique, du volley et (3) __. On fait aussi de la natation. Nous allons à (4) __ en ville le jeudi après-midi. Et en (5) __, nous faisons de l'athlétisme.

A Est-ce qu'il y a des clubs de sport?

B Oui, il y a un club de judo. J'ai des amis qui font (6) __, mais pas moi. Et toi, quelles sont tes matières préférées?

A Mes matières préférées sont (7) __ et (8) __.

B Pourquoi?

A (9) __ parce que j'adore la lecture* et nous faisons aussi du théâtre. C'est amusant. Et j'aime (10) __ parce que nous faisons des choses intéressantes.

la lecture – *reading*

du basket   l'EPS   été   du judo
l'informatique   la piscine   le français   sport

2. Des phrases utiles

Copie et complète les phrases.

Exemple: 1 Quel temps fait-il aujourd'hui?

1. Quel temps __-il aujourd'hui? (fait/faites)
2. Il __ beau, mais il __ froid. (fais/fait)
3. Qu'est-ce que vous __ comme sports? (faites/faisons)
4. Moi, je __ de l'athlétisme. (fait/fais)
5. Mes sœurs __ de la gymnastique. (faisons/font)
6. Où est-ce que tu __ tes devoirs? (fais/faites)
7. Je __ mes devoirs dans ma chambre. (font/fais)
8. Mes amis __ du théâtre le samedi. (font/fait)

Dossier-langue Grammaire 11.13

The verb *faire* (to do, to make)

Look at the verb **faire**. Does it follow the same pattern as other verbs you have used? What is similar and what is different?

singular		plural	
1st person I	je fais	1st person we	nous faisons
2nd person you (informal)	tu fais	2nd person you (singular: formal) (plural: informal and formal)	vous faites
3rd person he/she/it/one	il/elle/ on fait	3rd person they	ils/elles font

Which part of **faire** do you use to talk about the weather?

Find ten or more examples of **faire** on this page.

Faire is used in many different expressions. Make a note of other examples. You will learn more about **faire** in Unit 10.

3. Des activités

Complète les phrases.

Exemple: 1 Je fais du théâtre.

① Je …    ② Moi, je …    ③ Tu …

④ Il …    ⑤ Elle …    ⑥ Nous …

⑦ Vous …    ⑧ Ils …

faire	du	dessin/judo/shopping/sport/théâtre/vélo
	de la	gymnastique/natation
	de l'	athlétisme/informatique
	des	photos

4. Ils aiment ou ils n'aiment pas?

 a. Écoute et note la matière.

Exemple: 1 l'histoire

b. Écoute encore et note l'opinion.

Exemple: 1 ✗

> aime ✓   n'aime pas ✗
> adore ✓✓   déteste ✗✗

c. Fais deux listes avec l'anglais. Pour vérifier, regarde le **Sommaire** (page 107).

Exemple:

des opinions positives ✓	des opinions négatives ✗
amusant = fun	

> amusant   super   facile   difficile   intéressant
> utile   nul   ennuyeux   sympa   génial

5. Six élèves

 a. Regarde les photos et répond aux questions.

1. Qui adore les maths?
2. Qui n'aime pas les maths?
3. Qui adore l'informatique?
4. Qui n'aime pas la technologie?
5. Qui déteste l'anglais?
6. Qui adore le français?

 b. Écoute. Qui parle?

Exemple: 1E Alice

c. Écoute encore une fois. Note les opinions sur les matières.

Exemple: 1 les maths – très utile; le dessin – ennuyeux

A Lisa
les sciences ✓
l'anglais ✗✗

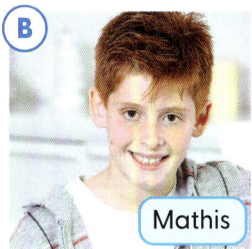
B Mathis
l'informatique ✓✓
la géographie ✗

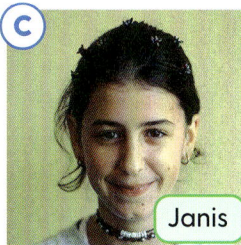
C Janis
le français ✓✓
l'histoire ✗

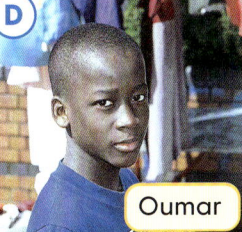
D Oumar
le sport ✓
les maths ✗

E Alice
les maths ✓✓
le dessin ✗✗

F Tchang
la musique ✓
la technologie ✗

6. Des conversations

 À deux. Lisez, puis changez les mots en couleur.

1. A Quelles sont tes matières préférées?
   B Mes matières préférées sont **l'anglais et les sciences**.
   A Pourquoi?
   B J'aime **l'anglais**, parce que c'est **utile** et **les sciences**, parce que je trouve ça **intéressant**.

2. A Quelles matières est-ce que tu n'aimes pas?
   B Je déteste **l'allemand** et je n'aime pas beaucoup **la technologie**. Et toi, qu'est-ce que tu aimes comme matières?
   A Moi, j'aime **le sport**, je trouve ça **vraiment super**.
   B Qu'est-ce tu fais comme sport au collège?
   A On fait **de la gymnastique, du football et de la natation**.

7. Dossier personnel

Écris des phrases ou un paragraphe sur les matières.

Mes matières préférées sont …

J'aime … parce que c'est …

Je n'aime pas (beaucoup) …

Je trouve ça …

Stratégies

Adding interest to your writing

Connectives like *mais*, *et*, *parce que*, and qualifiers like *très*, *assez*, *vraiment* (really, truly) add emphasis and interest, e.g.

J'adore le français **parce que** c'est **très** intéressant.

Mais les maths, c'est **assez** difficile et **vraiment** ennuyeux.

With *super*, *génial* and *nul*, you can't use *très* and *assez*, but you can use *vraiment*.

C'est **vraiment** nul/super/génial.

8E Mes préférences

- ask questions to get to know someone
- talk about your favourite things
- revise possessive adjectives ('my', 'your', etc.)

1. Un nouvel élève

Karim est un nouvel élève. Pendant la récréation, on lui pose beaucoup de questions.

a. Écoute, puis lis les questions. Quelle question manque?

1. Quel âge as-tu?
2. Quelle est la date de ton anniversaire?
3. Quelle est ta matière préférée?
4. Quels sont tes passe-temps préférés?
5. Quel est ton sport préféré?
6. Tu es supporter de quel club de foot?

b. Complète les réponses de Karim.

Exemple: a *le basket*

a. Mon sport préféré est …
b. Mes passe-temps préférés sont …
c. J'ai …
d. Ma matière préférée, c'est …
e. Mon anniversaire est …

> l'histoire   douze ans   le huit juillet
> le basket   le sport et l'informatique

2. Des questions utiles

Complète les questions.

Exemple: 1 *quel*

1. On est ___ jour (m)?
2. ___ heure (f) est-il?
3. ___ est ta couleur préférée?
4. ___ sont tes livres préférés?
5. ___ sont tes animaux préférés?
6. ___ est ton jour préféré?
7. ___ temps (m) fait-il?

Dossier-langue   Grammaire 8.2

'which … ?' / 'what … ?'

singular		plural	
masculine	feminine	masculine	feminine
quel	quelle	quels	quelles

The word **quel** in its different forms is used in many questions. Find some examples on this page.

Do the different spellings of **quel** sound different?

Stratégies

Improving your speaking skills

To keep a conversation going, it's useful to ask questions as well as answer them. Write down some standard questions which you can adapt for different contexts.

Think of one way you could change each of these questions.

Qu'est-ce que tu aimes comme passe-temps?

C'est quand le match?

3. Mes choses préférées

a. À deux. A pose trois questions. B répond. Puis, changez de rôle.

Exemple: 1 A Quel est ton sport préféré?
B Mon sport préféré est le basket.

1. Quel est ___ sport préféré?   ___ sport préféré est le basket.
2. Quelle est ___ couleur préférée?   ___ couleur préférée est le noir.
3. Quel est ___ jour préféré?   ___ jour préféré est le samedi.
4. Quel est ___ animal préféré?   ___ animal préféré est le cheval.
5. Quelle est ___ saison préférée?   ___ saison préférée est le printemps.
6. Quelle est ___ matière préférée? ___ matière préférée est le mandarin.

b. Réponds avec ton choix.

Exemple: 1 A Quel est ton sport préféré?
B Mon sport préféré est …

masculin	féminin
préféré	préférée
ton	ta
mon	ma

4. Mes amis

Mon amie s'appelle Fatima.
Fatima est française, mais ses grands-parents habitent au Sénégal en Afrique.
Son sport préféré est la gymnastique.
Sa matière préférée, c'est les maths.
Son frère s'appelle Issa.
Issa aussi est un bon ami.
Son anniversaire est le 15 avril.
Ses passe-temps préférés sont la natation et le football.
Issa adore les animaux. Il a un chat. Son chat s'appelle Magique.

a. Lis le texte et corrige les phrases.

Exemple: 1 Fatima est française.

1. Fatima est anglaise.
2. Son sport préféré est le basket.
3. Elle aime les sciences.
4. Ses grands-parents habitent à Paris.
5. Son anniversaire est le quinze août.
6. Ses passe-temps préférés sont la musique et le rugby.

b. Complète le texte à droite avec les mots de la case.

| demi-sœur | habitent | juillet |
| Ses | sont | table |

c. Écris une description d'un(e) camarade ou d'une personne célèbre. En classe ou en groupe, lisez les descriptions et devinez l'identité de la personne.

Mon ami Chen est français, mais ses grands-parents (1) ___ en Chine.
Son sport préféré est le tennis de (2) ___.
Ses matières préférées (3) ___ la géographie et l'histoire.
Son anniversaire est le 16 (4) ___.
(5) ___ passe-temps préférés sont l'informatique et la musique.
Sa (6) ___ s'appelle Sophia.

Dossier-langue Grammaire 1.2

Is it masculine or feminine?

Sometimes, the ending of a word can help you.

endings normally masculine	endings normally feminine
-aire	-ère
-eau	-ette
-eur	-ure
-in	

There are more examples in *Grammaire* (page 158).

5. Masculin ou féminin

Écris trois mots de la case dans chaque liste. Pour t'aider, regarde le **Dossier-langue**.

| amie animaux anniversaire casquette château nature devoirs écouteurs équipe île matière ordinateur |

A	B	C	D
Mots masculins (le/mon/ton/son)	**Mots féminins** (la/ma/ta/sa)	**Mots féminins qui commencent par une voyelle** (l'/mon/ton/son)	**Mots pluriels** (les/mes/tes/ses)
Exemple: anniversaire			

cent-un 101

8F Notre collège

- talk about your school
- say 'our', 'your' and 'their'

1. Au collège

Nos jeunes reporters, Mathéo et Océane, visitent un collège et parlent à deux élèves, Lyam et Khady.

🎧 Écoute et lis. Puis, complète le texte avec les mots de la case.

Exemple: 1 Jules-Verne

Mathéo: Bonjour, Khady et Lyam, comment s'appelle votre collège?

Khady: Notre collège s'appelle le collège (1) ___.

Océane: Et vous êtes en quelle classe?

Khady: Nous sommes en Sixième B.

Océane: Il y a combien d'élèves dans votre classe?

Khady: Il y a (2) ___ élèves. C'est beaucoup.

Mathéo: Oui, c'est vrai. Quelles sont vos matières préférées?

Lyam: Moi, j'aime beaucoup (3) ___. Notre prof est très sympa.

Khady: Moi, je préfère (4) ___. Notre prof de dessin est très amusant.

Mathéo: En général, est-ce que vos profs sont gentils?

Lyam: Oui, en général, ils sont assez gentils. Notre prof de (5) ___, par exemple, est super. Ses cours sont intéressants et il explique tout très bien.

Khady: Oui, mais notre prof de (6) ___ est un peu sévère.

Océane: Vos cours commencent à quelle heure, le matin?

Lyam: À (7) ___, mais le (8) ___, on finit à midi.

> le français
> le dessin
> technologie
> trente-huit
> mercredi
> maths
> huit heures et demie
> Jules-Verne

2. Notre voyage scolaire

Complète les phrases avec *notre* ou *nos*.

Exemple: 1 notre classe

> Aujourd'hui, (1) ___ classe fait un voyage scolaire. (2) ___ prof d'informatique organise une visite au Centre de Technologie. Alors, nous avons tous (3) ___ sac avec (4) ___ cahiers, (5) ___ calculatrice, (6) ___ crayons et (7) ___ sandwichs, bien sûr. Et voilà, (8) ___ car arrive.

Dossier-langue Grammaire 4.1

'our' and 'your'

There are just two words for 'our' and two similar words for 'your' (with **vous**).

	singular masc./fem.	plural
our	notre	nos
your	votre	vos

Remember that you use **vous** and **votre** when speaking to:

- two or more people (plural)
- an older person to show respect (formal)
- an adult you don't know well (formal).

3. Vos affaires d'école

Complète les phrases avec *votre* ou *vos*.

Exemple: 1 votre cartable

Achetez vos affaires d'école ici!

Pour …

… allez au magasin Saint-Pierre.

Unité 8 Une journée scolaire

4. Notre collège

a. Complète les phrases pour décrire ton collège.

Notre collège est un collège … (mixte / de filles / de garçons). Dans notre classe, il y a … élèves. Nos cours commencent à … On finit à … Normalement au collège, je porte (un pantalon noir / une jupe grise, etc.)

 b. Écris un paragraphe sur ton collège. Utilise des mots comme **mais**, **et**, **aussi**, **parce que**.

5. Le blog de Raphaël

 a. Trouve les paires.

Exemple: 1c

1. Raphaël est …
2. Il passe une semaine …
3. Il va au collège …
4. Ils arrivent au collège à …
5. Le matin, ils ont …
6. Raphaël trouve les cours …
7. À midi, ils …
8. L'après-midi, ils …

a. anglais et géographie.
b. avec des amis français.
c. canadien.
d. en France.
e. huit heures et quart.
f. intéressants.
g. mangent à la cantine.
h. ont technologie et EPS.

b. Lis le blog de Raphaël et corrige les phrases.

Exemple: 1 *Mila et Théo vont au collège aujourd'hui.*

1. Mila et Théo vont au parc aujourd'hui.
2. Leur collège est tout près.
3. D'abord, ils ont un cours de géographie.
4. Leur prof d'anglais est très sévère.
5. Ils ont des cours de maths et d'histoire.
6. À midi, ils mangent à la gare.
7. L'après-midi, ils ont dessin et EPS.
8. Raphaël déteste le sport.

6. Une interview

 En groupes de 3 ou 4. Une personne est l'interviewer; les autres répondent aux questions. Posez deux questions, puis changez de rôle. Pour vous aider, relisez l'interview «Au collège» (page 102).

Exemple:
– Comment s'appelle votre collège? *Notre collège …*
– Il y a combien d'élèves dans votre classe? *Dans notre classe, …*

Dossier-langue Grammaire 4.1

'their'

There are just two words for 'their'.

	singular masc./fem.	plural
their	leur	leurs

Find some examples in Raphaël's blog.

Bonjour de France. Moi, je suis canadien mais je passe une semaine chez Mila et Théo à La Rochelle. Ils vont au collège aujourd'hui, alors je vais aussi au collège. Leur collège est assez loin, alors nous quittons la maison à 7h30.

À 8h15, nous arrivons au collège. Nous retrouvons leurs amis dans la cour et nous discutons un peu.

D'abord ils ont un cours d'anglais. C'est assez intéressant. Leur prof d'anglais est très sympa. Elle parle de la vie scolaire en Angleterre.

Ensuite, on a des cours de sciences et de géographie. Leur livre de géographie est intéressant. On étudie l'Afrique.

À midi, on mange à la cantine. Puis l'après-midi, on a technologie et EPS. C'est bien, j'adore le sport.

Stratégies

Translating

Remember that you cannot always translate word for word. You have to think about what sounds sensible in English. Word order is important. You have already learned that in French adjectives often come after the noun, which is different from English, so you would translate *un livre intéressant* as 'an interesting book' (not 'a book interesting').

Look at Raphaël's blog and find out how to say these phrases in French:

1. their English teacher
2. science and geography lessons
3. their geography book.

Now work out how you would say the following in French:

4. their maths teacher
5. a French lesson
6. their history book.

cent-trois 103

8G Au Sénégal

- find out about a French-speaking country
- understand a longer text

1. Notre pays – le Sénégal

Écoute et lis.

Jabu et Pirane habitent au Sénégal, en Afrique. Elles parlent de leur pays.

Notre pays se trouve en Afrique de l'Ouest.
La capitale s'appelle Dakar. C'est une grande ville au bord de la mer.
De juin à octobre, il fait très chaud (30°C) et il pleut souvent.
C'est la saison des pluies.
De novembre à mai, il fait moins chaud (17 à 27°C) et il pleut moins. C'est la saison sèche.
À Dakar, il fait un peu moins chaud parce que la ville est sur la côte.
Nous allons à l'école à Dakar. À l'école, on parle français (c'est la langue officielle), mais à la maison on parle wolof.
Ma matière préférée est les sciences parce que c'est très intéressant. En plus, notre prof de sciences est très sympa.
Et moi, j'aime beaucoup la musique.
Comme sports, nous faisons du basket et du hand. Le football est un sport très populaire au Sénégal.
Voici une photo de Dakar. Sur la photo, il y a une mosquée. Nous sommes catholiques, mais beaucoup de personnes sont musulmanes.
Voici le marché de Sandaga dans le centre-ville. Moi, j'adore faire du shopping ici.
Quelquefois, il y a des touristes au Sénégal. Ils vont à la plage et ils visitent des parcs et des réserves. Ils aiment voir les hippopotames, les crocodiles et les dauphins.
À la campagne, il y a des serpents, comme des pythons, des cobras et des mambas, mais ils sont assez rares.

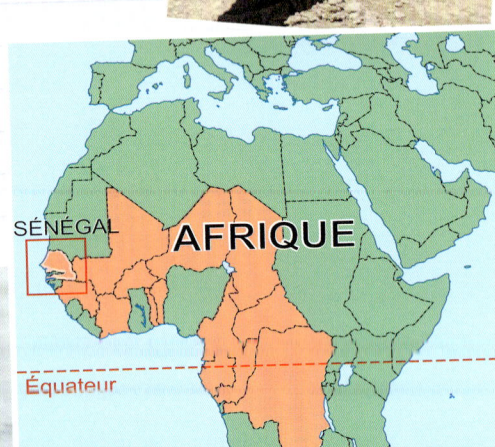

2. Tu comprends?

a. Find five cognates or near-cognates in the text.

Exemple: Afrique

b. Are these words verbs, nouns or adjectives?

1. se trouve
2. sèche
3. la côte
4. la langue
5. musulmanes
6. vont

c. Find a phrase with these high-frequency words and say what they mean in English.

Exemple: 1 il pleut moins – *it rains less*

1. moins
2. parce que
3. en plus
4. mais

3. Une journée à Dakar

Complète le résumé avec les mots de la case.

Jabu et Pirane vont au (1) __ à Dakar. C'est assez loin de leur maison.

Les (2) __ commencent à huit heures. Au collège, on (3) __ français. À dix heures cinq, il y a la (4) __.

À midi et demi, elles mangent à la (5) __.

L'après-midi, elles ont cours jusqu'à (6) __. Puis, elles (7) __ à la maison.

Pirane aide sa mère à préparer le (8) __, et à sept heures et quart, on (9) __.

> récréation collège parle cours mange
> dîner cantine quatre heures rentrent

4. Que sais-tu du Sénégal?

 a. Complète les phrases.

1. Le Sénégal est un pays en __.
2. La capitale s'appelle __.
3. Au Sénégal, il y a __ saisons.
4. De juin à octobre, il fait très __.
5. La langue officielle est le __.
6. Dans les réserves, il y a des animaux sauvages, comme des __.

 b. Réponds aux questions.

1. Où est le Sénégal?
2. Comment s'appelle la capitale?
3. Il y a combien de saisons?
4. Quel temps fait-il en juillet?
5. Quelle est la langue officielle?
6. Qu'est-ce qu'il y a comme animaux dans les réserves et à la campagne?

 c. À deux. A dit une phrase sur le Sénégal. B ajoute une autre phrase. Puis, continuez comme ça. Qui continue le plus longtemps?

Pour plus d'informations sur le Sénégal, voir la page 109.

Exemple:

A Le Sénégal est un pays en Afrique.
B La capitale est Dakar.

Phonétique

The letter 'r'

The letter 'r' is stronger in French than in English. Try to exaggerate it.

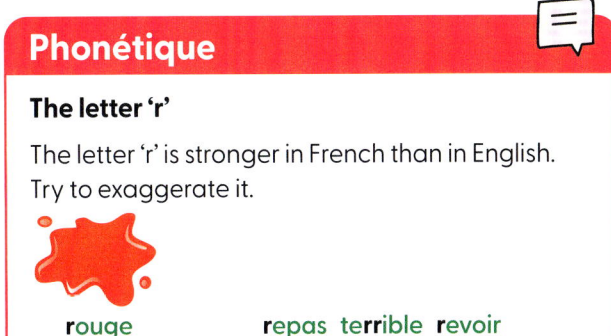

rouge   repas terrible revoir

8H Une présentation

- understand details about a school
- prepare a presentation about your school

1. Le collège Marie-Curie

 a. Écoute et lis.

LE COLLÈGE MARIE-CURIE

1. Notre collège s'appelle le collège Marie-Curie. C'est un collège mixte pour les élèves de onze à quinze ans. Le collège est dans la rue du Pont, près du parc. Il y a environ 500 élèves.

2. Les élèves de onze ans sont en classe de sixième. Je suis en 6ème B.

3. Comme matières, nous faisons histoire-géo, maths, français, SVT, EPS et arts plastiques. Comme langues, on fait anglais, espagnol ou mandarin. Les élèves de 4ème, qui ont treize ou quatorze ans, font une deuxième langue étrangère.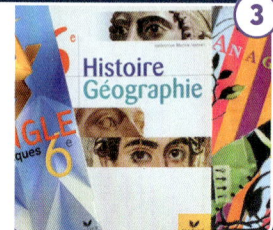

4. En EPS, on fait de l'athlétisme, du hand, du basket et du badminton. On fait aussi de la natation.

5. Les élèves de 6ème font un stage de voile. Ça dure une semaine. C'est vraiment bien. Au collège il y a des clubs aussi, par exemple le club de théâtre.

6. Dans le Centre de documentation et d'information (CDI ou la bibliothèque), il y a des livres et des magazines et des ordinateurs reliés au réseau du collège et à Internet. Chaque personne a un code d'accès personnel.

7. À midi, on mange à la cantine le lundi, le mardi, le jeudi et le vendredi.

8. La journée scolaire commence à huit heures vingt et finit à cinq heures de l'après-midi.

b. Corrige les phrases.

Exemple: *C'est un collège mixte.*

1. C'est un collège de garçons.
2. Le collège est pour les élèves de 10 à 14 ans.
3. Il y a environ huit cents élèves.
4. Comme langues étrangères, on apprend l'arabe et l'allemand.
5. En EPS, on joue au cricket et au hockey.
6. Les élèves font un stage de cinéma.
7. Il y a un club d'informatique.
8. La journée scolaire commence à 8h15.

2. Une présentation

Prépare une présentation sur ton collège ou ta classe.

 a. Écris une phrase pour chaque point.
- Introduction (mixte/filles/garçons; âge)
- Combien d'élèves
- Les matières
- La journée scolaire

 b. Ajoute d'autres détails, par exemple sur les sports. Donne ton opinion sur les matières.

Stratégies

Preparing a presentation

- Note down as many ideas as possible, perhaps in a spider diagram.
- Organise the information under logical headings.
- Work out how much information to give on each slide or page – avoid too much text.
- Find some photos or artwork to make each slide interesting to look at.

8 Sommaire

Now I can ...

- **ask what time it is**
Quelle heure est-il?	What's the time?

- **understand and tell the time in French** *(see page 92)*
  Il est midi (et demi). Il est minuit (et demi).

- **talk about the time of day**
le matin	in the morning
l'après-midi	in the afternoon
le soir	in the evening
la nuit	at night

- **talk about a typical day**
une journée typique	a typical day
Le matin, je prends mon petit déjeuner à …	In the morning, I have breakfast at …
J'arrive au collège à …	I arrive at school at …
Les cours commencent à …	Lessons start at …
À midi, …	At midday, …
je mange à la cantine.	I eat in the canteen.
je mange des sandwichs.	I eat sandwiches.
Je rentre à la maison à …	I get home at …
Je commence mes devoirs à …	I start my homework at …
Le soir, on mange à …	In the evening, we eat at …
Je vais au lit à … / Je me couche à …	I go to bed at …

- **talk about mealtimes**
un repas	a meal
le petit déjeuner	breakfast
le déjeuner	lunch
le goûter	afternoon snack
le dîner	dinner (evening meal)

- **give a reason**
pourquoi	why
parce que	because
Pourquoi tu aimes le français?	Why do you like French?
Parce que c'est utile.	Because it's useful.

- **recognise some reflexive verbs**
Je me lève	I get up
Je me couche	I go to bed
Je m'appelle	I'm called

- **talk about school subjects**
l'allemand (m)	German
l'anglais (m)	English
l'arabe (m)	Arabic
les arts plastiques (m pl)	art and design
le dessin	art
l'EMC (l'enseignement moral et civique) (m)	citizenship
l'EPS (éducation physique et sportive) (f)	PE
l'espagnol (m)	Spanish
le français	French
la géographie	geography
l'histoire (f)	history
l'informatique (f)	computer science
le mandarin	Mandarin
les maths (f pl)	maths
la musique	music
les sciences (f pl)	science
le sport	sport
les SVT (Sciences de la Vie et de la Terre) (f pl)	natural sciences
la technologie	technology

- **say which subjects I like and why**
C'est …	It's …
amusant	fun
difficile	difficult
ennuyeux	boring
facile	easy
génial	brilliant
intéressant	interesting
nul	useless, rubbish
super	great
sympa	nice, good
utile	useful

- **use qualifiers**
très / assez	very / quite
un peu / vraiment	a bit / really

- **use the verb *faire*** *(see page 98)*

- **use *quel* in questions** *(see page 100)*

- **use possessive adjectives**
notre, nos / votre, vos	our / your *(see page 102)*
leur, leurs	their *(see page 103)*
son, sa, ses	his, her, its

cent-sept 107

3 Presse-Jeunesse

Tout est bien qui finit bien!

a. Trouve le français.
1. late
2. after
3. during
4. very sorry
5. sad
6. without paying

b. Vrai ou faux?
1. Emma aime beaucoup l'informatique.
2. Son père ne travaille pas à présent.
3. Il y a un grand festival de l'informatique à Londres.
4. D'abord, Emma pense qu'elle ne va pas aller au festival.
5. Le groupe d'Emma gagne un concours.
6. Maintenant, Emma va au festival avec son groupe.

Les pays francophones: le Sénégal

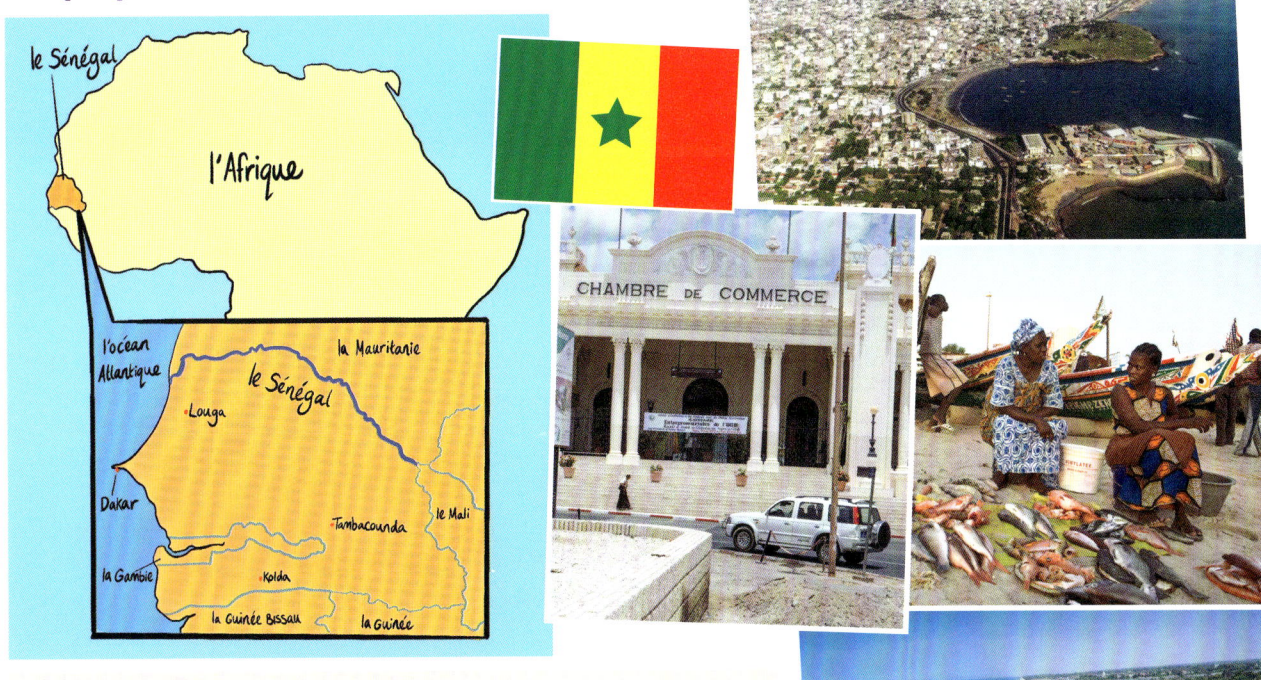

le pays	le Sénégal ou la République du Sénégal
le continent	l'Afrique
la capitale	Dakar
la langue officielle	le français
autres langues	le wolof, souvent utilisé comme langue courante
la monnaie	le franc CFA
un fleuve important	le Sénégal
sports importants	laamb ou la lutte sénégalaise (*folk wrestling*)
	le football
la fête nationale	le 4 avril
le domaine Internet	.sn

a. Complète avec les mots de la case.

Exemple: 1 *nom*

> côte   entre   lion   nom   oiseaux   ouest   réserve   ville

Le Sénégal se trouve en Afrique de l'Ouest. Le pays prend son (**1**) __ du fleuve, le Sénégal, qui sert de frontière (**2**) __ le Sénégal et le Mali à l'est, et la Mauritanie au nord.

La ville de Dakar, la capitale, est située à l'extrême (**3**) __ de l'Afrique. C'est un port important. C'est une très grande (**4**) __ avec une université importante.

Les touristes visitent le Sénégal pour ses belles plages sur la (**5**) __ Atlantique, mais aussi pour visiter des sites culturels et naturels de l'Unesco. Dans le sud, il y a la (**6**) __ de Niokolo-Koba. Dans ce parc naturel, on trouve une grande diversité de plantes et de végétation. Il est possible de voir des animaux sauvages, comme le (**7**) __, l'éléphant, le léopard, l'antilope et le chimpanzé. Il y a aussi des reptiles et des oiseaux. Beaucoup d'(**8**) __ migrateurs passent l'hiver dans l'hémisphère nord en Afrique.

b. Fais des recherches et trouve d'autres détails sur le Sénégal.

Idées

Le nombre d'habitants du pays

Des fruits et des légumes cultivés au Sénégal

Des équipes de football

Des personnes célèbres du pays, par exemple, des footballeurs

Unité 9 C'est bon, ça!

9A À table!

- talk about meals
- use the words for 'some' (*du, de la, de l', des*)

1. Des repas typiques

a. Lis le texte. Quels sont les quatre repas en France?

b. À deux. A pose des questions et note les réponses de B. Puis, changez de rôle.

Tu prends le petit déjeuner à quelle heure normalement?

Tu prends le déjeuner à quelle heure?

Tu prends le goûter vers quelle heure?

Le soir, on prend le dîner à quelle heure?

Beaucoup de familles en France prennent trois ou quatre repas par jour.

Le matin, on commence par **le petit déjeuner**. Normalement, on mange du pain avec du beurre et de la confiture (des tartines).

On prend **le déjeuner** entre midi et deux heures. Traditionnellement, c'est un bon repas avec un plat chaud avec des légumes, et un dessert ou une entrée.

Après l'école, les jeunes prennent **le goûter**. On mange souvent du pain, un fruit ou quelquefois une barre de céréales.

Le soir, on prend **le dîner**, souvent entre sept heures et huit heures.

2. Un bon repas

Regarde et lis.

Au repas principal, il y a normalement

On commence par **une entrée**, par exemple:

1. du pain
2. et de l'eau.
3. du melon
4. des carottes râpées
5. de la salade de tomates

Puis, il y a **un plat principal**, par exemple:

6. du poulet
7. de la viande
8. du poisson
9. de l'omelette
10. du couscous aux six légumes

On mange aussi, par exemple:

11. des pommes de terre
12. des frites
13. du riz
14. des petits pois
15. de la salade

Unité 9 C'est bon, ça!

À la fin du repas, on prend souvent

16 du fromage
17 un yaourt
18 des fruits

Quelquefois, il y a **un dessert** spécial comme:

19 un gâteau
20 une tarte aux pommes

3. Lexique

Copie et complète les listes.

français	anglais
un repas	a m__
une entrée	a first course
un plat __	a main course
de la v__	meat
du p__	fish
des légumes (m pl)	vegetables
des p__ pois	peas
de la l__	lemonade

Phonétique

The circumflex accent

fen**ê**tre d**î**ner bient**ô**t ao**û**t   g**â**teau

Dossier-langue Grammaire 1.6

'some' (*du, de la, de l', des*)

Remember that in French, there are four ways of saying 'the':

singular			plural
masculine	feminine	before a vowel	all forms
le	la	l'	les

In Exercise 5, there are several examples of the words for 'some' (the partitive article). Can you work out the pattern? Write down one example of each form.

du	de la	de l'	des

4. Trois familles

Écoute, regarde les photos à la page 110 et écris les bons numéros.

Exemple:

Les Alami	Les Martin	Les Duval
5, …		

5. Mon repas idéal

a. Complète avec **du, de la, de l'** ou **des**.

Exemple: 1 *de la*

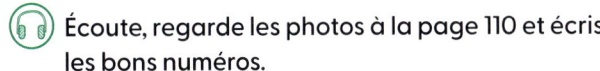

Mon repas idéal, c'est un repas de trois plats. Comme entrée, il y a (1) __ salade de tomates. Miam, j'adore ça avec (2) __ pain. C'est délicieux! Puis, comme plat principal, on mange (3) __ poulet rôti avec (4) __ riz. Comme légumes, il y a (5) __ petits pois. Ensuite, comme dessert, il y a une tarte aux pommes. Et comme boisson, je prends (6) __ eau ou peut-être (7) __ limonade.

b. Trouve le français.

1. my ideal meal
2. a three-course meal
3. delicious
4. we eat
5. roast
6. then (2 possibilities)

c. Décris un repas de trois plats. Ça peut être une présentation avec des photos.

Comme entrée, il y a …

Puis, comme plat principal, on mange …

Comme légumes, il y a …

Ensuite, comme dessert, il y a …

d. Décris deux repas différents: un repas avec de la viande et un repas végétarien.

9B Qu'est-ce que tu prends?

- learn more words for food and drink
- use the verbs *manger* and *prendre*

1. Le petit déjeuner

a. Écoute, répète et écris la bonne lettre.

Exemple: 1c

- a. du café
- b. du beurre
- c. du jus de fruit
- d. du lait
- e. du pain
- f. du sucre
- g. du thé
- h. un chocolat chaud
- i. un œuf à la coque
- j. un yaourt
- k. de la confiture
- l. de la pâte à tartiner
- m. des céréales
- n. des croissants
- o. des fruits
- p. des toasts
- q. des tartines

b. Regarde les images et trouve les paires.

Exemple: 1m (*des céréales*)

2. Qu'est-ce qu'ils prennent?

Écoute et écris les lettres (voir l'exercice 1a).

Exemple: 1 *e, …*

Stratégies

Recognising false friends

You have learned to look for cognates and near-cognates to help work out meaning. However, you need to watch out for *faux amis* (false friends). These are words which look like English words but have a different meaning.

- *le pain* does not hurt, it's bread
- *un plat* is not a plate, it's a dish of a meal
- *le poisson* might look like poison, but it really just means fish

Make a list of *faux amis* as you find them.

Dossier-langue Grammaire 11.5

The verb *manger* (to eat)

manger is a regular *-er* verb, except for this one part: **nous mangeons**. Can you work out how and why this is different? Clue: remember this rhyme: Soft is 'c' before 'i' and 'e' and so is 'g'.

The two verbs **ranger** (to tidy up) and **partager** (to share) are similar to **manger**. Can you work out what the **nous** part of these would be?

3. On mange

Complète les phrases.

Exemple: 1 *Je mange*

1.  Je ___ (mangent/mange/manges) des carottes râpées.

2.  Elle … (mangez/mangent/mange) de la viande et comme boisson, elle prend de la limonade.

3.  Il ___ (mange/manges/mangeons) du fromage et du pain.

4.  Ils ___ (mange/manges/mangent) des fruits.

112 cent-douze

4. Un quiz

a. Choisis la bonne réponse a, b ou c.

 b. Écris un autre quiz.

Exemple: 1c

1 Au petit déjeuner en France, on prend normalement …
- a du couscous avec des légumes
- b une tarte aux pommes et du fromage.
- c du pain avec du beurre.

2 Pour offrir des boissons à des visiteurs adultes, on dit …
- a Qu'est-ce que tu prends?
- b Qu'est-ce que vous prenez?
- c Qu'est-ce que je prends?

3 On t'offre de la viande, mais tu es végétarien(ne). Pour répondre poliment, tu dis …
- a Merci, mais je ne prends pas de viande, je suis végétarien(ne).
- b Beurk! Je ne mange pas ça.
- c Non, merci. Il n'y a pas autre chose?

4 Beaucoup d'élèves prennent un goûter …
- a le matin, avant l'école.
- b pendant l'heure du déjeuner.
- c l'après-midi, après l'école.

5. Questions et réponses

a. Complète les questions.

Exemple: 1 prenez

1. Est-ce que vous __ un grand repas au déjeuner?
2. On __ le goûter à quelle heure chez toi?
3. À quelle heure est-ce qu'on __ le petit déjeuner ici?
4. Qu'est-ce que tu __ comme dessert?
5. Est-ce que les Anglais __ des œufs au petit déjeuner?

b. Complète les réponses.

Exemple: a Je prends

a. Je __ un yaourt, s'il te plaît.
b. Quelquefois, mais normalement ils __ des céréales.
c. Normalement, on __ le goûter à cinq heures.
d. Nous __ le petit déjeuner à 7h30.
e. Non, nous __ un sandwich à midi.

c. Trouve les paires.

Exemple: 1e

6. Des conversations

À deux. A pose une question. B répond et pose une autre question.

Qu'est-ce que tu prends normalement au petit déjeuner? – Moi, je prends … Et toi, …

Dossier-langue Grammaire 11.13

The verb *prendre* (to take)

If French-speaking people ask you what you will have to drink or eat, they will probably say:

Qu'est-ce que tu prends?

Here is the irregular verb **prendre** in full:

	Singular	Plural
1	je prends	nous prenons
2	tu prends	vous prenez
3	il/elle/on prend	ils/elles prennent

Des questions		
Qu'est-ce que	tu prends normalement	au petit déjeuner? le matin?
	ta famille prend	au goûter? le soir?
	tes parents prennent	

Des réponses			
Moi, je	prends	du	lait/thé/chocolat/café. jus de fruit. pain avec du beurre. fromage.
On Mon frère Ma sœur	prend	de la	confiture. salade de fruits.
Mes parents	prennent	de l'	eau/omelette.
		des	céréales/fruits.
		un	yaourt/œuf/fruit.

9C Les fruits et les légumes

- use words for fruit and vegetables
- discuss healthy eating

1. Les fruits

a. C'est quoi? Devine le nom du fruit.

Exemple: 1c

Phonétique

The letters 'gn'

ma**gn**ifique

Espa**gn**e ga**gn**er

oi**gn**on

- **a.** un ananas
- **b.** une banane
- **c.** une fraise
- **d.** une mangue
- **e.** un melon
- **f.** une noix de coco
- **g.** une orange
- **h.** une pêche
- **i.** une pomme
- **j.** une poire

b. Écoute et vérifie.

2. Les légumes

a. Écoute la liste des légumes et regarde les photos. Quelles photos manquent (deux photos)?

b. C'est quel légume?

Exemple: 1c

- **a.** une aubergine
- **b.** des brocolis
- **c.** un chou
- **d.** un chou-fleur
- **e.** un concombre
- **f.** des haricots verts (m pl)
- **g.** un oignon
- **h.** une patate douce
- **i.** des petits pois
- **j.** un poivron

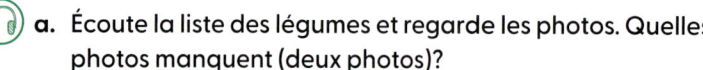

3. Que sais-tu?

a. Dans ton panier, il y a des fruits et des légumes. Écris deux listes: les fruits, les légumes.

Exemple:

les fruits

l'ananas

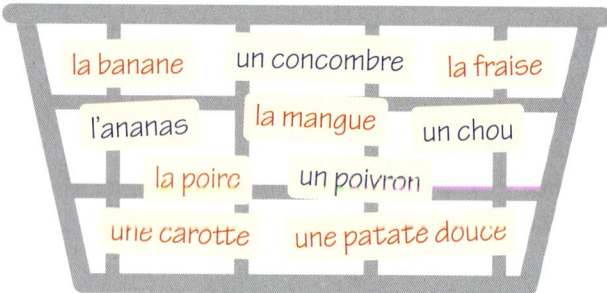

b. C'est quel fruit? Cherche les réponses dans le panier.

Exemple: 1 l'ananas

1. Il est d'origine sud-américaine.
2. Son nom rime avec boire.
3. C'est le fruit national de l'Inde.
4. Il est jaune et il contient beaucoup de potassium.
5. Ces deux fruits ne poussent pas sur un arbre.

c. C'est quel légume?

1. Son nom rime avec vous.
2. Il est orange et riche en vitamine A.
3. 95% de ce légume vert est de l'eau.
4. Ce légume est de couleur rouge, vert, orange et jaune.
5. Ces deux légumes poussent sous terre.

Unité 9 C'est bon, ça!

4. Manger équilibré

a. Lis l'article, puis fais les activités.

Manger équilibré, c'est important

Manger, tu fais ça tous les jours, c'est évident et c'est nécessaire!

Mais, attention! Pour être en forme, pour bien grandir, il est important de manger équilibré. Voici quelques conseils:

- Mange de tout, quelquefois un peu, quelquefois beaucoup, ça dépend – un peu de variété, c'est bien!
- Mange des fruits ou des légumes, ou les deux, à chaque repas. Ils sont pleins de vitamines, de minéraux et de fibres. C'est très important pour la santé. Prends au moins cinq portions par jour.
- À chaque repas, mange aussi des aliments comme du pain, des céréales, des pommes de terre, du riz, etc.
- Dans la journée, prends du lait, du fromage ou un yaourt.
- Une fois par jour, mange de la viande, du poisson ou des œufs.
- Ne mange pas trop de sel ni de sucre – supprime quelquefois les sucreries, comme les pains au chocolat.
- Et bois de l'eau! C'est la seule boisson recommandée.

5. C'est bon pour la santé?

Partie A

a. Écoute et complète le résumé avec les mots de la case.

Exemple: 1 fruits

> confiture   fruits   glace   haricots verts
> jus de fruit   melon   tartine   viande

Karine mange des (1) ___ et une (2) ___ avec de la (3) ___. Elle boit un (4) ___.

Noah mange du (5) ___, puis de la (6) ___ avec des (7) ___. Comme dessert, il prend du gâteau ou une (8) ___.

6. Des conversations

À deux. A pose une question et B répond. Après trois questions, changez de rôle.

7. Un poster

Fais un poster pour encourager les jeunes à bien manger.

Mangez des fruits comme …
Prenez des légumes, par exemple, …
Buvez …
Ne mangez pas trop de …

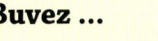
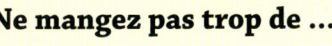

You can probably work out the main message of this article, even if you don't know every word. Look for cognates and near-cognates, try to guess meaning from context, and use words that you know, e.g. if you know *sucre*, you might be able to work out *sucreries*.

1. This article tells you to …
   a. eat more
   b. eat less
   c. eat a balanced diet

2. What do you think these mean?
   a. C'est évident!
   b. C'est nécessaire!
   c. être en forme
   d. les sucreries

3. Find the French for:
   a. a bit of variety
   b. important for health
   c. at each meal
   d. once a day
   e. don't eat too much

4. Choose a good way to end these sentences.
   a. Ne mange pas trop de …
   b. Mange beaucoup de …

Partie B

b. Écoute et complète le résumé.

Aujourd'hui, Nicolas fait un piquenique avec de la (1) ___, des (2) ___ et du (3) ___. Et après, il va manger du (4) ___ et un (5) ___.

C'est l'anniversaire de Valérie. Pour le goûter, elle va manger une grande (6) ___ au (7) ___, et aussi deux morceaux de son (8) ___ favori.

c. Qui mange bien pour la santé: Nicolas ou Valérie?

Des questions	Des réponses
Qu'est-ce que tu manges normalement comme fruits/légumes?	Je mange …
Quels sont tes deux fruits/légumes préférés?	J'aime beaucoup les … et les … Ce sont mes fruits/légumes préférés.
Quels fruits/légumes est-ce que tu n'aimes pas beaucoup?	Je déteste les … Je n'aime pas beaucoup les …
Est-ce que tu manges bien?	Oui, je mange (souvent) … C'est bon pour la santé. Oui, mais je mange aussi des chips et des gâteaux. Et ça, ce n'est pas très bon pour la santé.

cent-quinze

9D Un repas en famille

- talk about what you like to eat and drink
- use the negative and say 'not any'
- use phrases when sharing a meal

1. Tu aimes ça?

 a. Lis et trouve les phrases vraies.

Exemple: 1, ...

1. Chez poissondavril, on ne mange pas de viande.
2. fou-de-fraises n'aime pas les brocolis.
3. fou-de-fraises aime les fraises.
4. mmmarie_24 n'aime pas le poulet.
5. mmmarie_24 déteste les légumes.
6. hamster-heureux ne mange pas d'œufs.
7. ananas77 aime tous les fruits.

 b. Corrige les phrases qui sont fausses.

Dossier-langue Grammaire 7

The negative

In the text, there are a lot of verbs in the negative, e.g.

Il ne mange pas ...

Je n'aime pas ...

How many can you spot?

Remember, to make something negative, put **ne** and **pas** around the verb. If the verb begins with a vowel or 'h', shorten **ne** to **n'**.

If you say you like or dislike something, you need the French word for 'the' before the noun.

Je n'aime pas la salade. I don't like lettuce.

2. Je n'aime pas ça!

Écris:
- deux phrases sur les choses que tu n'aimes pas (beaucoup) manger.
- trois phrases sur les choses que d'autres personnes n'aiment pas.

 Écris un poste avec plus de détails. Utilise des mots comme *mais, et, par contre, un peu, beaucoup,* etc.

			le chou-fleur
Je			le fromage
Mon père/frère/ grand-père/ami	n'aime pas	beaucoup	les haricots verts la viande
Ma mère/sœur/ tante/cousine			le poisson les burgers les pâtes le riz, etc.

Forum des jeunes

 poissondavril
Chez nous, nous mangeons beaucoup de poisson et de légumes, parce que mon père ne mange pas de viande – il est végétarien.

 fou-de-fraises
Les brocolis! Je déteste ça! Et le poisson, je n'aime pas ça non plus. Moi, j'adore les desserts, mais mon dessert préféré, c'est la tarte aux fraises avec beaucoup de crème. Mmm, c'est délicieux!

 mmmarie_24
Moi, je ne mange pas beaucoup de viande rouge. Je n'aime pas beaucoup la salade et je déteste le chou-fleur, mais je mange d'autres légumes comme des petits pois. Mon plat préféré: du poulet rôti avec des frites.

 hamster-heureux
Je n'ai pas de plats favoris, mais j'aime le poisson et le poulet, et aussi les omelettes.

 ananas77
J'adore tous les fruits, surtout l'ananas et les mangues! Je ne mange pas beaucoup de sucreries, mais j'aime le yaourt et les glaces. Alors, mon dessert favori, c'est une salade de fruits avec de la glace à la vanille.

Mangetout est triste. Ça ne va pas – il n'y a pas de viande, il n'y a pas de poisson, il n'y a pas de lait et il n'y a pas d'eau.

Ah bon! Maintenant, il est content!

Phonétique

The letters 'c', 'k', 'qu'

content **k**ilo **qu**e **c**arotte

Unité 9 C'est bon, ça!

3. Une recette

Regarde l'image et complète les phrases.

Exemple: 1 *de*

1. Il n'y a pas ___ sucre!
2. Il n'y a pas ___ farine*.
3. Il n'y a pas ___ ___ et il n'y a pas d'___.
4. Je vais acheter un gâteau en ville!

la farine – *flour*

Dossier-langue Grammaire 7

pas de **(not any)**

Il n'y a pas de … There isn't/aren't any …

Je n'ai pas de … I haven't any …

In a negative sentence like this, **de** or **d'** is used instead of **du**, **de la**, **de l'** or **des**, e.g.

Il n'y a pas de fraises. There aren't any strawberries.

Je n'ai pas d'argent. I haven't any money.

To say you don't eat or drink something, you put **de** (or **d'**) before the noun.

Je ne mange pas de viande parce que je suis végétarien. I don't eat meat because I'm vegetarian.

Je ne bois pas de lait parce que j'ai une allergie. I don't drink milk because I have an allergy.

4. À table

 a. Écoute et lis.

Alex dîne chez une famille française.

– Assieds-toi là, Alex, à côté de Laurent.
– Oui, madame.
– Qu'est-ce que tu prends comme boisson? Il y a de l'eau minérale et de la limonade.
– De l'eau, s'il vous plaît.
– Pour commencer, il y a du potage aux légumes.
– Bon appétit, tout le monde!
– Mmm! C'est bon, ça.
– Tu veux encore du potage?
– Oui, je veux bien.
– Voilà. Maintenant, il y a du poisson. Et comme légumes, il y a des pommes de terre et du chou-fleur.
– C'est délicieux, madame.
– Tu veux encore du poisson?
– Non, merci, j'ai assez mangé*.
– Tu prends de la salade?
– Non, merci, je n'aime pas beaucoup ça.
– Comme dessert, il y a des fruits. Qu'est-ce que tu prends?
– Je voudrais une banane, s'il vous plaît. Merci.

j'ai assez mangé – *I've eaten enough*

 b. À deux. Lisez et inventez d'autres conversations.

des boissons
de l'eau (minérale)
du jus de fruit
de la limonade

des entrées
du melon
de la salade de tomates
des carottes râpées (etc.)

des plats
du poisson
de la viande
de l'omelette (etc.)

des légumes
des pommes de terre
des haricots verts
des petits pois (etc.)

des fruits
une poire
de l'ananas
des fraises (etc.)

de la salade | du fromage

Regardez aussi le **Sommaire** (page 121).

French manners

There are two different ways of saying 'please' in French:

1. *s'il te plaît* to someone you call **tu**
2. *s'il vous plaît* to someone you call **vous**.

See page 39 for a reminder of when to use **tu** and **vous**.

Merci can mean 'No, thank you' as well as 'Thank you'. Make sure you don't refuse something by mistake:

✗ **Non, merci** if you don't want something

✓ **Oui, je veux bien** or **Je veux bien, merci** or **Oui, s'il te/vous plaît**, if you do.

cent-dix-sept

9E Des projets

- plan meals and picnics
- discuss what you are going to do (using *aller* + infinitive)

1. Réseau Tricolore

Lis le texte. Vrai ou faux?

Exemple: 1 faux

1. Dominique va déjeuner chez sa tante.
2. Chloé va organiser des piqueniques.
3. Au déjeuner, Dominique va manger de la viande et des légumes.
4. Son père va faire un gâteau d'anniversaire.
5. Chloé ne va pas aller à la campagne cet été.
6. Dominique va passer dimanche chez sa grand-mère.

> Chloé, tu as un message. Cette semaine, c'est l'anniversaire de ton ami Dominique.

> Dominique, c'est ton anniversaire le weekend prochain! Qu'est-ce que tu vas faire? Tu vas faire une fête?

> Oui, c'est vrai, c'est mon anniversaire dimanche et on va déjeuner chez ma grand-mère.

> Vous allez manger un gâteau d'anniversaire?

> Oui, elle va faire un gâteau pour mon anniversaire, comme toujours! Et nous allons manger de la salade de tomates, puis du poulet avec des pommes de terre rôties, et après ça, on va manger de la salade verte … comme toujours! Le repas du dimanche, c'est mon repas favori, mais chaque année, c'est la même chose! ;-)

> MDR :-D Pour changer un peu, pendant les grandes vacances, on va organiser des piqueniques à la campagne. Tu vas venir?

> Bien sûr, je vais venir. Ça va être très cool!

> Léa, Hugo, Noah et trois autres amis aiment ce message.

Dossier-langue Grammaire 11.8

The future – *aller* + infinitive

Look for parts of the verb **aller** (to go) in the text.

Then look at the words which immediately follow, e.g.

tu vas faire   **On va** déjeuner   **Vous allez** manger

They are always the same kind of word.

What is this part of the verb called?

This is a way of saying what you are **going** to do.

2. Un piquenique un peu spécial!

a. Lis et réponds aux questions.

1. Le piquenique, c'est pour quand?
2. Quel est le problème?
3. Quelle est la solution?

C'est l'été. Chloé décide d'organiser un piquenique pour samedi prochain.

Mais quel désastre! À la météo, on annonce un temps horrible pour le weekend. Il va pleuvoir tout le temps, des orages vont arriver le samedi après-midi et le mauvais temps va durer pendant tout le dimanche.

Pauvre Chloé! Qu'est-ce qu'elle va faire?

Mais soudain, elle a une idée. Elle va organiser un piquenique «pizza» à la maison et tous ses amis vont venir chez elle.

Chloé va téléphoner à ses amis. Tout le monde va apporter quelque chose à mettre sur les pizzas.

b. Écoute. Qui va apporter quoi? Écris la bonne lettre.

Exemple: 1 E, …

1. Léa
2. Dominique
3. Chloé
4. Vivienne
5. Hugo
6. Noah

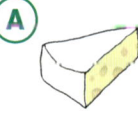 A  B  C

 D  E  F

 G  H

3. Le concours «c'est bon pour la santé»

C'est «La semaine de la Bonne Alimentation»! Participez à notre concours et gagnez un prix pour toute la famille: un super repas dans notre nouveau restaurant! Qu'est-ce que vous allez faire pour gagner ce prix? C'est simple! Vous allez organiser un repas idéal (et bon pour la santé, bien sûr) pour un(e) ami(e), un membre de famille, une personne célèbre – à vous de choisir!

Voici le repas de Malek:

a. Un dîner pour ma sœur, Lisa

Pour commencer, elle va manger du potage aux légumes. Elle va aimer ça parce qu'elle aime beaucoup les carottes et les oignons.

Comme plat principal, je vais préparer une grosse omelette avec du fromage et des petits pois. Malheureusement, avec ça, Lisa va probablement manger des frites. En effet, nous allons manger ensemble et mes frères ne vont pas manger d'omelette sans frites!

Puis, on va manger un peu de fromage et comme dessert, Lisa va manger du yaourt aux fraises, mais mes frères vont sans doute manger du gâteau!

Voici le repas qui gagne le Concours. Il est très bon pour la santé, non? Clémentine présente ...

b. Un repas pour Max et sa sœur

Entrée – de la salade à la Clémentine

Plat principal – des carottes, du chou et des brocolis

Dessert – un plateau de fruits arrangés en forme artistique

a. Lis les idées de Malek et réponds aux questions.

1. Qu'est-ce que sa sœur va manger comme entrée?
2. Qu'est-ce qu'elle aime comme légumes?
3. Qu'est-ce que Malek va préparer comme plat principal?
4. Et ses frères, qu'est-ce qu'ils vont manger avec ça?
5. Ils vont manger du fromage après ou avant le dessert?
6. Qui va probablement manger du gâteau?
7. Le repas de Malek est bon pour la santé?
8. Et le repas de ses frères, c'est aussi bon pour la santé?

 b. Écoute l'interview de Clémentine. Puis, complète les phrases.

1. Comme entrée, Max va manger ___.
2. Comme plat principal, Max et sa sœur vont manger ___.
3. Comme fruits, ils vont prendre ___.
4. Ils ne vont pas manger de ___ et ils ne vont pas manger de ___.
5. Max et sa sœur sont ___.

4. On organise des repas

a. À deux, organisez un repas idéal pour cette personne.

Exemple:

> Il/Elle fait beaucoup de sport. Alors, pensez à un repas qui va donner de l'énergie et qui est bon pour la santé. (Par exemple, de la viande, du poisson, des légumes, des fruits, etc.)

A Pour commencer, on va préparer ...

B Et comme plat principal, il/elle va manger ...

b. À deux, organisez les repas pour la famille ou des amis pour le weekend, puis écrivez le menu.

Exemple:

A Qu'est-ce qu'on va manger samedi au petit déjeuner?

B On va prendre du jus d'orange et ... Et au déjeuner?

> Samedi
> petit déjeuner: jus d'orange, ...
> déjeuner:

9F Les fêtes dans le monde

- practise reading longer passages
- learn more about festival foods

1. On parle des fêtes

a. Lis les textes et consulte les **Stratégies**.

Ibrahim habite au Maroc. Le Maroc est un pays musulman. Il parle du Ramadan et de l'Aïd al-Fitr.

«Nous sommes au mois de Ramadan, le neuvième mois de l'année musulmane. Pendant trente jours, les adultes et les adolescents, et quelquefois les enfants aussi, ne mangent pas pendant la journée, mais la nuit, on mange et on boit. À la fin du Ramadan, il y a une fête : l'Aïd. Pour la fête, nous allons porter de nouveaux vêtements et nous allons offrir des cadeaux aux amis. Puis, on va manger un repas magnifique avec du riz spécial, du curry d'agneau, des légumes et un dessert qui s'appelle le halva.»

Adam parle des traditions de Noël en Provence, sa région. «Noël est une fête chrétienne et en décembre, on prépare une crèche de Noël avec Marie, Joseph et l'enfant Jésus. C'est la tradition de mettre aussi des 'Santons', (des petits personnages, comme le boulanger). On trouve des Santons dans les marchés de Noël de la région.

La veille de Noël, il y a 'le gros souper'. Pour terminer le repas, on prend treize desserts. Il y a, par exemple, des noix, des amandes, des raisins secs, des figues, des dates et d'autres fruits, et aussi du nougat, des bonbons, etc. On encourage toutes les personnes à prendre un peu de chaque dessert pour avoir de la chance dans la nouvelle année.»

Lalita Kahn est hindoue. Elle habite sur l'île de la Réunion, au milieu de l'océan Indien. Elle parle de Diwali.

«Diwali, c'est la fête des Lumières. À la maison, nous allumons des lampes qui s'appellent les 'divas'. Nous invitons des amis à la maison et nous préparons un grand repas. Moi, j'aime beaucoup un dessert qui s'appelle le 'Kheer'. C'est fait avec du riz, du lait, du sucre, des amandes, des pistaches et des raisins secs.

Nous avons une danse qui s'appelle 'dandia raas'. Nous dansons avec des bâtons et la musique va de plus en plus vite. C'est très amusant.»

Stratégies

Reading for gist and detail

Read quickly through the whole article for gist, then look more closely at each section.

- Work in pairs and, for each section, jot down the name of the festival, when it is and the religion. You don't need to understand every word.
- List two ways in which each festival is celebrated: something to do with food or drink, something people do.
- Remember to use cognates and context as clues. Guess what the following words mean, then check them in the *Glossaire* and note the gender.

Exemple: *agneau (m)* = lamb

agneau, noix, amande, raisins secs, lumière, bâton

b. Réponds en anglais.

1. What will Ibrahim eat at Eid?
2. What are *santons*?
3. How many desserts are traditionally eaten at the Christmas meal in Provence?
4. What is in 'Kheer'?
5. Why does Lalita find the dance fun?

c. Trouve le français.

1. during the day
2. at the end
3. lamb curry
4. a Christmas crib
5. all the people
6. in the middle of
7. made with rice
8. faster and faster

2. Dossier personnel

Écris trois phrases sur un repas de fête.

C'est quelle fête? C'est en quel mois? Qu'est-ce qu'on mange?

Ajoute d'autres détails.

Le repas dure combien de temps normalement?

Qu'est-ce qu'on fait après le repas?

9 Sommaire

Now I can ...

- **talk about meals and courses**

un repas	a meal
le petit déjeuner	breakfast
le déjeuner	lunch
le goûter	afternoon snack
le dîner	dinner
un piquenique	picnic
une entrée	starter
le plat principal	main course
un dessert	dessert
du fromage	cheese

- **talk about food for a main meal** (see page 110)

- **talk about breakfast** (see also page 112)

du beurre	butter
des céréales (f pl)	cereal
de la confiture	jam
un œuf (à la coque)	(boiled) egg
de l'omelette (f)	omelette
du pain	bread
du sucre	sugar
des tartines (f pl)	bread and butter

- **talk about vegetables and fruit** (see also page 114)

des légumes (m pl)	**vegetables**
des brocolis (m pl)	broccoli
des carottes (f pl)	carrots
un/du chou	cabbage
un/du chou-fleur	cauliflower
un/du concombre	cucumber
des frites (f pl)	chips
des haricots verts (m pl)	French beans
une patate douce	sweet potato
des petits pois (m pl)	peas
un/du poivron (vert)	(green) pepper
une pomme de terre	potato
de la salade	lettuce/salad
des fruits (m pl)	**fruit**
un ananas	pineapple
une fraise	strawberry
une noix de coco	coconut
une pêche	peach
une poire	pear
une pomme	apple
des raisins (m pl)	grapes

- **accept or refuse food and drink politely** (see page 117)

- **talk about drinks**

des boissons froides (f pl)	**cold drinks**
du coca	cola
de l'eau (minérale) (f)	(mineral) water
du jus de fruit	fruit juice
du lait	milk
de la limonade	lemonade
des boissons chaudes (f pl)	**hot drinks**
du café (au lait)	coffee (with milk)
un chocolat chaud	hot chocolate
du thé (au lait)	tea (with milk)

- **say what food and drink I like and dislike** (see page 116)

J'aime (beaucoup) le/la/les ...	I (really) like ...
Désolé(e), mais je n'aime pas beaucoup ça.	I'm sorry but I don't like that much.

- **talk about (healthy) eating**

manger équilibré	to eat a balanced diet
c'est (ce n'est pas) bon pour la santé	it's (not) good for your health
des bonbons (m pl)	sweets
le sel	salt
des sucreries (f pl)	sugary things
surtout	especially
un peu	a little
pas trop	not too much

- **use the words for 'some'** (see page 111)

- **use the present tense of *manger* (to eat)** (see page 112)

- **use the verb *prendre* (to take)** (see page 113)

- **use the negative** (see page 116)

- **use *pas de* to say 'not any'** (see page 117)

- **use *aller* + infinitive to say what is going to happen in the future** (see page 118)

cent-vingt-et-un 121

4 Rappel Unités 8–9

1. Où sont les voyelles?

Complète les mots avec des voyelles et traduis en anglais.
Complete the words with the vowels and translate into English.

Exemple: 1 juillet – *July*

Les mois de l'année
1. j_ _ ll_ t
2. n_ v_ mbr_
3. s_ pt_ mbr_
4. _ vr_ l
5. m_ _

Les matières
6. l'_ ngl_ _ s
7. l'h_ st_ _ r_
8. l_ g_ _ gr_ ph_ _
9. l_ m_ s_ q_ _
10. l_ t_ chn_ l_ g_ _

Les couleurs
11. v_ rt
12. r_ _ g_
13. j_ _ n_
14. n_ _ r
15. bl_ nc

Les vêtements
16. l_ j_ p_
17. l_ ch_ m_ s_
18. l_ p_ nt_ l_ n
19. l_ s ch_ _ ss_ tt_ s
20. l_ cr_ v_ t_

2. Des listes

Trouve les mots qui manquent.
Find the missing words.

Exemple: 1 mercredi

1. lundi, mardi, ___, jeudi
2. le matin, l'après-midi, ___, la nuit
3. Il est une heure, ___, il est une heure et demie, il est deux heures moins le quart
4. première, deuxième, ___, quatrième
5. le printemps, l'été, l'automne, ___
6. le petit déjeuner, ___, le goûter, le dîner

3. Masculin ou féminin

Écris deux listes.
Write two lists.

Exemple:

masculin	féminin
	une carotte

Snake words: carottehauremarmatincontituretromagelimonadedessinomelettelapinpommepotagesaladevillage

These endings are usually masculine: **-in**, **-age**
These endings are usually feminine: **-ade**, **-ure**, **-tte**

4. C'est quel verbe?

Complète avec les verbes de la case.
Complete with the verbs from the box.

Exemple: 1 J'ai

> j'aime   j'ai   je suis
> je vais   je prends

1. - Quel âge as-tu?
   - ___ douze ans.
2. - Tu aimes les pêches?
   - Oui, ___ tous les fruits.
3. - Où vas-tu ce soir?
   - ___ au cinéma.
4. - Tu es content de tes cadeaux?
   - Oui, oui. ___ très content. Ils sont fantastiques!
5. - Tu aimes le football?
   - Oui, ___ beaucoup ça. Le weekend, ___ souvent au match de foot.
6. - Moi, ___ le poulet avec des frites. Et toi?
   - Moi, je ne prends pas de viande, ___ végétarien.

5. Les fruits et les légumes

Écris deux listes: les fruits, les légumes.
Write two lists: fruit, vegetables.

un ananas   des haricots verts   des petits pois
une aubergine   du melon   une poire
un chou   une noix de coco   une pomme
un chou-fleur   un oignon   des pommes de terre
des fraises   une pêche
des raisins

122   cent-vingt-deux

6. Un repas en morceaux

Trouve les deux parties des mots dans la case. Puis, complète les phrases.
Join the correct parts of the words in the box. Then, complete the sentences.

Exemple: 1 *potage*

1. Comme entrée, il y a du ___.
2. Comme plat principal, on mange du ___.
3. Comme légumes, il y a des ___.
4. Ensuite, on mange de la ___.
5. Puis, il y a du ___.
6. Et comme dessert, il y a un ___.
7. Comme boisson, il y a de la ___.

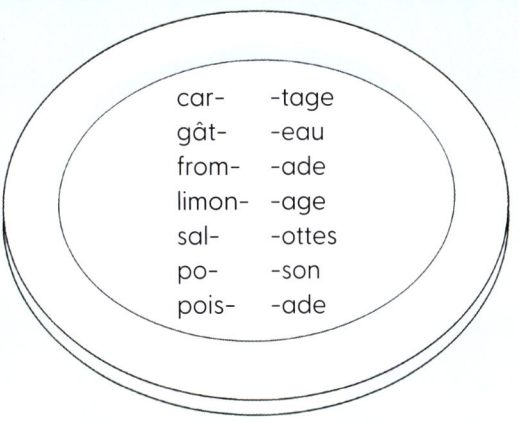

car-   -tage
gât-   -eau
from- -ade
limon- -age
sal-   -ottes
po-   -son
pois- -ade

7. La journée de Mangetout

a. Complète les phrases.
Complete the sentences.

Exemple: a *À midi, il* entre *dans la cuisine.*

b. Puis, trouve le texte pour chaque image.
Then, find the caption for each picture.

Exemple: 1b

a. À midi, il ___ dans la cuisine. (*entrer*)
b. Le matin, Mangetout ___ dans son panier. (*rester*)
c. Il ___ à manger. Mmm, c'est délicieux! (*commencer*)
d. Enfin, c'est l'heure du dîner. Il ___ tout très vite. (*manger*)
e. Puis, il ___ à son panier et il rêve. (*retourner*)
f. Il ___ son déjeuner. (*chercher*)
g. Mais il ___ au prochain* repas. (*penser*)
h. Puis, il va dans le jardin. Il ___ les oiseaux. (*chasser*)

prochain – next

8. Questions et réponses

Trouve les paires.
Find the pairs.

Exemple: 1c

1. Quelle est ta saison préférée?
2. Qu'est-ce que tu vas faire ce weekend?
3. Qu'est-ce que tu prends comme boisson?
4. Qu'est-ce que tu n'aimes pas comme matière?
5. Qu'est-ce que vous allez manger?
6. Quelle heure est-il?

a. Je n'aime pas la géographie.
b. Une limonade, s'il te plaît.
c. Ma saison préférée est l'été.
d. Il est deux heures et demie.
e. Je vais voir mes cousins et on va organiser un piquenique.
f. Nous allons manger du poisson, des légumes, et des glaces comme dessert.

9. À toi!

Choisis trois questions (1–6) de l'exercice 8 et donne une réponse personnelle.
Choose three questions (1–6) from Exercise 8 and give your own answers.

Exemple: 2 *Ce weekend, je vais jouer au basket.*

cent-vingt-trois **123**

Unité 10 Amuse-toi bien!

10A On fait du sport?

- talk about different sports
- revise the verb *faire*

1. Qu'est-ce qu'on fait?

a. Écoute et écris la bonne lettre.

Exemple: 1 I

b. Choisis une photo et écris trois phrases.

Exemple:

Il y a quatre personnes sur la photo E. On fait du vélo à la campagne. Moi aussi, je fais du vélo. C'est fantastique. / Moi, je ne fais pas de vélo. Je n'aime pas ça.

Les vacances scolaires sont souvent très longues, alors qu'est-ce qu'on fait? Beaucoup de jeunes font du sport ou des stages d'activités. Souvent, on part en vacances, surtout à la campagne, à la montagne et au bord de la mer.

A — on fait de la natation

B — on fait de la voile

C — on fait du paddle

D — on fait du snorkeling

E — on fait du vélo ou du VTT*

F — on fait du parkour

G — on fait de l'équitation

H — on fait de l'escalade

I — on fait des promenades

J — on fait du skate

VTT (vélo tout terrain) – *mountain bike*

2. Qu'est-ce qu'ils font?

Trouve les paires.

Exemple: 1c

a. Je fais de la gymnastique.
b. Tu fais de la natation?
c. Elle fait du ski.
d. Nous faisons du roller.
e. Vous faites de la planche à voile, monsieur?
f. Ils font du patin à glace.

3. Français/Anglais

Trouve les paires.

Exemple: 1b

1. Que faites-vous comme sports?
2. Ils font du hockey sur glace.
3. Nous faisons du snowboard.
4. Je fais de la gymnastique.
5. On fait une promenade?
6. Tu fais du vélo?

a. Shall we go for a walk?
b. What kind of sport do you do?
c. I do gymnastics.
d. They're playing ice hockey.
e. Do you go cycling?
f. We're snowboarding.

4. On fait de la voile

 a. Complète avec la bonne forme du verbe **faire**.

Exemple: 1 tu fais

A Bonjour. Qu'est-ce que tu (**1** fais/faites/font) aujourd'hui?

B Salut. Je (**2** faisons/fait/fais) des courses pour maman.

A Moi aussi. Mais il (**3** fais/fait/faites) beau. Mes amis (**4** faisons/faites/font) de la voile aujourd'hui.

B De la voile! Super! Ma sœur aime ça. Mais aujourd'hui, elle (**5** fais/fait/faites) ses devoirs.

A Il n'y a pas assez de place pour trois dans le bateau.

B Alors, on (**6** fait/faites/font) de la voile tous les deux?

A D'accord, et nous (**7** faisons/faites/font) les courses plus tard, okay?

La sœur arrive.

C Salut! Qu'est-ce que vous (**8** fais/faites/font)?

B Nous allons au lac. Nous (**9** fait/font/faisons) de la voile.

C Bon, j'arrive. J'aime ça.

B Mais, tu (**10** fais/fait/faites) tes devoirs, non?

C Et vous, vous (**11** faites/font/faisons) les courses, non?

 b. À trois. Lisez la conversation.

Stratégies

Translating from French to English

It's not always possible to translate word for word from one language to another. This is particularly important for the verb *faire*. The two main meanings are 'to make' and 'to do' but there are others, depending on the context. Look at these:

Qu'est-ce qu'on fait?
What shall we do?

Ils font les courses.
They are doing the shopping.

Vous faites un gâteau?
Are you making a cake?

Je fais du foot.
I play football.

Tu fais du skate?
Are you going skateboarding?

Il fait chaud.
It is hot. (weather)

See page 98 for a reminder of the different parts of **faire**.

 c. Trouve le français.

Exemple: 1 Qu'est-ce que tu fais aujourd'hui?

1. What are you doing today?
2. I'm doing the shopping.
3. The weather is fine.
4. My friends are going sailing.
5. She's doing her homework.
6. We're going sailing.

10B Tu aimes la musique?

- talk about music
- use *jouer de* + instrument

1. Les instruments de musique

Trouve les paires.

Exemple: 1D

1. le clavier
2. le piano
3. le trombone
4. le saxophone
5. le violon
6. le tambour
7. la batterie
8. la clarinette
9. la flûte
10. la flûte à bec
11. la guitare (électrique)
12. la trompette

A    B

C    D

E    F    G    H

I    J   K    L

2. La musique, c'est ma passion

a. Écoute et écris la bonne lettre.

Exemple: 1G

b. Voici des extraits du texte. Complète avec **du** ou **de la** et le bon instrument.

Exemple: 1 *du violon*

1. Je joue __ v__ dans l'orchestre du collège.
2. Je joue __ b__ dans un groupe.
3. J'adore la musique et je joue __ g__.
4. Mon ami joue __ t__.
5. Je joue __ f__ à bec.
6. Je joue __ c__, c'est mon instrument préféré.
7. Je joue __ p__.
8. Je vais aussi apprendre à jouer __ c__ un jour.

c. Écris cinq phrases avec des instruments différents.

Dossier-langue Grammaire 11.9

jouer de + musical instrument

Tu joues d'un instrument?		
Je joue Tu joues Il joue Elle joue Nous jouons Vous jouez Ils jouent Elles jouent	du	clavier. piano. trombone. saxophone. violon. tambour.
	de la	batterie. clarinette. flûte (à bec). guitare (électrique). trompette.
Je ne joue pas d'un instrument.		

Complete the rules!

1. Use **du** with a __ noun.
2. Use **de la** with a __ noun.
3. Use **de (d')** after __.

Unité 10 Amuse-toi bien!

3. Les jeunes musiciens

Complète le texte.

Exemple: 1 *de la flûte à bec*

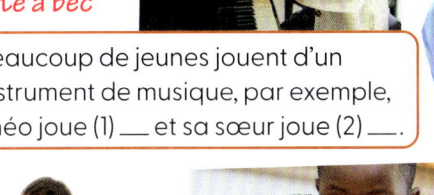

Beaucoup de jeunes jouent d'un instrument de musique, par exemple, Théo joue (1) ___ et sa sœur joue (2) ___.

Ambre joue (3) ___. Elle joue dans l'orchestre du collège.

Hugo joue (4) ___ au club des jeunes.

Son ami Léon joue (5) ___.

Mia ne joue pas (6) ___, mais elle chante dans une chorale au collège.

4. Faites de la musique à la fête de la musique!

La fête de la musique a lieu* chaque année le 21 juin, jour du solstice d'été (la journée la plus longue dans l'hémisphère nord). C'est une très grande manifestation culturelle. On fait de la musique partout: dans les rues, dans les parcs et les jardins publics, sur les places, dans les cafés et les théâtres, dans les écoles et les églises, même dans les prisons et les hôpitaux.

Il y a de la musique de toutes sortes: du rock, du jazz, du rap, du hip-hop, de la techno, de la chanson et de la musique traditionnelle.

L'idée d'une grande fête de la musique commence à s'exporter et maintenant, on organise des fêtes dans plus de cent pays au monde: en Europe, en Amérique du Sud et en Afrique. Dans beaucoup de pays d'Afrique, c'est presque une fête nationale.

Un principe important: tous les concerts sont gratuits pour le public. C'est de la musique par le peuple* et pour le peuple.

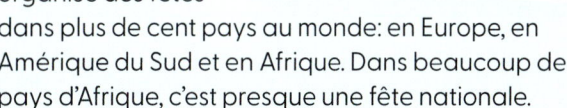

a lieu – *takes place*
le peuple – *the people*

a. **Trouve le français.**
   1. the longest day
   2. a very large cultural event
   3. people make music everywhere
   4. all the concerts are free

b. **Tu comprends?**
   1. On what date is the *fête de la musique* held and what's significant about this date?
   2. Mention two outdoor places and two indoor places where music-making takes place.
   3. About how many countries organise a similar *fête*?
   4. What is an important principle of the *fête*?

 c. **Trouve …**

3 genres de musique

3 endroits en plein air (*outdoors*) où on fait de la musique.

3 continents où il y a la fête de la musique.

 d. **Fais des recherches pour trouver d'autres informations sur la fête de la musique dans une ville en France ou dans un autre pays. Prépare une affiche ou une annonce pour la fête.**

C'est où (ville/pays)?

Y a-t-il des musicien(ne)s et des groupes célèbres?

Ça commence et ça finit à quelle heure?

Il y a quelles autres activités/attractions?

10C Mes passe-temps?

- talk about leisure activities
- use *jouer à* + sport/games
- read and write messages about leisure

1. On s'amuse

Trouve les paires.

Exemple: 1D

1. Elle fait de la peinture ou du dessin.
2. Il joue à des jeux vidéo.
3. Il aime faire la cuisine.
4. Elle adore lire.
5. Ils font de la danse.
6. Il joue aux échecs.

 A
 B
 C
 D
 E
 F

Dossier-langue Grammaire 11.9, 11.11

jouer de … / jouer à … / faire de …

		singular		plural
		masculine	feminine	
musical instruments	jouer	*du* violon	*de la* trompette	*des* maracas
sports/activities	jouer	*au* basket	*à la* pétanque	*aux* échecs
sports/activities	faire	*du* dessin	*de la* natation	*des* photos

Phonétique

The letters 'un', 'um'

When 'u' is followed by 'n' or 'm' it often makes a nasal vowel.

l**un**di br**un** **un**

parf**um**

2. C'est quelle activité?

Écris des phrases.

Exemple: 1 *Il joue de la trompette.*

masculine	feminine	plural
football	batterie flûte guitare trompette	échecs

 ①
 ②
 ③
 ④
 ⑤
 ⑥

3. Des interviews

a. Lis les questions et les réponses. Écoute et trouve les bonnes réponses.

Exemple: 1e

1. Tu as des passe-temps?
2. Qu'est-ce que tu fais comme sport?
3. Est-ce que tu joues d'un instrument de musique?
4. Est-ce que tu fais d'autres activités?
5. Qu'est-ce que tu fais le weekend?

a. Je fais du théâtre.
b. Je joue du clavier.
c. Je fais une promenade, ou je joue aux échecs ou à des jeux vidéo.
d. Je ne suis pas sportive.
e. Je fais du sport.

b. Écoute encore une fois et note d'autres détails.

Exemple: 1e – football, natation

cours le mercredi   football, natation
s'il pleut   préfère la musique
club au collège   s'il fait beau

c. Choisis trois questions et écris tes réponses.

Exemple: 2 *Je joue au volley et je fais du hockey sur glace. J'adore ça.*

d. À deux. Posez au moins trois questions et notez les réponses de votre partenaire. Puis, changez de rôle.

4. Forum des jeunes

a. Lis le forum. Qui …

1. … adore le sport?
2. … fait du vélo?
3. … joue de deux instruments?
4. … aime la lecture?
5. … joue aux échecs?
6. … ne joue pas d'un instrument?

b. Trouve le français.

1. there's not much to do
2. you have to concentrate
3. I'm passionate about cooking
4. it's a team game
5. we sometimes play board games
6. I don't have a favourite group

5. Mes passe-temps

a. Écris un message sur tes passe-temps.

- Commence par une salutation et une question.
- Parle de tes passe-temps.
- Donne une opinion.
- Parle d'une autre personne.
- Pose une autre question.
- Finis le message.

Exemple:

Salut! Comment ça va? Qu'est-ce que tu fais le weekend?

Le weekend, je fais de la natation et je joue quelquefois au cricket.

La natation, c'est super.

Ma cousine joue de la batterie.

Tu aimes le sport?

À bientôt!

b. Écris un message avec plus de détails. (Quoi? Où? Quand? Avec qui? Pourquoi?)

Pour t'aider, regarde les **Stratégies** et relis les messages du **Forum des jeunes**.

Qu'est-ce que tu fais le weekend? Tu as des passe-temps? Tu écoutes de la musique, tu joues d'un instrument? Tu fais beaucoup de sport? Tu aimes les jeux?

Lancelot11: Moi, j'habite dans un petit village, alors il n'y a pas grand-chose à faire. Le weekend, je fais du vélo et je fais des promenades avec un ami. S'il pleut, je joue sur l'ordi.

FanadeBD: J'aime lire, surtout les BD. J'aime beaucoup les aventures d'Astérix. C'est rigolo. Quelquefois, je joue aux échecs. C'est intéressant mais il faut se concentrer. Je joue avec mon grand-père, mais il gagne presque toujours.

Mélomane99: Je ne suis pas super sportif, mais j'adore regarder les matchs de foot à la télé, surtout les matchs internationaux. Je ne joue pas d'un instrument de musique, mais j'écoute souvent de la musique. Et ma passion, c'est faire la cuisine pour la famille le weekend.

Sportive+++: Moi, j'adore le sport. Je fais un peu de tout: de la gymnastique, de la natation, de l'athlétisme et du volley. Le volley, c'est mon sport préféré parce que c'est un sport d'équipe. En vacances, on joue quelquefois aux jeux de société en famille.

Foudemusique14: Moi, j'adore la musique de toutes sortes. Comme instruments, je joue du piano et de la batterie. Je n'ai pas de groupe préféré mais je trouve quelques chanteurs africains vraiment cool.

Phrases utiles pour écrire un message

Opening phrases:

Cher/Chère …	Dear … (male/female)
Salut!	Hi!
Comment ça va?	How are you?
Merci pour ton message/email/texto.	Thank you for your message/email/text.

Ending the message:

À bientôt	See you soon
Amitiés/Amicalement	Best wishes
Bisous/Bises	Love

Stratégies

Adding interest to your writing

When talking about activities, add extra details, e.g. **where you go**, **who with** and **when**, and finally add **your opinion**.

To practise, start with a simple sentence and add interest.

Je fais du judo.

Je fais du judo au centre sportif.

Je fais du judo au centre sportif avec mon ami.

Le mercredi soir, je fais du judo au centre sportif avec mon ami. C'est vraiment bien.

10D La semaine dernière

- talk about some recent activities
- recognise and use some phrases about the past

1. Samedi dernier

🎧 Écoute et écris la lettre de l'activité.

Exemple: 1C

Qu'est-ce que tu as fait samedi dernier?

Moi, j'ai fait de la natation.

J'ai joué au badminton. Et toi?

Dossier-langue Grammaire 2.3

Nouns and adjectives

la semaine dernière last week

samedi dernier last Saturday

Which word is the noun and which is the adjective?

Is the word order different in French?

Do you remember the rule about the position of adjectives?

Why are there two different forms: **dernier** and **dernière**?

Use the pattern of **samedi dernier** to say the French for:

last Friday   last Wednesday   last Monday

When you hear **dernier** or **dernière**, it may be a clue that the conversation is about the past.

Ⓐ    Ⓑ    Ⓒ    Ⓓ    Ⓔ

Ⓕ    Ⓖ    Ⓗ    Ⓘ    Ⓙ

2. Présent ou passé?

Mets les phrases dans deux groupes.

Exemple:

présent	passé
1	3

1. Je joue de la batterie.
2. Aujourd'hui, je fais mes devoirs.
3. Lundi dernier, j'ai fait une promenade.
4. Et mardi dernier, j'ai joué du piano.
5. Ensuite, j'ai joué à des jeux vidéo.
6. Ce matin, je fais du roller.
7. Jeudi dernier, j'ai fait de la gymnastique.
8. Et aujourd'hui, je joue aux échecs.

Dossier-langue Grammaire 11.14

Recognising the perfect tense

	French	English
present	*je joue*	I play, I'm playing
past	*j'ai joué*	I played, I have played
present	*je fais*	I do, I am doing
perfect	*j'ai fait*	I did, I have done

How many words are used for the perfect tense in French, apart from *je (j')*? Which verb is used for the first part? Is this similar to English?

Unité 10 Amuse-toi bien!

3. Des journées actives

a. Lundi dernier, tu as fait beaucoup de sport. Écris trois phrases.

   Exemple: J'ai fait du snorkeling, …

b. Mardi dernier, tu as fait beaucoup de musique. Écris trois phrases.

   Exemple: J'ai joué du tambour, …

 c. Mercredi matin, tu as fait du sport. L'après-midi, tu as fait de la musique. Le soir, tu as fait une autre activité. Écris un paragraphe.

   Exemple: Mercredi dernier, j'ai fait beaucoup de choses. Le matin, j'ai fait de l'athlétisme avec mes amis au centre sportif …

4. Le weekend dernier

 À deux. Faites une conversation.

 **Exemple:**

A Qu'est-ce que tu as fait samedi dernier?

B J'ai joué … et j'ai fait … Et toi?

A Moi, j'ai fait … et j'ai joué …

5. La semaine dernière

 Écoute (1–8) et note les détails.

Exemple:

	quand	quoi	avec qui	où
1	samedi	danse	sœur	club des jeunes
2				

6. Fais des phrases

 À deux. A jette le dé quatre fois. B fait la phrase qui correspond. Puis, changez de rôle.

Exemple:

Vendredi dernier, j'ai joué au tennis de table avec mes amis sur la plage.

quand	quoi	avec qui	où
1. lundi	1.	1. mon copain	1. au parc
2. mardi	2.	2. ma copine	2. au club des jeunes
3. mercredi	3.	3. mes amis	3. au centre sportif
4. jeudi	4.	4. mon frère	4. au collège
5. vendredi	5.	5. ma sœur	5. dans le jardin
6. samedi	6.	6. mes cousins	6. sur la plage

7. Dossier personnel

Qu'est-ce que tu as fait comme sports et passe-temps la semaine dernière?

Écris ton journal pour la semaine dernière. Ajoute des détails.

Exemple: Lundi dernier, j'ai fait (du vélo / de la gymnastique / la cuisine …) (au collège/parc …).

J'ai joué (au rugby / à des jeux vidéo / du piano / de la clarinette …) (avec mes amis / mon cousin …).

Mardi dernier, …

cent-trente-et-un **131**

10E Au parc d'attractions

- talk about theme parks
- use the 24-hour clock

1. Tu aimes les parcs d'attractions?

a. Écoute: c'est positif (+), négatif (−) ou les deux (±)?

Exemple: 1 +

b. Regarde les images et trouve les paires.

Exemple: 1G

1. J'ai horreur des attractions comme les montagnes russes ou le grand huit. On monte, on descend vite, on tourne à toute vitesse.
2. Pour les petits enfants, il y a des manèges et des châteaux gonflables.
3. Je vais quelquefois au parc animalier – j'aime apprendre un peu du monde naturel.
4. La grande roue tourne lentement et au sommet, on a une belle vue.
5. Quelquefois le temps d'attente pour les attractions est trop long.
6. J'adore les grandes balançoires en forme de bateau. Génial!
7. C'est cher, c'est fatigant et il y a trop de monde. Ce n'est pas pour moi.
8. Je préfère nager et plonger au parc aquatique.

> The 24-hour clock is widely used for opening times, events, films, matches, etc.
>
> Example: **19h15** (7.15 pm), **23h30** (11.30 pm)

2. 24 heures

Écoute et écris l'heure.

Exemple: 1 15h00

3. Attention, c'est l'heure!

a. Quelle heure est-il? Trouve les paires.

Exemple: 1B

A 18:28 B 17:05 C 23:57
D 01:15 E 22:12 F 12:59

1. Il est dix-sept heures cinq.
2. Il est douze heures cinquante-neuf.
3. Il est une heure quinze.
4. Il est vingt-deux heures douze.
5. Il est vingt-trois heures cinquante-sept.
6. Il est dix-huit heures vingt-huit.

b. À deux. Couvrez le texte. A dit l'heure, B dit la lettre. Puis, changez de rôle.

Exemple:

A Il est vingt-trois heures cinquante-sept.

B C'est C.

c. À deux. A invente et dit l'heure. B note l'heure et répète. Puis, changez de rôle.

Exemple:

A *dit* Treize heures vingt-sept.

B *écrit* 13h27, *et dit* Treize heures vingt-sept.

A Oui, c'est ça.

Phonétique

The letter 'x'

'gs'
exemple   examiner   examen

'ks'   's'
excusez-moi Astérix   dix soixante

extra   six

4. Mon parc favori

Tu viens en Algérie? Tu aimes les parcs d'attractions? Alors, il ne faut pas manquer MostaLand! Je crois que c'est le plus grand parc à thème du continent africain. Il y a quelque chose pour tout le monde. Moi, j'adore les sensations fortes, mais ma sœur préfère le château gonflable ou les manèges. Et nous aimons tous les deux les spectacles costumés.

Farid et Samia

Mon parc favori au Québec est La Ronde sur l'île Sainte-Hélène à Montréal. Je vais au parc avec mes amis pour une journée spéciale. Il y a trois niveaux d'attractions: à sensations fortes, intermédiaires et pour les jeunes enfants. Ce n'est pas surprenant: nous, nous aimons les attractions le plus terrifiantes! Attention! Il faut arriver le plus tôt possible pour éviter un peu les files.

Anna

J'habite à Chartres dans le nord de la France et mon parc favori est le Parc Astérix. C'est un parc d'attractions très fréquenté, situé près de Paris, alors ce n'est pas trop loin pour moi. On découvre l'univers d'Astérix, un personnage de bande dessinée super populaire en France.* Il y a des attractions pour tous les goûts. C'est fantastique.

Juliette

*Les BD d'Astérix sont la création de René Goscinny (scénario) et Albert Uderzo (dessin). Il y a plus de 40 livres et ils sont traduits dans plus de 100 langues.

a. Lis les textes et réponds en anglais.
1. Which of the theme parks is on an island?
2. Which park is about the world of a comic book character?
3. Which parks cater for different ages and tastes?
4. Who likes the bouncy castles?
5. What advice does Anna give to help avoid queues?
6. Who originally wrote the text of the Astérix books?

 b. Trouve le français.
1. you mustn't miss
2. the biggest theme park
3. the thrill rides
4. the bouncy castle
5. a comic book character
6. to suit all tastes
7. it's not surprising
8. as early as possible

5. *Dossier personnel*

Écris un paragraphe sur les parcs d'attractions.

- Tu aimes les parcs d'attractions? Pourquoi / Pourquoi pas?

  J'aime … J'adore … Je déteste … J'ai horreur du / de la / des … parce que …

- Quel est ton parc préféré? Et ton attraction préférée? Pourquoi?

  Mon parc préféré, c'est … Mon attraction préférée, c'est …

 Quels sont les avantages et les désavantages?

loin/près de chez moi, amusant, sensationnel, prix, nombre de personnes, temps d'attente, etc.

10F Une journée exceptionnelle

- describe a special day
- learn how to say 'I went'

1. Une journée idéale

a. Lis le texte et corrige les erreurs.

Exemple: 1 Nadia va au bord de la mer.

1. Pour sa journée idéale, Nadia va au cirque.
2. C'est au mois de juin.
3. Nadia et ses amis font un piquenique à midi.
4. Elle déteste les pizzas.
5. Comme boisson, elle prend un jus d'orange.
6. L'après-midi, elle regarde les acrobates.
7. À cinq heures, on prend le goûter.
8. Nadia n'aime pas faire du shopping.

Ma journée idéale se passe au bord de la mer, un mardi au mois de juillet. Il fait beau mais il ne fait pas trop chaud. Le matin, j'arrive à la plage à dix heures avec une bande de copains. Il n'y a pas beaucoup de monde et nous allons d'abord nager et jouer dans la mer.

 Nadia

Ensuite, nous jouons au beach-volley. J'adore ça. On s'amuse énormément et on prend beaucoup de photos. C'est super cool.

À midi, nous mangeons à la pizzeria. Mmm, c'est bon! J'adore les pizzas. Comme boisson, je prends une limonade, et comme dessert, je mange une grande glace à la vanille.

Puis l'après-midi, on va à un parc d'attractions et on fait les attractions à grandes sensations. C'est idéal parce qu'on ne fait pas la queue les jours de semaine.

À quatre heures, on prend le goûter: un chocolat chaud et du gâteau – délicieux. Puis on regarde un spectacle et ensuite, on va à la boutique pour acheter des souvenirs. J'aime bien faire du shopping et j'achète une petite peluche. Quelle journée fantastique!

b. Trouve le français.

1. a group of friends
2. first of all
3. we take a lot of photos
4. we don't queue
5. we watch a show
6. then, next

Stratégies

Planning your writing

Plan what you are going to put in each paragraph before you start writing. For a description of a day, you could plan your work using the times of day, e.g. introduction, *le matin*, *l'après-midi, le soir, impressions de la journée*. Write notes under each heading.

Use time expressions such as *d'abord* (first of all), *puis* or *ensuite* (next), *plus tard* (later), *enfin* (finally). Look at Nadia's text again and pick out the time phrases she uses.

2. Dossier personnel

a. Décris une journée idéale ou une journée catastrophique.

C'est à quel mois de l'année? Quel temps fait-il? Qu'est-ce que tu fais le matin? Qu'est-ce que tu manges à midi? Tu aimes ça?

Exemples:

 b. Relis ta description et ajoute d'autres détails intéressants. Fais des phrases plus longues avec **parce que, mais**, etc., utilise des adjectifs, donne tes opinions, etc.

Une journée idéale

Ma journée idéale est en (août/décembre/…)
Il fait (assez/très) (chaud/froid/…)
Le matin, je … C'est (très amusant/ fantastique/…)
À midi, je mange … J'adore ça.

Une journée catastrophique

Aujourd'hui, ça ne va pas.
D'abord, (il pleut / il fait froid / il fait trop chaud …).
Puis, (mon petit frère / ma petite sœur …) est très (méchant(e)/énervant(e)/fatigant(e) …).
Et (ma tablette / mon portable/ordinateur …) ne marche pas.
C'est (vraiment nul / un désastre …)!

3. Bravo Nadia!

a. À deux. Lisez la conversation.

b. Réponds aux questions en français.

1. Qu'est-ce que Nadia a gagné?
2. Où est le Stade de France?
3. Quel jour est-elle allée au stade?
4. Quand Sacha est-il allé au même stade?
5. Que pense-t-il du stade?
6. Et Nadia?

Nadia parle à son cousin, Sacha.

N Salut, Sacha. Ça va?

S Salut, Nadia. Oui, ça va bien. Tu as passé un bon weekend?

N Oui, super. La semaine dernière, j'ai participé à un concours au centre sportif pour gagner des billets pour un match international de foot.

S Oui, et alors, tu as gagné?

N Je n'ai pas gagné le premier prix mais j'ai gagné deux billets.

S Bravo, Nadia! C'est fantastique!

N Alors, dimanche dernier, je suis allée au Stade de France près de Paris avec ma copine. Et toi, tu es déjà allé à un match international?

S Oui, je suis allé au Stade de France une fois, pour mon anniversaire. C'est impressionnant, non?

N Oui, moi, j'adore. C'est génial.

Dossier-langue Grammaire 11.14

Recognising the perfect tense

	French	English
present	je vais	I go, I'm going
past	je suis allé(e)*	I went

* add an 'e' for a girl or a woman

Some verbs form the perfect tense with **être**.

Practise **je suis allé(e)** as a phrase.

4. Tu as passé un bon weekend?

Écoute et écris la destination.

Exemple: 1 à la plage

5. Je suis allé(e) en ville

a. Fais des phrases.

Exemple: 1 Je suis allé(e) à la bibliothèque.

au	à la	à l'	aux
bowling	bibliothèque	aquarium	magasins
centre sportif	patinoire	église	
château	piscine	auberge de jeunesse	
cinéma	plage		
parc			

b. Écris (ou dis) cinq activités différentes de la semaine dernière.

Exemple: Lundi soir, je suis allé(e) au cinéma avec mon cousin.

Phonétique

The letters '-sion', '-tion'

excur**sion** attrac**tion** solu**tion**

na**ta**tion

10G Les loisirs

• talk about leisure in general

1. Un jeu-test

a. Complète avec les mots de la case.

Exemple: 1*c*

a. amis	f. glace
b. beau	g. jeu
c. musique	h. orchestre
d. chaussures	i. promenade
e. copains	j. stade

b. Fais le jeu-test et lis tes résultats.

 c. À deux. Discutez de vos réponses.

Exemple:

A Numéro 1. Pour moi, une soirée amusante, c'est regarder un film à la maison. Et pour toi?

B Pour moi, c'est aller au club des jeunes. Numéro 2, je joue au tennis.

A Ah non, moi, je décide de rester dans mon jardin …

 d. Prépare des questions avec oui/non comme réponses pour un questionnaire sur les loisirs. Choisis un de ces thèmes.

• La musique

Exemple: *Est-ce que tu joues du piano?*

• Le sport

Exemple: *Est-ce que tu fais du judo?*

• Les loisirs en général

Exemple: *Est-ce que tu fais de la peinture?*

Comment passes-tu tes loisirs?

1 Pour toi, une soirée amusante, c'est …
a regarder un film à la maison.
b aller au club des jeunes, écouter de la (1) ___ et discuter avec des amis.
c faire une (2) ___ avec des amis, puis aller dans un café.

2 Un samedi en été, toute la bande va au parc.
a Tu décides de rester dans ton jardin.
b Tu achètes une (3) ___ au kiosque.
c Tu joues au tennis ou tu fais une promenade avec tes (4) ___.

3 C'est un samedi après-midi en hiver, mais il fait (5) ___.
a Tu regardes le match de football à la télé et tu manges des bonbons ou des gâteaux.
b Avec tes amis, tu vas voir le match au (6) ___ en ville.
c Tu joues au foot ou au volley avec des copains.

4 Pour ton anniversaire, tu voudrais …
a une BD ou un (7) ___ vidéo.
b un appareil photo ou un portable.
c un VTT, des (8) ___ de football ou des baskets.

5 Tu aimes bien la musique. Est-ce que tu préfères …
a écouter de la musique sur ton portable?
b écouter de la musique avec des (9) ___?
c jouer dans un (10) ___ ou chanter dans une chorale?

Alors, qui es-tu?

4 ou 5 c Tu profites bien de tes loisirs. Tu es énergique et sociable.

4 ou 5 b Tu es très sociable, mais c'est bien de faire un peu d'exercice pour rester en forme!

4 ou 5 a S'amuser tout(e) seul(e) quelquefois, ça va, mais c'est bien aussi de passer son temps libre avec des amis.

Stratégies

Learning and revising vocabulary

It's important to keep practising a language, so you don't forget all you've learned. List all the ways you can think of to learn and revise vocabulary (see page 37). Discuss which techniques work best for you.

During the holidays, choose one of these topics each week and try to practise some of the words each day.

Numbers (p.9, p.17 and p.51)
Family and house (p.29)
Colours (p.41)
Clothes (p.57)
Weather (p.73)
Places in town (p.89)
School subjects (p.107)
Food and drink (p.121)
Sport and music (p.137)

10 Sommaire

Now I can ...

- **talk about sport**

Est-ce que tu aimes le sport?	Do you like sport?
Je fais ...	I ...
du cyclisme/vélo.	go cycling.
du paddle.	go paddle boarding.
du parkour.	do parkour.
du patin à glace.	go ice skating.
du roller.	go roller blading.
du skate.	go skateboarding.
du ski.	go skiing.
du snorkeling.	go snorkelling.
du VTT.	go mountain biking.
de la danse.	go dancing.
de la gymnastique.	do gymnastics.
de la natation.	go swimming.
de la planche à voile.	go windsurfing.
de la voile.	go sailing.
de l'équitation (f).	go horse riding.
de l'escalade (f).	go climbing.
des promenades (f pl).	go walking.
Je joue ...	I play ...
au basket.	basketball.
au hockey sur glace.	ice hockey.
au volley.	volleyball.

- **talk about music**

Est-ce que tu aimes la musique?	Do you like music?
Je joue ...	I play ...
du clavier.	the keyboard.
du piano.	the piano.
du tambour.	the tambour.
du violon.	the violin.
de la batterie.	the drums.
de la flûte.	the flute.
de la guitare (électrique).	the (electric) guitar.
See page 126 for other instruments.	
J'aime la musique, mais je ne joue pas d'un instrument.	I like music, but I don't play an instrument.

- **talk about other activities**

Est-ce que tu fais autre chose?	Do you do anything else?
Je fais ...	I ...
du dessin.	draw.
du théâtre.	do drama.
de la peinture.	paint.
de la photo.	take photos.
Je joue ...	I play ...
sur l'ordinateur.	on the computer.
à des jeux vidéo.	computer games.
aux échecs.	chess.
J'aime lire.	I like reading.

- **recognise some words which indicate the past**

samedi dernier	last Saturday
le weekend dernier	last weekend
la semaine dernière	last week

- **use the verb *faire* in other expressions (see page 124)**

- **use *jouer à* + sports and games (see page 128)**

- **talk about a theme park (see page 132)**

- **understand the 24-hour clock (see page 132)**

  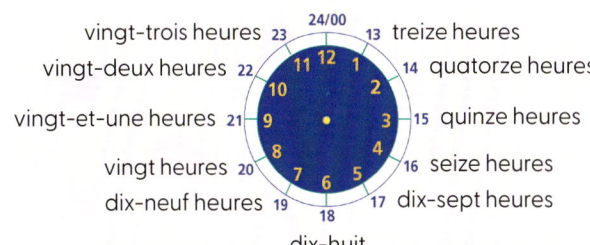

- **recognise and use some phrases in the perfect tense**

Tu as passé un bon weekend?	Did you have a good weekend?
J'ai fait ... (de la natation).	I did ... (some swimming).
J'ai joué ... (au football).	I played ... (football).
Je suis allé(e) ... (au cinéma).	I went ... (to the cinema).

- **understand and use time expressions**

le matin	in the morning
l'après-midi	in the afternoon
le soir	in the evening
d'abord	first of all
puis	then, next
ensuite	next
plus tard	later
enfin	finally, at last

4 Presse-Jeunesse

Un bon repas pour Mangetout

1  Mangetout est un gros chat – très gros!
Il aime deux choses dans la vie: dormir et manger.
Il est midi – l'heure du déjeuner. Mangetout cherche quelque chose à manger.

2  Il entre dans la cuisine – quelle chance! La table est couverte de provisions. D'abord, il mange du poisson. Il adore ça!

3  Il mange un peu de pain aussi, puis de la viande … mmm, c'est super bon!

4  Puis, il mange des carottes et des tomates … tout est délicieux!

5  Il n'aime pas beaucoup la salade, mais il en mange un peu quand même! «Maintenant, un peu de fromage», pense Mangetout, et il mange un gros morceau de fromage.

6 Et comme dessert? Sur la table, il y a un gâteau magnifique. Mangetout mange du gâteau … mmm … délicieux! Mais … soudain, il écoute … c'est Madame qui arrive!

7  Il pense à l'énorme repas qu'il a mangé – du poisson, du pain, de la viande, des carottes, des tomates, de la salade, du fromage et du gâteau …

8  Il décide de s'échapper … mais … hélas … c'est impossible!

a. Voici des mots importants dans le texte. Traduis en anglais.

Exemple: 1 *to sleep*

1. dormir
2. quelque chose
3. couverte de
4. provisions
5. un peu
6. un gros morceau
7. soudain
8. s'échapper

b. Trouve trois mots qui commencent par un «c» dans le texte.

Exemple: 1 *un chat*

1. un animal
2. une pièce (dans la maison)
3. un légume

c. Trouve trois mots qui commencent par un «d».

1. un nombre
2. un repas
3. on mange ça à la fin d'un repas

d. Chantez!

Samedi, on part en vacances.
Que nous avons de la chance,
C'est bientôt les vacances!
Sète, Toulouse et Nice et Cannes,
Nous allons en caravane.
Faire du vélo, faire du ski,
Faire du camping, allons-y!
Pour le soleil, mes lunettes,
Pour le volley, mes baskets.
Oui, c'est vrai, on part demain.
Où est mon maillot de bain?
Nice et Cannes, Toulouse et Sète,
Ma valise est presque faite.
Samedi, on part en vacances.
Samedi, on part en vacances.

La Nouvelle-Calédonie, territoire français

L'église Notre-Dame de l'Assomption, l'Île des Pins

La Nouvelle-Calédonie consiste en plusieurs îles et archipels dans l'océan Pacifique. C'est une partie de la France, un Territoire d'Outre-Mer (TOM) depuis 1853. La capitale, Nouméa, se trouve sur l'île principale, la Grande Terre.

Son climat tropical est idéal pour les touristes. Il y a un grand choix d'hôtels, de campings et de gîtes. On va aux plages et aux lagons pour se reposer et pour faire des sports nautiques – la natation, la plongée, le surf …
On va marcher dans les forêts et à la campagne. On fait des excursions en bateau aux îles pittoresques.

Il y a des musées et des bâtiments historiques à visiter. On apprend l'histoire des peuples kanak et les 28 langues parlées, mais c'est aussi un pays moderne avec des magasins très chics à Nouméa. De l'aéroport, on va facilement en Australie et à la Nouvelle-Zélande.

Le cagou

L'emblème national est le cagou, un oiseau très rare qui existe seulement dans les forêts de la Grande Terre. Il ne vole pas et le matin et le soir, il crie «kagu» comme un chien pour marquer son territoire!

le pays	la Nouvelle-Calédonie – Territoire d'Outre-Mer (TOM) français
la position	l'Océanie, l'océan Pacifique au nord-est de l'Australie
le climat	décembre à mars: saison chaude 28°C–32°C
	juin à août: saison fraîche 20°C–25°C
la capitale	Nouméa
la langue officielle	le français
autres langues	des langues kanak (indigènes)
la monnaie	le franc Pacifique (CFP)
la montagne la plus haute	le mont Panié (1 629 m)
la fête nationale	le 14 juillet
l'emblème national	le cagou (oiseau)
le domaine Internet	.nc

La plage de la Roche Percée

Il y a d'autres animaux intéressants, par exemple des baleines, des requins, des raies, des dugongs, beaucoup de jolis poissons dans le corail et des tortues marines qui sont menacées d'extinction. Quelques plages importantes sont protégées parce que des tortues «à grosse tête» viennent pondre dans le sable.

Ce petit pays très lointain de son «pays mère» garde un caractère intéressant et individuel.

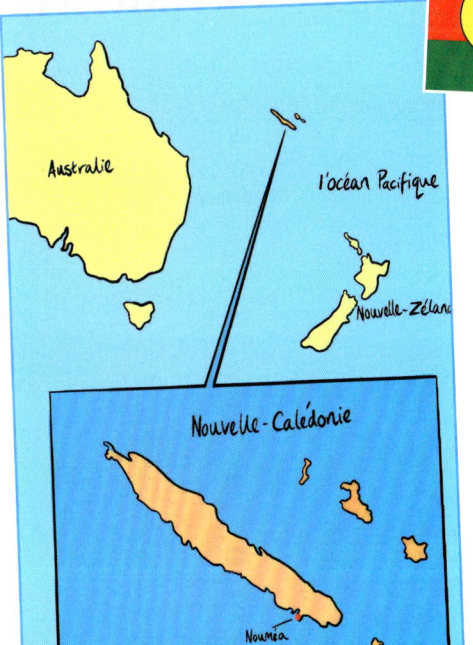

a. Trouve le français.

Exemple: un *Territoire d'Outre-Mer*

1. overseas territory
2. several islands and archipelagos
3. swimming, diving, surfing
4. historic buildings
5. in the coral
6. threatened with extinction
7. to lay their eggs in the sand
8. a long way from its 'parent country'

b. Réponds en anglais.

1. How many different languages are spoken by the Kanak people of New Caledonia?
2. How did the flightless *cagou* get its name?
3. Why are some beaches protected?
4. What would interest you most about New Caledonia?

cent-trente-neuf

Unité 1 — Au choix

1. Bonjour!

Trouve les paires.
Find the pairs.

Exemple: 1f

français		anglais	
1.	bonjour	a.	goodbye
2.	salut	b.	me
3.	au revoir	c.	see you soon
4.	à bientôt	d.	hi
5.	moi	e.	you
6.	toi	f.	hello

2. En classe

Complète les mots.
Complete the words.

Exemple: 1 un *cahier*

1.	un c__h____r	exercise book
2.	un cl__ss____r	file
3.	un cr__y__n	pencil
4.	un l__v r__	book
5.	une ch____s__	chair
6.	une p__r t__	door
7.	une t__bl__tt__	tablet
8.	une tr____ss__	pencil case

3. C'est quel nombre?

Écoute et note la bonne lettre.
Listen and write the correct letter.

Exemple: 1F

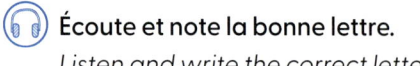

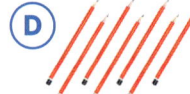

4. Télé-jeu 30 secondes

a. Écris une liste des prix. Pour t'aider, regarde **Unité 1 Sommaire** (page 13)
*Write a list of the prizes. For help, look at **Unit 1 Sommaire** (page 13).*

Exemple: 1 un *portable*

b. Écoute. Eva gagne quatre choses. Hugo gagne cinq choses. Écris les nombres dans l'ordre.
Listen. Eva wins four things. Hugo wins five things. Write the numbers in order.

Exemple: Eva: 1, …

5. Trouve la question

Voici des réponses. Trouve les questions.
Here are some answers. Find the questions.

Exemple: 1*c*

Les réponses
1. Je m'appelle Ibrahim.
2. J'ai douze ans.
3. C'est un crayon.
4. C'est Marie.
5. Oui, c'est un livre.

Les questions
a. Qu'est-ce que c'est?
b. C'est un livre?
c. Tu t'appelles comment?
d. C'est qui?
e. Tu as quel âge?

6. Une conversation

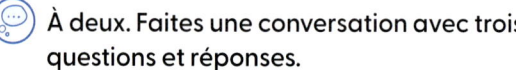
À deux. Faites une conversation avec trois questions et réponses.
In pairs. Make up a conversation with three questions and answers.

Unité 2 Au choix

1. Français/Anglais

Trouve le mot anglais.
Find the English word.

Exemple: 1 b

1. un pays		a.	in
2. dans		b.	a country
3. une ville		c.	twelve
4. la mer		d.	a town
5. près		e.	near
6. à la montagne		f.	in the countryside
7. à la campagne		g.	the sea
8. douze		h.	in the mountains

2. J'habite ici

a. Trouve les paires.
Find the pairs.

Exemple: 1 d

1.  J'habite
2.  J'habite
3.  J'habite
4.  J'habite
5.  J'habite
6.  J'habite

> a. à la campagne.   d. une maison.
> b. à la montagne.   e. un village.
> c. un appartement. f. une ville.

b. Complète les phrases.
Complete the sentences.

Exemple: 1 J'habite dans une maison.

3. Combien?

 Écoute et note la quantité.

Listen and write down the quantity.

Exemple: 1 27 (crayons)

4. Des questions

Complète les questions.
Complete the questions.

Exemple: 1 Comment tu t'appelles?

1. ___ tu t'appelles?
2. Et ___ ?
3. Tu as quel ___?
4. Tu habites ___?
5. Comment ___ s'écrit?

> âge   ça   Comment   toi   où

5. Karim a des problèmes

 Le professeur demande ces choses, mais dans quel ordre? Écoute et écris les lettres.

The teacher is asking for things, but in what order? Listen and write the letters.

Exemple: C, ...

6. La semaine d'une cycliste

Léa est cycliste et visite ton pays. Imagine où elle est chaque jour de la semaine. Écris les détails. Pour t'aider, relis «La semaine d'un journaliste» (page 18).

Léa is a cyclist and is visiting your country. Imagine where she is each day of the week. Write down the details. To help, reread 'La semaine d'un journaliste' (page 18).

Exemple:

Lundi, elle est à ...

Mardi, elle est dans un village près de ...

cent-quarante-et-un

Unité 3 Au choix

1. La famille

Copie et complète le tableau.
Copy and complete the table.

français	anglais	français	anglais
masculin		féminin	
un frère		une sœur	
un demi-frère	stepbrother, half brother	une demi-sœur	stepsister, half sister
un père		une mère	
un grand-père		une grand-mère	
un fils (unique)	son (only child masc.)	une fille (unique)	daughter (only child fem.)
un garçon	boy	une fille	girl
un homme	man	une femme	woman
un cousin		une cousine	
un oncle		une tante	aunt

2. Tu as tes affaires?

Complète les questions et les réponses.
Complete the questions and answers.

Exemple: 1 *a ta, b ma*

1. a. Tu as __ trousse?
   b. Oui, voici __ trousse.
2. a. Tu as __ règle?
   b. Oui, voici __ règle.
3. a. Tu as __ cahiers?
   b. Oui, voici __ cahiers.
4. a. Tu as __ portable?
   b. Oui, voici __ portable.
5. a. Et tu as __ sac?
   b. Oh non! Où est __ sac?

3. Les pièces

Copie et complète le tableau.
Copy and complete the table.

français	anglais	français	anglais
la chambre		la salle à manger	
la cuisine	kitchen	la salle de bains	
le garage		la salle de séjour	living room
le jardin		le salon	lounge

4. C'est le désordre, ici!

a. **Vrai ou faux?**
True or false?

Exemple: 1 *Vrai*

1. La plante est sous la chaise.
2. Le coussin est sur la table.
3. La guitare est sur le canapé.
4. Il y a un livre sur la chaise.
5. Il y a un ballon sous le canapé.
6. La batte de cricket est sur le canapé.

b. **Complète les phrases avec sur ou sous.**
*Complete the sentences with **sur** (on) or **sous** (under).*

1. Le sac à dos est __ le canapé.
2. La boîte est __ la table.
3. Le cahier est __ la chaise.
4. La guitare est __ la table.
5. Il y a un livre __ la chaise.
6. Il y a un ordinateur __ la table.

5. Des questions utiles

Traduis en anglais.
Translate into English.

Exemple: 1 *Who is it?*

1. C'est qui?
2. C'est vrai ou faux?
3. Il y a combien de personnes ici?
4. Ta ville, c'est où?
5. Ton ami est de quelle nationalité?
6. Ton amie habite dans quel pays?
7. Qu'est-ce que c'est en anglais?
8. Tu as bien compris?

Unité 3 — Au choix

6. La famille Musicale

Voici la famille Musicale avec Trombone, Guitare, Tambour, Trompette, Violon et Flûte.

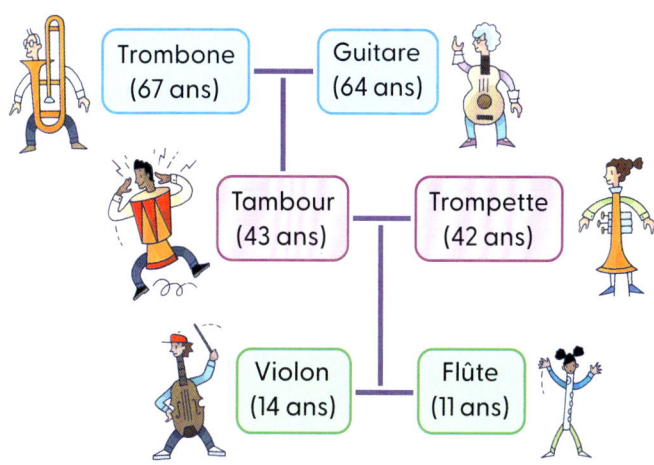

a. Présente la famille. *Introduce the family.*

Exemple: 1 *Le grand-père s'appelle Monsieur Trombone.*

1. Le grand-père s'appelle Monsieur …
2. La grand-mère, c'est Madame …
3. Voici le père. Il s'appelle …
4. Ça, c'est la mère. Elle s'appelle …
5. Voici le fils. Son nom est …
6. Et la fille. Elle est …

b. C'est qui? *Who is it?*

Exemple: 1 *C'est Violon.*

1. Il a quatorze ans.
2. Elle a quarante-deux ans.
3. Il a soixante-sept ans.
4. Elle a onze ans.
5. Il a quarante-trois ans.
6. Elle a soixante-quatre ans.

7. Une famille multilingue

Complète avec les mots de la case.
Complete the text with words from the box.

Exemple: 1 *habite*

anglais	avec	belle-mère	c'est
est	habite	maison	parle

Salut! C'est moi, Alex. J'(1)___ au Royaume-Uni (2)___ mon frère et ma demi-sœur. Avec mes parents, on est cinq à la (3)___. Mon père est (4)___, mais ma (5)___ est française. Mon grand-père (6)___ allemand. Alors, chez nous, on (7)___ anglais, français et allemand. Quelquefois, (8)___ compliqué!

8. Ma chambre

Ma chambre n'est pas grande, mais il y a une grande fenêtre avec vue sur le jardin. Ça, c'est bien. Dans ma chambre, il y a mon lit, et sur la table de nuit, j'ai une lampe. C'est pratique. J'ai un bureau avec une chaise pour travailler. J'ai aussi une bibliothèque pour mes livres. Pour mes vêtements, il y a une armoire et une commode.

a. Devine le sens et trouve les paires.
Guess the meaning and find the pairs.

Exemple: 1*e*

1. n'est pas
2. grand(e)
3. un bureau
4. une bibliothèque
5. des vêtements
6. une armoire
7. une commode

a. a bookcase
b. a desk
c. chest of drawers
d. clothes
e. isn't
f. large
g. wardrobe

b. Complète la traduction.
Complete the translation.

Exemple: 1 *large*

My room is not (1)___, but there's a large (2)___ which looks onto the (3)___. That's good. In my room, there's (4)___, and (5)___ the bedside table, I have (6)___. That's (7)___. I have a (8)___ with a (9)___ for working. I also have a bookcase for (10)___. For my clothes, there's a (11)___ and a (12)___.

Unité 4 Au choix

1. Les animaux en couleur

Écris une légende pour chaque image.
Write a caption for each picture.

Exemple: 1 un oiseau bleu et vert

un chat   un cheval   un chien   un oiseau   un papillon
un poisson   une souris   une tortue

blanc / blanche (f)   bleu(e)   brun(e) / marron   gris(e)
jaune   noir(e)   orange   rose   rouge   turquoise   vert(e)

2. Des questions

Invente six questions avec **Est-ce que ...?**
*Make up six questions using **Est-ce que ...?***

Exemple: Est-ce que tu as un ordinateur?

	tu	as	des cousins	
	ton ami(e)	a	un ordinateur	
Est-ce que	tu	habites	à la montagne	?
	ta famille	habite	à la campagne	
			en ville	
	ta maison	est	près d'ici	
	ton appartement		au bord de la mer	

3. C'est tu ou vous?

Complète les questions avec **tu** ou **vous**.
*Complete the questions with **tu** or **vous**.*

Exemple: 1 Vous

1. ___ habitez près d'ici, monsieur?
2. Et toi, Léo, ___ es sportif?
3. Madame, ___ avez un stylo?
4. Qu'est-ce que ___ préférez, le bleu ou le vert?
5. ___ aimes les insectes?
6. Aimez-___ les histoires d'animaux?
7. ___ habites près d'ici?
8. Monsieur, est-ce que ___ parlez anglais?

4. Chasse à l'intrus

Trouve l'intrus.
Find the odd word out.

Exemple: 1 un port

1. un poisson, une araignée, une tortue, un port
2. petit, très, énorme, gros
3. lundi, mardi, mercredi, vingt
4. six, sept, oui, neuf
5. un cheval, un chien, une souris, une gomme
6. rouge, jaune, noir, gros
7. la cuisine, la sœur, le frère, le père
8. blanche, brun, méchante, mignonne

Unité 4 — Au choix

5. Des animaux

a. Regarde les images et trouve le bon texte.
Look at the pictures and find the correct text.

Exemple: A 2

1. Voici mon chat. Il est super mignon. Il est assez petit et il est gris et blanc.
2. Voici ma souris blanche. Elle n'est pas très grosse, mais elle est assez méchante.
3. Tu n'aimes pas les araignées? Moi, j'adore Arabelle, mon araignée noire. Elle est énorme et elle est super mignonne!
4. Voici le cheval de mon cousin. Il est gros, et il est noir et blanc. J'adore ce cheval.
5. J'adore les poissons. Voici Bulle – il est mignon, non? Il est orange et blanc.

b. Écris une description de deux autres animaux.
Write a description of two other animals.

> un oiseau   un poisson tropical   un papillon

7. Chat perdu

Mme Robert a trouvé un chat. Voici sa photo.
Mme Robert has found a cat. Here is the photo.

> Chat trouvé en ville
> (le 12 novembre)
> Téléphonez à Mme Robert:
> 48 24 14 91

a. Écoute. Copie et complète le tableau.
Listen. Copy and complete the table.

Exemple:

Le chat de …	Mme Duval	Claire Martin	François Léon
Nom du chat	–	Tigre	Magique
Taille	très gros		
Couleurs	noir		

b. Regarde la photo. C'est le chat de qui?
Look at the picture. Whose cat is it?

6. J'aime les couleurs

Complète avec les bonnes couleurs.
Complete with the right colours.

Exemple: 1 *orange*

Voici mes affaires scolaires. Mon cahier est (1) ___.
J'ai deux classeurs, l'un est (2) ___, l'autre est (3) ___.

Dans ma trousse (4) ___, il y a des crayons de toutes les couleurs et une gomme (5) ___.

J'ai une règle (6) ___ et une calculatrice (7) ___.

Tout est dans mon sac à dos (8) ___.

8. Questions et réponses

a. Complète les questions avec la bonne forme du verbe **avoir**. *Complete the questions with the correct form of the verb **avoir**.*

Exemple: 1 *Quel âge as-tu?*

1. Quel âge ___-tu?
2. Est-ce que tu ___ un animal à la maison?
3. Ta mère ___ un sac bleu et jaune?
4. Est-ce que tu ___ un ordinateur dans ta chambre?
5. Moi, j'___ beaucoup de livres dans ma chambre. Toi aussi?
6. Est-ce que ton oncle ___ un livre sur le Maroc?

b. Complète les réponses. *Complete the answers.*

Exemple: a *Oui, j'ai un petit chat gris.*

a. Oui, j'___ un petit chat gris.
b. Oui, j'___ des livres et des magazines.
c. Oui, il ___ un livre avec de belles photos.
d. Non, mais il y ___ un ordinateur dans la salle de séjour.
e. J'___ douze ans.
f. Non, elle ___ un sac vert et blanc.

c. Trouve les paires. *Find the pairs.*

cent-quarante-cinq 145

Unité 5 Au choix

1. Les mois de l'année

Écris le mois. *Write the name of the month.*

Exemple: 1 mars, …

1. janvier, février, __, avril, mai, __
2. juillet, __, septembre
3. octobre, __, décembre
4. le premier mois et le dernier mois
5. un mois avec trois lettres
6. un mois avec neuf lettres

2. Des nombres

Trouve les paires. *Find the pairs.*

Exemple: 1d

1. quatre-vingt-neuf
2. soixante-seize
3. quatre-vingt-treize
4. quatre-vingt-dix-neuf
5. cent-deux
6. deux-cents
7. mille-soixante-six
8. deux-mille

a. 2000	b. 102	c. 93	d. 89
e. 99	f. 76	g. 200	h. 1066

3. Les chaussettes de Théo

Le quinze décembre, c'est l'anniversaire de Théo. Complète les bulles avec les mots de la case.

15 December is Théo's birthday. Complete the speech bubbles with the words from the box.

Exemple: 1 Bon

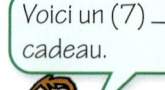
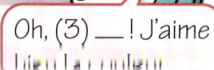

(1) __ anniversaire, Théo. Voici un petit (2) __ pour toi.

Oh, (3) __ ! J'aime bien la couleur.

Bon (4) __, Théo.

Merci (5) __, c'est très (6) __.

Voici un (7) __ cadeau.

Ah, des (8) __, merci.

chaussettes	aime	Bon
merci	cadeau	
anniversaire	rouge	
beaucoup	gentil	petit

Le (9) __, c'est ta couleur préférée, non?

Oui, c'est vrai, merci.

Cher Père Noël,
Je n'(10) __ pas les chaussettes.
Merci,
Théo

4. Recherché!

a. Trouve la bonne description pour chaque personne recherchée. *Match the description to the wanted people.*

Exemple: 1 D

1. Cette personne a les cheveux bruns, longs et frisés. Ses yeux sont marron.
2. Cette personne a les cheveux longs et bruns. Ses yeux sont verts et elle porte des lunettes.
3. Cette personne a les cheveux courts et châtains. Ses yeux sont verts et elle ne porte pas de lunettes.
4. Cette personne a les cheveux courts et blonds. Ses yeux sont bleus et elle porte des lunettes.

 b. À deux. A dit une phrase. B devine qui c'est. Puis, changez de rôle.

In pairs. A says a sentence. B guesses who it is. Then change roles.

Exemple:

A Cette personne a les cheveux longs et bruns.

B C'est D.

A Non. La personne porte des lunettes.

B Ah, c'est A.

A B C D

Unité 5 — Au choix

5. Des annonces

Lis les annonces. Vrai ou faux? Corrige les phrases fausses.
Read the notices. True or false? Correct the false sentences.

Exemple: 1 Faux. C'est à Pâques.

Weekend de Pâques à La Rochelle

Départ en car: le samedi à 9h, 67 avenue de la Cathédrale, devant le café Saint-Jacques
Retour: le mardi vers 12h
Contactez: Voyages Duhamel

17H: BLANC BATOU (PERCUSSIONS) DANS LA VILLE
21H: BAL, PLACE DE L'HÔTEL DE VILLE
22H: GRAND FEU D'ARTIFICE

ATTENTION!
Pâques sur les routes
La police vous annonce:
Trois jours difficiles – vendredi, samedi et lundi
Faites attention sur les routes!

NOËL EN VILLE
Chants de Noël de nos provinces
À l'église de Notre-Dame le 17, 18 et 19 décembre à 21h
250 choristes, musiciens, danseurs et comédiens en costumes régionaux interprètent des chants de Noël

1. Le voyage à La Rochelle est à Noël.
2. Le voyage à La Rochelle est du samedi au mardi.
3. Vendredi, samedi et dimanche sont des jours difficiles sur les routes.
4. Le quatorze juin, il y a un feu d'artifice.
5. Le quatorze juillet, il y a un bal sur la place de l'Hôtel de Ville.
6. À l'église, il y a un concert de chants de Noël.
7. Le concert est le dix-sept, le dix-huit et le vingt-neuf décembre.

6. Notre famille

Complète avec la bonne forme du verbe **être** ou **avoir**.
*Complete with the correct part of **être** or **avoir**.*

Exemple: 1 est

boîte mail

Notre famille (**1** être) __ assez grande. J'(**2** avoir) __ treize ans et je (**3** être) __ l'aîné de la famille. Mon anniversaire (**4** être) __ le huit janvier.

Mon frère (**5** avoir) __ douze ans. Il (**6** être) __ grand. Ma sœur (**7** avoir) __ neuf ans. Elle (**8** être) __ petite. Est-ce que tu (**9** avoir) __ des frères et sœurs ou (**10** être) __-tu fils/fille unique?

Nous (**11** avoir) __ un chat, Caspar. Il (**12** être) __ noir et blanc. Il (**13** être) __ adorable.

Nous (**14** être) __ en vacances en ce moment. Mes parents (**15** être) __ là aussi.

7. Un message illustré

a. **Trouve le cadeau pour chaque émoticon.**
Find the present shown in each emoji.

Exemple: 1 les lunettes de soleil rouges

Salut Anna!

Merci beaucoup pour (1) 🕶️. Elles sont idéales pour le ski. Pour mon anniversaire, j'ai reçu* beaucoup de cadeaux, par exemple (2) 👕, (3) 🧦, (4) 🧢 et (5) 🎾.

J'ai reçu (6) 👖 de mon frère et (7) 🎾 de ma sœur.

J'ai même reçu un cadeau de mon chat, Mimi – (8) 🐭. Elle est très mignonne.

À bientôt,
Noah

j'ai reçu – I got, I received

b. **C'est ton anniversaire. Tu as reçu quatre cadeaux. Écris un message à un(e) ami(e).**
It's your birthday. You've received four presents. Write a letter to a friend.

Unité 6 — Au choix

1. Quel temps fait-il?

Complète avec des voyelles. Trouve le bon symbole.
Complete with the missing vowels. Find the correct symbol.

Exemple: 1A Il fait beau.

1. Il f___t b____.
2. Il f___t m__v__s.
3. Il y __ d__ v__nt.
4. Il y __ d__s n__g__s.
5. Il f___t q____r__nt__ d__gr__s.
6. Il f___t m___ns c__nq.

2. Une semaine sportive

Complète avec la bonne forme du verbe *jouer* et un sport différent.
*Complete with the correct form of the verb **jouer** and a different sport.*

Exemple: 1 Lundi, je joue au volley.

1. Lundi, je ... au ...
2. Mardi, mon oncle ... au ...
3. Mercredi, ma tante ... au ...
4. Jeudi, mes parents ... au ...
5. Vendredi, tu ... au ..., non?
6. Samedi, vous ... au ...
7. Dimanche, nous ... au ...

3. Devant la télé

Complète avec la bonne forme du verbe *regarder*.
*Complete with the correct form of the verb **regarder**.*

Exemple: 1 Tu regardes la télé?

1. Tu __ la télé?
2. Nous __ la télé.
3. Je __ la télé.
4. Ils __ la télé.
5. Vous __ la télé?
6. Elles __ la télé.
7. Les enfants __ la télé.
8. Papa __ la télé.
9. Tous les adultes __ la télé.
10. On __ la télé.
11. Le chat __ aussi la télé.

4. Des phrases au choix

Écris quatre nombres ou jette un dé quatre fois. Puis, écris la phrase qui correspond.
Write four numbers or throw a dice four times. Write the sentence that fits the numbers.

Exemple: 🎲 🎲 🎲 🎲 Nous attrapons le dinosaure dans la salle de bains.

1. Je/J'	1. chercher	1. l'araignée (f)	1. dans la cuisine.
2. Tu	2. attraper	2. la girafe	2. dans la salle de classe.
3. Il/Elle/On	3. chasser	3. le lion	3. dans la salle de bains.
4. Nous	4. dessiner	4. l'éléphant (m)	4. dans le supermarché.
5. Vous	5. trouver	5. le dinosaure	5. dans la rue.
6. Ils/Elles	6. regarder	6. le tigre	6. dans le jardin.

Unité 6 Au choix

5. Une petite sœur difficile

a. Lis le message de Maya. Vrai ou faux?
Read Maya's message. True or false?

Exemple: 1 *vrai*

1. Maya a des problèmes de famille.
2. Maya est fille unique.
3. Maya a une petite sœur.
4. Janis a dix-sept ans.
5. Janis et Maya partagent une chambre.
6. Maya porte les vêtements de Janis.
7. Maya n'est pas contente de la situation.

b. Complète le résumé. *Complete the summary.*

Exemple: 1 *Maya a une petite sœur.*

1. Maya a une petite __. __ s'appelle Janis.
2. Maya et Janis partagent une __ à la maison.
3. Janis porte les __ et les __ de Maya.
4. Quand Maya __ de la musique, Janis chante et elle __.
5. Quand Maya __, Janis parle beaucoup.
6. Quelquefois, Janis arrive avec des amies et elles __ dans la chambre.

6. Mon sport préféré

a. Complète avec les verbes.
Complete with the verbs.

Exemple: *Tu aimes le sport?*

b. Traduis les phrases en anglais.
Translate the sentences into English.

1. Tu __ le sport? (aimer)
2. Oui, j'__ le sport. (aimer)
3. Mon sport préféré __ le foot. (être)
4. Je ne __ pas dans l'équipe du collège. (être)
5. Le samedi, je __ les matchs. (regarder)
6. Ils __ bien et ils __ souvent. (jouer, gagner)

Nathan,

Tu n'es pas le seul. Moi aussi, j'ai des problèmes de famille. Mon problème, c'est ma petite sœur, Janis. Elle a sept ans et elle partage ma chambre. Elle porte mes vêtements – elle adore mes pulls et mes chaussures! Elle joue avec mes affaires. Elle dessine sur mes cahiers.

Quand j'écoute de la musique, elle chante et elle danse. Quand je travaille, elle parle tout le temps. Quand je reste dans ma chambre, elle reste là aussi. Quand je ne suis pas là, elle arrive avec beaucoup d'amies et elles jouent, toutes, dans la chambre. Quel désastre!

Maya

c. Complète les phrases. *Complete the sentences.*

Exemple: 1 *Quand je travaille, …*

 1. Quand je __, elle __ mes bonbons.

 2. Elle __ dans ma chambre.

 3. Elle __ sur mon cahier.

 4. Elle __ la télé. C'est impossible!

7. La météo au Royaume-Uni

Écoute. Copie et complète le tableau.
Listen. Copy and complete the table.

ville	temps	température	match de …
1. Cardiff	a. il fait froid	b. __	c. __
2. Birmingham	d. __	e. __	f. __
3. Édimbourg	g. __	h. __	i. __

8. Mon blog des vacances

Pendant tes vacances (imaginaires), le temps est très variable. Choisis deux jours différents et décris le temps et une activité.

During your (imaginary) holidays, the weather is very variable. Describe the weather and a different activity for each of two days.

Exemple: *Lundi, il fait mauvais. Je reste à la maison et je range ma chambre*

Unité 7 — Au choix

1. La Rochelle, ville touristique

Complète avec les mots de la case.
Complete with the words from the box.

Exemple: 1 *ville*

> Visitez la jolie (1) __ de La Rochelle, avec son vieux (2) __ et ses trois (3) __.
>
> Si vous aimez le shopping, il y a beaucoup de (4) __ dans le centre-ville.
>
> Si vous aimez manger du poisson, allez dans un des (5) __ près du port. Prenez un (6) __ pour circuler sans problème.
>
> Visitez les (7) __ intéressants et allez à l'(8) __ pour voir des poissons extraordinaires.
>
> La vie est belle à La Rochelle!

| aquarium   restaurants   musées   magasins |
| port   tours   vélo   ville |

2. Attention aux accents!

Complète les mots avec des voyelles et les accents.
Complete the words with vowels and accents.

Exemple: 1 *une cathédrale*

1. une   c__th__dr__l__
2. un   b__t__m__nt
3. un   ch__t_____
4. une   __gl__s__
5. un   h__p__t__l
6. un   m__s____
7. un   s__p__rm__rch__
8. un   th____tr__

3. Quelle est la destination?

Complète les phrases et trouve le bon symbole.
Complete the sentences and find the correct symbol.

 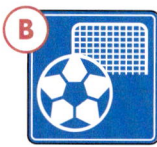 

Exemple: 1 *Ils vont au terrain de football. B*

1. Le samedi, mes amis jouent au football. Ils vont …
2. Mardi soir, mon cousin joue au badminton. Il va …
3. Alice et Léa adorent le shopping. Elles vont …
4. Ma sœur aime les poissons et les animaux. Elle va …
5. La famille Kapoor va à Paris en train. Ils vont …
6. Il y a un accident. L'ambulance va …
7. Les touristes arrivent en ville. Pour des renseignements, ils vont …
8. Louis et Théo sont en vacances et cherchent un logement. Ils vont …

4. Des endroits en ville

Trouve le nom de quelques endroits en ville.
Find the names of some places in town.

Exemple: *c: la cathédrale, …*

3 mots qui commencent par un «c»

3 mots qui commencent par un «m»

3 mots qui commencent par un «h»

3 mots qui commencent par un «p»

Unité 7 — Au choix

5. Un message

Salut,

Comment ça va? Moi, ça va bien. C'est bientôt les vacances de printemps.

Pendant les vacances, je vais souvent chez mes grands-parents à Saint-Malo. C'est un port dans le nord de la France. J'aime bien la ville.

Le centre-ville est historique avec des vieux bâtiments et des rues étroites. Il y a un château, un fort et des remparts. Il y a aussi des musées.

Saint-Malo, c'est super pour le sport, parce qu'il y a un grand centre sportif et une piscine olympique avec un toboggan géant. Comme c'est au bord de la mer, nous allons aussi à la plage.

Ma sœur Élodie adore le shopping. C'est bien pour elle parce qu'il y a beaucoup de magasins en ville.

En été, il y a beaucoup de touristes à Saint-Malo. Le centre-ville est illuminé la nuit et c'est très joli.

Hugo

a. Corrige les erreurs.
Correct the mistakes.

Exemple: 1 C'est bientôt les vacances de printemps.

1. C'est bientôt les vacances de Noël.
2. Hugo et Élodie vont souvent à La Rochelle pendant les vacances.
3. Hugo trouve que c'est nul à Saint-Malo.
4. La sœur d'Hugo s'appelle Sophie.
5. Élodie n'aime pas le shopping.
6. En hiver, il y a beaucoup de touristes à Saint-Malo.

b. Réponds aux questions.
Answer the questions.

Exemple: 1 Il va à Saint-Malo.

1. Où va Hugo pendant les vacances?
2. Qu'est-ce qu'il pense de la ville?
3. Qu'est-ce qu'il y a pour les jeunes qui aiment le sport?
4. Pourquoi Élodie aime la ville?
5. Qu'est-ce qu'il y a pour les touristes?

c. Écris un message à Hugo. Décris une ville que tu aimes bien.
Write a message to Hugo. Describe a town you like.

6. Des renseignements touristiques

Réponds en anglais.
Answer in English.

1. The *tour de la Lanterne* has served as a lighthouse and what else?
2. What can you see on the walls?
3. Entry is free for which group?
4. Where would you go to catch the 'sea bus'?
5. How long is the journey?
6. Why is the Maritime Museum called *un musée flottant*?

La tour de la Lanterne

Autrefois, un phare et une prison. Sur les murs, des graffiti réalisés par des prisonniers. Gratuit pour les moins de 18 ans.

LE BUS DE MER

Une ligne régulière entre le Vieux-Port et les Minimes (traversée de 15 à 20 mn)
Embarquement: Vieux-Port côté tour de la Chaîne ou port des Minimes

Musée Maritime

Bienvenue au musée flottant : le Musée Maritime de La Rochelle. Embarquez à bord de nos navires et bateaux pour découvrir l'identité maritime de la ville.

Unité 8 Au choix

1. Quelle heure est-il?

Trouve les paires.
Find the pairs.

Exemple: 1c

1. Il est une heure et quart.
2. Il est deux heures et demie.
3. Il est trois heures moins le quart.
4. Il est cinq heures cinq.
5. Il est huit heures moins dix.
6. Il est neuf heures moins vingt-cinq.
7. Il est onze heures vingt.
8. Il est minuit.

A 08:35   E 07:50
B 02:45   F 11:20
C 01:15   G 05:05
D 00:00   H 02:30

2. La journée de Mangetout

a. **Choisis le bon mot.**
   Choose the correct word.

b. **Quelle heure est-il dans chaque image?**

Exemple: 1 *Il est neuf heures.*

Mangetout est un chat. Il adore manger et il n'est pas très actif.

1. Le matin, il prend son petit déjeuner dans (**a** le jardin **b** la cuisine **c** la rue).

2. Il y a (**a** du vent **b** du brouillard **c** du soleil) et c'est l'heure du déjeuner. Mangetout est content.

3. (**a** Le matin **b** L'après-midi **c** Le soir), Mangetout va au lit.

4. Mais le soir, il (**a** joue **b** chante **c** mange) encore.

5. La nuit, il est content et il pense à son (**a** ballon **b** livre **c** dîner) délicieux.

3. C'est quelle matière?

Copie et complète les mots avec les voyelles.
Copy and complete the words with the vowels.

1. le   m__nd__r__n
2. le   d__ss__n
3. l'__sp__gn__l (m)
4. la   g____gr__ph____
5. l'h__st____r__   (f)
6. l'__nf__rm__t__q____ (f)
7. les   m__ths (f pl)
8. l__   t__chn__l__g____

4. On fait beaucoup de choses

a. **Copie et complète le verbe faire.**
   Copy and complete the verb faire.

I do/make	je fais	we do/make	nous faisons
you do/make	tu __	you do/make	__ faites
he/it does/makes	il fait	they do/make (masculine or mixed)	ils __
she/it does/makes	elle __	they do/make (feminine)	elles font
one does/makes	on fait		

b. **Complète les phrases.**
   Complete the sentences.

1. Je __ de la natation.
2. Et toi, tu __ de l'athlétisme?
3. Mon père __ une vidéo avec son portable.
4. Ma mère __ du dessin.
5. Nous __ un gâteau pour mon grand-père.
6. Et vous, qu'est-ce que vous __ en ce moment?
7. Ils __ des courses au supermarché.
8. Elles __ leurs devoirs.

Unité 8 — Au choix

5. Mme Dupont

Mme Dupont distribue des lettres et des paquets. Complète la description de sa journée.
Mme Dupont delivers letters and parcels. Complete the description of her day.

Exemple: 1 À six heures, elle va à la poste.

6. Notre journée au collège

Mets les phrases dans le bon ordre.
Put the sentences in the correct order.

Exemple: b Nous prenons le petit déjeuner à sept heures et quart.

a. À midi, nous mangeons des sandwichs.
b. Nous prenons le petit déjeuner à sept heures et quart.
c. Les cours commencent à huit heures et demie.
d. À quatre heures, on rentre à la maison.
e. Normalement, je commence mes devoirs à cinq heures.
f. Les cours se terminent à quatre heures moins vingt.

7. Un verbe utile: faire

a. **Complète les questions.** *Complete the questions.*
   Exemple: 1 fait

   1. Quel temps ___-il?
   2. Qu'est-ce que tu ___ aujourd'hui?
   3. Qu'est-ce que les garçons ___?
   4. Qu'est-ce que vous ___ comme sport?

b. **Complète les réponses.** *Complete the answers.*
   Exemple: a font

   a. Aujourd'hui, ils ___ de la natation.
   b. Il y a des nuages et il ___ mauvais.
   c. Nous ___ de la natation et de l'athlétisme.
   d. Moi, je ___ un gâteau d'anniversaire.

c. **Trouve les paires.** *Find the pairs.*
   Exemple: 1c

8. Lucas et Louise

Complète les phrases avec son, sa ou ses.
*Complete the sentences with **son**, **sa** or **ses**.*

1. Lucas fait ___ devoirs dans ___ chambre (f).
2. Il ferme ___ cahier (m) et range ___ affaires.
3. Louise cherche ___ stylo (m) et ___ crayons.
4. Elle commence ___ devoirs, mais où sont ___ gomme (f) et ___ taille-crayon (m)?

9. Dimanche

Choisis le bon mot. *Choose the correct word.*
Exemple: 1 nos grands-parents

A Dimanche, nous allons chez (**1** notre/nos) grands-parents. C'est l'anniversaire de (**2** notre/votre) grand-mère.
B Est-ce que (**3** votre/vos) cousins y vont aussi?
A Oui, (**4** notre/nos) cousins vont aussi chez (**5** nos/notre) grands-parents. Ils ont une ferme. (**6** Leur/Leurs) maison est très grande.

Unité 9 Au choix

1. Qu'est-ce que c'est?

Complète avec les voyelles et traduis en anglais.
Complete with the vowels and translate into English.

Exemple: 1 *de la viande – meat*

1. de la v__nd_
2. de l'_m_l_tt_
3. du p__l_t
4. des p_t_ts p__s
5. des p_mm_s d_ t_rr_
6. une b_n_n_
7. un y___rt
8. de l'____
9. du m_l_n

2. Un mélange

Trouve deux choses de chaque catégorie. Écris aussi du, de la, de l' ou des.
*Find two items for each category. Write **du**, **de la**, **de l'** or **des** as well.*

Exemple: 1 *du potage*

1. des entrées
2. des plats principaux
3. des légumes
4. des desserts
5. des boissons
6. des fruits

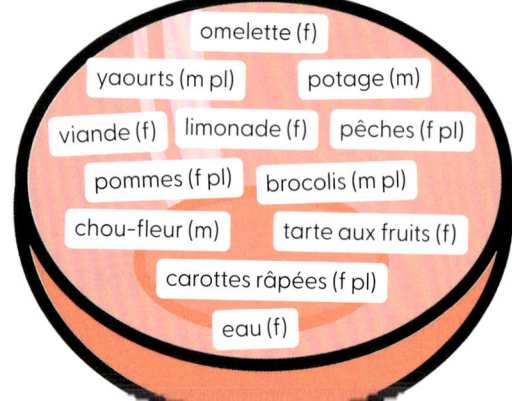

omelette (f)
yaourts (m pl)   potage (m)
viande (f) limonade (f) pêches (f pl)
pommes (f pl) brocolis (m pl)
chou-fleur (m) tarte aux fruits (f)
carottes râpées (f pl)
eau (f)

3. Des expressions utiles

Trouve l'anglais.
Find the English.

Exemple: 1f

1. Je n'ai pas d'argent.
2. Je ne mange pas de viande.
3. Ce n'est pas vrai.
4. Ce n'est pas important.
5. Il n'aime pas les oignons.
6. Elle prend de la pizza.
7. Il n'y a pas de wifi.
8. Il n'y a pas de pain.

a. It isn't true.
b. I don't eat meat.
c. There isn't any bread.
d. He doesn't like onions.
e. It isn't important.
f. I don't have any money.
g. She is having pizza.
h. There's no Wi-Fi.

4. À la cantine

Trouve le bon texte.
Find the correct text.

Exemple: 1 d *Il ne mange pas de viande.*

a. Elle ne mange pas de petits pois.
b. Il n'y a pas d'eau.
c. Elle n'aime pas la salade.
d. Il ne mange pas de viande.
e. Elle n'aime pas les pommes de terre.
f. Il n'aime pas les carottes.
g. Il n'y a pas de pain.

Unité 9 Au choix

5. Un jeu 5–4–3–2–1

Écris les mots français pour …
Write the French for …

Exemple: 5 *du potage, …*

- 5 choses à manger
- 4 repas
- 3 fruits ou légumes
- 2 desserts
- 1 boisson

6. Mais non!

Écris les phrases à la forme négative.
Write the sentences in the negative.

Exemple: 1 *Notre famille n'habite pas en France.*

1. Notre famille habite en France.
2. Notre appartement est grand.
3. Nous mangeons dans la cuisine.
4. Mon frère aime le fromage.
5. Moi, je prépare les légumes.
6. Ma sœur aime les brocolis.
7. J'aime les aubergines.
8. Samedi on mange au restaurant.

7. Autrement dit

Trouve les paires.
Find the pairs.

Exemple: 1f

1. Maya ne va pas aux magasins samedi.
2. Dong ne mange pas de viande.
3. Maya n'aime pas beaucoup le poisson.
4. Dong n'aime pas les boissons chaudes.
5. Maya ne prend pas de fruit au déjeuner aujourd'hui.
6. Dong n'est pas à la maison.

a Elle mange du poulet.
b Il prend de la limonade.
c Il est végétarien.
d Il joue dans le match de hockey.
e Il n'y a pas de fruits au dessert.
f Elle fait ses devoirs dans sa chambre.

8. On déjeune au collège

a. Regarde les menus et complète les phrases.
Look at the menus and complete the sentences.

Exemple: 1 *une salade composée*

1. Lundi, pour commencer, on va manger …
2. Lundi, on va manger des … comme légumes.
3. Mardi, on va prendre du … comme plat principal, avec des …
4. Comme dessert, il y a du yaourt. C'est quel jour? C'est …
5. Vendredi, on va manger une entrée chaude. C'est du …
6. Aujourd'hui, il n'y a pas de fromage. Alors, c'est …

b. Écoute. C'est quel jour?
Listen. Which day is it?

Exemple: 1 *C'est* jeudi.

c. Invente un menu scolaire pour deux jours.
Make up a school menu for two days.

LUNDI
Melon
Poisson
Haricots verts

LUNDI	MARDI
Salade composée	Carottes râpées
Poulet rôti	Filet de poisson
Haricots au beurre	Lentilles
Fromage	Salade
Ananas frais	Yaourt

JEUDI	VENDREDI
Salade de tomates	Potage aux légumes
Kebab d'agneau	Steak haché
Petits pois	Pommes de terre
Fromage	Fromage
Mousse au chocolat	Fruits

9. Au marché

En groupes. Faites des cartes avec six fruits et six légumes (3 colonnes x 4 rangées). Une personne dit le nom d'un fruit ou d'un légume. Le premier qui a complété une rangée gagne.

In groups. Make some cards with six fruits and six vegetables (3 columns x 4 rows). The caller says the name of a fruit or vegetable. The first person who has ticked off a full row wins.

cent-cinquante-cinq

Unité 10 — Au choix

1. Qu'est-ce qu'on fait?

Trouve les paires.
Find the pairs.

Exemple: 1b

1. Qu'est-ce que tu fais quand il fait beau?
2. Qu'est-ce que ta sœur fait comme sport?
3. Qu'est-ce que les filles font le weekend?
4. Qu'est-ce que les garçons font?
5. Qu'est-ce que je fais tous les samedis? Devine!
6. Clément, qu'est-ce qu'il fait?
7. Qu'est-ce que vous faites le soir?
8. Quel temps fait-il?

a. Ce n'est pas difficile. Tu fais du sport!
b. Quand il fait beau, je fais de la voile.
c. Elles font des courses en ville.
d. Il fait beau, mais il fait un peu froid.
e. Il fait une promenade en VTT avec ses amis.
f. Ils jouent au football ou ils font du skate.
g. Elle fait de la natation.
h. Nous faisons nos devoirs, mais pas le weekend!

2. C'est quand?

Écoute et choisis la bonne heure.
Listen and choose the correct time.

Exemple: 1b

1. Le film commence à …
   a. 20h05   b. 20h15   c. 21h15

2. Le match commence à …
   a. 04h30   b. 14h20   c. 14h30

3. Le spectacle finit à …
   a. 21h30   b. 22h00   c. 22h30

4. Le concert commence à …
   a. 20h45   b. 24h05   c. 20h30

5. La patinoire ferme à …
   a. 20h30   b. 21h00   c. 22h00

6. La piscine ouvre à …
   a. 14h00   b. 04h00   c. 14h15

3. Je joue

a. **Fais trois listes.** *Make three lists.*

Exemple:

Je joue du / de la / de l' / des	Je joue au / à la / à l' / aux	Je fais du / de la / de l' / des
du clavier		

b. **Et toi? Qu'est-ce que tu fais? Écris trois phrases ou plus.**
And you? What do you do? Write three sentences or more.

Je joue du clavier et de la … / Je ne joue pas d'un instrument, mais …

Je joue au foot et …

Je fais des photos et …

Unité 10 Au choix

4. Mes loisirs

a. Complète avec les mots de la case.
Complete with words from the box.

Exemple: 1 *ville*

J'habite dans une petite (1) ___. Il y a un centre sportif, mais il n'y a pas de (2) ___. C'est dommage* parce que j'aime la (3) ___. Le samedi matin, je joue au (4) ___ au parc. Le football, c'est (5) ___.

J'aime aussi la (6) ___, surtout les (7) ___ de la trilogie *Hunger Games*. Ma sœur joue de la (8) ___. Elle aime beaucoup la musique. Et toi, qu'est-ce que tu (9) ___ le weekend?

c'est dommage – *it's a shame/it's a pity*

> fais   flûte   livres   lecture   ville
> natation   piscine   super   football

b. Copie le texte et change cinq détails ou plus.
Copy the text and change five or more details.

Exemple: J'habite dans une ~~petite~~ grande ville.

5. Dans le bon ordre

a. Mets les mots dans le bon ordre.
Put the words in the correct order.

Exemple: 1 Mercredi dernier, j'ai joué au basket avec mes amis.

1. avec mes amis   j'ai joué   Mercredi dernier,   au basket
2. de la danse   j'ai fait   au club des jeunes   Samedi après-midi,
3. au centre sportif   j'ai fait   Jeudi soir,   du judo
4. au parc   Mardi matin,   du vélo   j'ai fait
5. j'ai joué   dans un concert   du violon   Vendredi dernier,
6. au tennis   j'ai joué   avec mes amis   Lundi dernier,

b. À deux. Inventez des conversations.
In pairs, make up conversations.

Exemple:
A Lundi matin, je suis allé(e) au parc. Et toi?
B Le soir, je suis allé(e) au cinéma.
A Mardi à 18h30, j'ai fait …

6. Une journée en Martinique

 a. Écoute et écris le mot qui manque. Attention – tu n'utilises pas tous les mots.
Listen and write in the missing word. Careful – you don't need all the words.

Exemple: 1 *b*

a. bibliothèque   g. mauvais
b. excellent   h. le matin
c. impressionnant i. café
d. vraiment   j. intéressant
e. marché   k. le soir
f. l'après-midi   l. un restaurant

– Tu as passé un bon weekend?
– Ah oui, j'ai passé un (1) ___ weekend. Je suis allé à Fort-de-France, la capitale de la Martinique.
– C'est bien, Fort-de-France?
– Ah oui, il y a beaucoup de choses à faire. D'abord, (2) ___, je suis allé au Fort St-Louis, un monument historique. C'est vraiment (3) ___. Puis à midi, on a déjeuné à (4) ___ près de la plage.
– Et après?
– Ensuite, (5) ___, je suis allé au Musée de l'Archéologie. C'est un musée très (6) ___. Puis j'ai fait des photos de la (7) ___
– De la bibliothèque?!
– Oui, bien sûr! Elle est très jolie. En fait, c'est une ville (8) ___ fascinante.

b. Écris quatre phrases ou plus sur un weekend intéressant.
Write four or more sentences about an interesting weekend.

• Où es-tu allé(e)?
• Qu'est-ce que tu as fait?

Exemple:

J'ai passé un très bon weekend. Je suis allé(e) à La Rochelle avec mon club de sport. Samedi, nous avons fait de la voile. Dimanche, je suis allé(e) à l'Aquarium. J'adore les poissons.

cent-cinquante-sept

Grammaire

1. Nouns and articles

A noun is the name of someone or something or the word for a thing, e.g. Sophie, Monsieur Ba, a book, a pen, work.

In French, the article (word for 'the', 'a', 'an', 'some') indicates whether the noun is masculine (*le*, *un*), feminine (*la*, *une*) or plural (*les*, *des*). Articles are often missed out in English, but not in French.

1.1 Masculine and feminine

All nouns in French are either masculine or feminine.

masculine singular	feminine singular
le garçon **un** village	**la** fille **une** ville
before a vowel	
l'appartement	**l'**île

Nouns which refer to people often have a special feminine form, which usually ends in -e.

masculine	feminine
un ami un Français un client	une ami**e** une Français**e** une client**e**

But sometimes there is no special feminine form.

un touriste un élève un enfant	une touriste une élève une enfant

1.2 Is it masculine or feminine?

Sometimes the ending of a word can give you a clue as to whether it's masculine or feminine. Here are some guidelines:

endings normally masculine	exceptions	endings normally feminine	exceptions
-age -aire -é -eau -eur -ier -in -ing -isme -ment -o	une image l'eau (f) la fin la météo	-ade -ance -ation -ée -ère -erie -ette -que -rice -sse -ure	 un lycée le plastique un moustique un kiosque

1.3 Singular and plural

Nouns can be singular (referring to just one thing or person) or plural (referring to more than one thing or person):

un sac   a bag   **des** sac**s** bags

Most nouns form the plural by adding an -s. This is not usually sounded, so singular and plural may sound the same.

The words *le*, *la* and *l'* become *les* in the plural and this does sound different. The words *un* and *une* become *des*.

singular	plural
le chat la maison l'ami un livre une table	**les** chats **les** maisons **les** amis **des** livres **des** tables

However, a few words have a plural ending in -x. This is not sounded either.

singular	plural
un cadeau un jeu un chou	**des** cadeau**x** **des** jeu**x** **des** chou**x**

However, some plurals ending in -x do sound different.

singular	plural
un animal	**des** animaux

Nouns which already end in -s, -x or -z.

un repas le prix	**des** repas **les** prix

1.4 *le, la, les* (definite article)

The definite article is the word for 'the' which appears before a noun. It is often left out in English, but it must not be left out in French (except in a few cases).

singular			plural
masculine	feminine	before a vowel	(all forms)
le village	la ville	l'école	les touristes

It is used:

- to refer to a particular thing or person, in the same way as we use 'the' in English:

  Voici le terrain de sport où nous jouons au foot.   There's the sports ground where we play football.

cent-cinquante-huit

- to make general statements about likes and dislikes:
  J'adore le dessin, j'aime la géo et l'histoire, mais je déteste les maths.
- with titles:
le Président de la France	President of France
le Roi Louis XIV	King Louis XIV
- with days of the week to give the idea of 'every':
Je joue au tennis le samedi matin.	I play tennis on Saturday mornings.
- with different times of the day to mean 'in' or 'during':
Le matin, j'ai cours de 9 heures jusqu'à midi et demi.	In the morning, I have lessons from 9 o'clock until half past 12.
- with prices, to refer to a specific quantity:
C'est 2 euros la pièce.	They're 2 euros each.

1.5 *un, une, des* (indefinite article)

These are the words for 'a', 'an' or 'some' in French.

singular		plural
masculine	feminine	(all forms)
un appartement	une maison	des appartements
		des maisons

Note: if there is an adjective before the noun, *des* changes to *de*.

Il y a de beaux châteaux au val de Loire.	There are some fine castles in the Loire valley.

1.6 Some or any (the partitive article)

The word for 'some' or 'any' depends on the noun.

singular			plural
masculine	feminine	before a vowel	(all forms)
du pain	de la viande	de l'eau	des poires

To say 'isn't a, isn't any' and 'not a, not any', use *ne ... pas de (d')*.

Il n'y a pas de piscine.	There isn't a swimming pool.
Je n'ai pas de frères.	I haven't any brothers.
Il n'y a pas d'eau.	There's no water.
Je n'ai pas d'argent.	I haven't any money.

2. Adjectives

An adjective is a word which tells you more about a noun.

In French, adjectives agree with the noun: they are masculine, feminine, singular or plural to match the noun.

2.1 Regular adjectives

Many adjectives follow this pattern.

singular		plural	
masculine	feminine	masculine	feminine
grand	grande	grands	grandes
intelligent	intelligente	intelligents	intelligentes
petit	petite	petits	petites

Adjectives which end in *-u*, *-i* or *-é* follow this pattern, but although the spelling changes, they don't sound any different when you say them:

bleu	bleue	bleus	bleues
joli	jolie	jolis	jolies

Adjectives which already end in *-e* (with no accent) have no different feminine form:

jaune	jaune	jaunes	jaunes
aimable	aimable	aimables	aimables

Adjectives which already end in *-s* have no different masculine plural form:

français	française	français	françaises

Adjectives which end in *-er* follow this pattern:

cher	chère	chers	chères

Adjectives which end in *-eux* follow this pattern:

délicieux	délicieuse	délicieux	délicieuses

Some adjectives double the last letter before adding an *-e* for the feminine form:

mignon	mignonne	mignons	mignonnes
gros	grosse	gros	grosses
bon	bonne	bons	bonnes

2.2 Irregular adjectives

Many common adjectives are irregular, and you need to learn each one separately. Here are two common ones:

blanc	blanche	blancs	blanches
long	longue	longs	longues

A few adjectives are invariable and do not change at all:

marron	marron	marron	marron

Adjectives like *bleu foncé* (dark blue) and *bleu clair* (light blue) are also invariable.

Grammaire

2.3 Word order

In most cases adjectives and words which describe nouns follow the noun. This is different from English.

un film très intéressant	a very interesting film
un sport dangereux	a dangerous sport

All colours and nationalities go after the noun.

un pantalon gris	grey trousers
mon copain français	my French friend

However, some common adjectives, like *grand*, *petit*, *bon*, *beau* (*belle*) do come in front of the noun.

un grand bâtiment	a large building
un petit chat	a little cat
un bon repas	a good meal
une belle ville	a beautiful city

3. Pronouns

3.1 Subject pronouns

Subject pronouns are words like 'I' and 'you', before a verb.

In French, the subject pronouns are:

je	I
tu	you (to a young person, close friend, relative, animal)
il	he, it
elle	she, it
on	one, you, we, they, people in general
nous	we
vous	you (plural; to one adult you don't know well)
ils	they (masculine or mixed group)
elles	they (feminine group)

Fatima n'est pas à la maison. Elle est au cinéma.	Fatima isn't at home. She's at the cinema.
Son père est anglais, mais il travaille en France.	Her father is English but he works in France.

3.2 *moi* (me), *toi* (you)

These words are used to add emphasis and after prepositions.

Moi, je préfère le badminton au tennis.	Me, I prefer badminton to tennis.
Et toi, qu'est-ce que tu aimes comme sport?	And what sports do you like?
Ma sœur et moi, nous aimons jouer au tennis au parc.	My sister and I like playing tennis in the park.
Tu as ta raquette avec toi?	Do you have your racket with you?
Je passe chez toi samedi matin.	I'll come to your house on Saturday morning.

4. Possession

4.1 Possessive adjectives

Possessive adjectives are words like 'my', 'your', 'his', 'her', 'its', 'our', 'their'. They show who something belongs to. In French, the possessive adjective agrees with the noun that follows (the possession) and not with the owner.

Be careful when using *son*, *sa* and *ses*. *Sa mère* can mean 'his mother', 'her mother' or 'its mother'.

	singular		plural	
	masculine	feminine	before a vowel	(all forms)
my	mon	ma	mon	mes
your	ton	ta	ton	tes
his/her/its	son	sa	son	ses
our	notre	notre	notre	nos
your	votre	votre	votre	vos
their	leur	leur	leur	leurs

Son, *sa*, *ses* can mean 'his', 'her' or 'its'. The meaning is usually clear from the context.

Louis mange son déjeuner.	Louis is eating his lunch.
Mariam mange son déjeuner.	Mariam is eating her lunch.
Le chat mange son déjeuner.	The cat is eating its lunch.

Before a feminine noun beginning with a vowel, you use *mon*, *ton* or *son*:

Mon amie s'appelle Alice.	My (female) friend is called Alice.
Où habite ton amie?	Where does your (female) friend live?
Son école est fermée aujourd'hui.	His/Her school is closed today.

4.2 *de* + noun

There is no use of apostrophe 's' in French, so to say Lucie's bag or Marc's book, you have to use *de* + the name of the owner.

C'est le sac de Maya.	It's Maya's bag.
C'est le cahier de Noah.	It's Noah's exercise book.

If you don't use a person's name, you have to use the correct form of *de*.

C'est le livre du professeur.	It's the teacher's book.
C'est la voiture de la famille française.	It's the French family's car.
Il est dans la salle des profs.	He is in the staffroom.

Grammaire

4.3 à + name

Another way of saying who something belongs to is to use à + the name of the owner or an emphatic pronoun (*moi, toi,* etc.).

C'est à qui, ce livre?	Whose book is this?
C'est à toi?	Is it yours?
Non, c'est à Ibrahim.	No, it's Ibrahim's.
Ah oui, c'est à moi.	Oh yes, it's mine.

5. Prepositions

A preposition is a word like 'to', 'at' or 'from'. It often tells you where a person or thing is located.

5.1 à (to, at)

The word *à* can mean 'to' or 'at'. When it is used with *le, la, l'* and *les* to mean 'to the ...' or 'at the ...', it takes the following forms:

singular			plural
masculine	feminine	before a vowel	(all forms)
au parc	à la piscine	à l'épicerie à l'hôtel	aux magasins

On va au parc?	Shall we go to the park?
Luc va à la piscine.	Luc is going to the pool.
Ma mère va à l'hôtel.	My mother's going to the hotel.
Moi, je vais aux magasins.	I'm going to the shops.

The word *à* can be used on its own with nouns which do not have an article (*le, la, les*):

Il va à Paris.	He is going to Paris.

5.2 de (of, from)

The word *de* can mean 'of' or 'from'. When it is used with *le, la, l'* and *les* to mean 'of the ...' or 'from the ...', it takes the same forms as when it means 'some' or 'any' (see section 1.6):

singular			plural
masculine	feminine	before a vowel	(all forms)
du parc	de la piscine	de l'épicerie de l'hôtel	des magasins

The word *de* is often used together with other words, e.g. *en face de* (opposite), *à côté de* (next to), *près de* (near).

Le marché est en face des magasins.	The market is opposite the shops.
La bibliothèque est à côté de l'hôtel.	The library is next to the hotel.
La piscine est près du camping.	The swimming pool is near the campsite.

The word *de* can be used on its own with nouns which do not have an article (*le, la, les*):

Il arrive de Martinique aujourd'hui.	He is arriving from Martinique today.

5.3 en (by, in, to, made of)

En is used with most means of transport:

en bus	by bus
en car	by coach
en voiture	by car

You use *en* with dates, months and seasons (except *le printemps*):

en 1900	in 1900
en janvier	in January
en hiver	in winter (but *au printemps* – in spring)

En is used to say what something is made of:

des bracelets en métal	metal bracelets

5.4 chez (to, at the house of)

Rendez-vous chez moi à six heures.	Let's meet at 6.00 at my house.
On va chez mes grands-parents pendant les vacances.	We go to my grandparents' during the holidays.
Elle est chez Océane.	She's at Océane's house.

5.5 pour (for, in order to)

Pour mon anniversaire, j'ai reçu beaucoup de cadeaux.	For my birthday, I received lots of presents.
Il va au parc pour jouer au foot.	He's going to the park (in order) to play football.

5.6 pendant (during)

Qu'est-ce que tu fais pendant les vacances?	What do you do during the holidays?

5.7 avec (with); sans (without)

Je vais à la plage avec mes amis.	I go to the beach with my friends.
Je vais prendre du poisson, mais sans sauce.	I'll have the fish but without the sauce.

5.8 Other prepositions

à côté de	beside	entre	between
dans	in	loin de	far from
derrière	behind	près de	near to
devant	in front of	sous	underneath, below
en face de	opposite	sur	on

cent-soixante-et-un **161**

Grammaire

Dans la photo ma mère est à côté de mon oncle.	In the photo my mum is next to my uncle.
La piscine est en face du parc.	The pool is opposite the park.
L'auberge de jeunesse est assez loin de la gare.	The youth hostel is quite a long way from the station.
Mon village est près de la mer.	My village is near the sea.

6. Time, numbers and dates

6.1 Time

Il est une heure/deux heures/trois heures …

... moins cinq 11 12 1 ... cinq
... moins dix 10   2 ... dix
... moins le quart 9   Quelle heure est-il?   3 ... et quart
... moins vingt 8   4 ... vingt
... moins vingt-cinq 7   5 ... vingt-cinq
                          6
                    ... et demie

| 12:00 | Il est midi. | 12:30 | Il est midi et demi. |
| 00:00 | Il est minuit. | 00:30 | Il est minuit et demi. |

6.2 24-hour clock

The 24-hour clock is used widely in France for times of events, bus and train timetables, etc.

Le train part à treize heures quinze. — The train leaves at 13.15. (1.15pm)
Le concert commence à vingt heures trente. — The concert begins at 20.30. (8.30pm)

6.3 Numbers

0	zéro	21	vingt-et-un
1	un	22	vingt-deux
2	deux	23	vingt-trois
3	trois	30	trente
4	quatre	31	trente-et-un
5	cinq	40	quarante
6	six	41	quarante-et-un
7	sept	50	cinquante
8	huit	51	cinquante-et-un
9	neuf	60	soixante
10	dix	61	soixante-et-un
11	onze	70	soixante-dix
12	douze	71	soixante-et-onze
13	treize	72	soixante-douze
14	quatorze	80	quatre-vingts
15	quinze	81	quatre-vingt-un
16	seize	82	quatre-vingt-deux
17	dix-sept	90	quatre-vingt-dix
18	dix-huit	91	quatre-vingt-onze
19	dix-neuf	100	cent
20	vingt	200	deux-cents
720	sept-cent-vingt		
1000	mille		
2015	deux-mille-quinze		

premier (première)	first
deuxième	second
troisième	third

6.4 Days of the week

lundi	Monday	vendredi	Friday
mardi	Tuesday	samedi	Saturday
mercredi	Wednesday	dimanche	Sunday
jeudi	Thursday		

6.5 Months of the year

janvier	January	juillet	July
février	February	août	August
mars	March	septembre	September
avril	April	octobre	October
mai	May	novembre	November
juin	June	décembre	December

6.6 The date

Le premier mai, c'est une fête en plusieurs pays. — 1st May is a holiday in several countries.
Mon anniversaire est le 2 septembre. — My birthday is on 2nd September.

6.7 in, on, at + days/time of day

There is no word for 'in' or 'on' or 'at' in the following expressions:

Le lundi, je vais à la piscine. — On Mondays I go to the swimming pool.
Qu'est-ce que tu fais le soir? — What do you do in the evenings?
Le weekend, je fais beaucoup de sport. — At the weekend I do a lot of sport.

7. The negative

To say what is **not** happening or **doesn't** happen (in other words to make a sentence negative), you put *ne* (*n'* before a vowel) and *pas* round the verb.

*Il **n**'y a **pas** de cinéma.* — There is no cinema.
*Je **ne** joue **pas** au badminton.* — I don't play badminton.
*N'oublie **pas** ton argent.* — Don't forget your money.
*Il **n**'aime **pas** le football.* — He doesn't like football.
*Elle **ne** mange **pas** de viande.* — She doesn't eat meat.

Remember to use *de* after the negative instead of *du, de la, des, un* or *une* (except with the verb *être*):

– *Avez-vous du lait?* — Have you any milk?
– *Non, il n'y a pas de lait.* — No, there isn't any milk.

8. Questions

8.1 Question words

Qui est-ce?	Who is it?
Quand arrivez-vous?	When are you arriving?
Comment est-il?	What is it/he like?
Comment ça va?	How are you?
Il y a combien d'élèves dans votre classe?	How many pupils are there in your class?
Qu'est-ce que c'est?	What is it?
C'est à quelle heure, le concert?	What time is the concert?
Où est la souris?	Where's the mouse?
Qu'est-ce qu'il y a à la télé?	What's on TV?
De quelle couleur est ton sac?	What colour is your bag?
Quel temps fait-il?	What's the weather like?
Pourquoi?	Why?

8.2 Asking questions

There are several ways of asking a question in French.

- You can just raise your voice in a questioning way:
  - *Tu as des frères et sœurs?* — Do you have brothers and sisters?

- You can add *Est-ce que ...* to the beginning of the sentence:
  - *Est-ce que tu habites près d'ici?* — Do you live near here?

- You can turn the verb around:
  - *Avez-vous des idées?* — Do you have any ideas?
  - *Jouez-vous du clavier?* — Do you play the keyboard?

- You can use *Qu'est-ce que (qu') ...?* meaning 'What ...?':
  - *Qu'est-ce qu'il fait?* — What is he doing?
  - *Qu'est-ce que tu prends au petit déjeuner?* — What do you have for breakfast?
  - *Qu'est-ce que tu aimes comme musique?* — What kind of music do you like?

- You can use a question word, e.g.
  - *Combien (de)?* — How much? How many?
  - *Comment?* — How?
  - *Où?* — Where?
  - *Pourquoi?* — Why?
  - *Quand?* — When?
  - *Qui?* — Who?

- The word *quel* (which ..., what ...) changes its form, like an adjective:
  - *Quel temps fait-il?* — What's the weather like?
  - *Quelle heure est-il?* — What time is it?
  - *Quels sont tes sports préférés?* — What are your favourite sports?
  - *Quelles matières préférez-vous?* — Which school subjects do you prefer?

8.3 *Pourquoi? Parce que ...*

The question *Pourquoi?* (Why?) is often answered by the phrase *parce que (qu') ...* (because).

Tu n'aimes pas l'anglais. Pourquoi?	You don't like English. Why?
Parce que c'est ennuyeux.	Because it's boring.
Parce que le prof est très sévère.	Because the teacher is very strict.
Ton frère ne va pas au match. Pourquoi?	Your brother isn't going to the match. Why?
Parce qu'il a beaucoup de travail.	Because he has a lot of work.

9. Connectives

Connectives (or conjunctions) link ideas together and enable you to write more complex sentences.

et	and	où	where
mais	but	quand	when
ou	or	comme	as
parce que (qu')	because		

- *Moi, je mange bien et je bois du lait.* — I eat well and I drink milk.
- *Mon frère ne mange pas de légumes, mais il adore le chocolat et les gâteaux.* — My brother doesn't eat vegetables, but he loves chocolate and cakes.
- *Qu'est-ce que tu fais comme sports?* — What sports do you do?
- *Le magasin où mon père travaille est près d'ici.* — The shop, where my father works, is near here.

10. Adverbs

Adverbs are words which add more meaning to verbs. They usually tell you how, when, how often or where something happened or how much something is done.

There are different kinds of adverbs:

Adverbs of time:

aujourd'hui	today	ensuite	then, next
ce matin	this morning	après	after(wards)
bientôt	soon	plus tard	later
maintenant	now	finalement	finally
d'abord	first of all	demain	tomorrow
puis	next	enfin	at last

cent-soixante-trois

Grammaire

Adverbs of frequency:

de temps en temps	from time to time
normalement	normally
quelquefois	sometimes
souvent	often

Adverbs of place:

ici	here	à gauche (de)	to the left (of)
là-bas	over there	à droite (de)	to the right (of)
loin	far	en face (de)	opposite
près (de)	near (to)	tout près	nearby

Adverbs of manner:

bien	well	mal	badly
lentement	slowly	vite	quickly

Qualifiers, intensifiers or adverbs of degree:

These tell you more about another adverb.

assez	quite	plus	more
beaucoup	a lot, much	très	very

*Je joue **assez** souvent au cricket.* — I play cricket **quite** often.
*Parlez **plus** lentement, s'il vous plaît.* — Speak **more** slowly, please.
*Il fait **très** froid ici en hiver.* — It's **very** cold here in winter.

11. Verbs

Most verbs describe what people or things are doing or what is happening.

Je regarde un film. — I am watching a film.
Je passe le weekend chez ma grand-mère. — I'm spending the weekend at my grandma's.

11.1 Infinitive

This is the form of the verb which you would find in a dictionary. It means 'to ...', e.g. *parler* – to speak. The infinitive never changes its form. From the infinitive, you have to choose the correct part of the verb to go with the subject (*je, tu, Gabriel, les élèves*, etc.).

Verbs are often set out in a special way (known as a paradigm) in verb tables and grammar books (see page 165).

11.2 Tense

The tense of the verb tells you when something happens, is happening, is going to happen or has happened. In Stage 1, you have mainly used the present tense, but you have also used some examples of the future (*aller* + infinitive) and the perfect tense (*j'ai joué, j'ai fait*). You will learn more about different tenses in Stage 2.

11.3 The present tense

The present tense describes what is happening now, at the present time, or what happens regularly.

There is only one present tense in French. It is used to translate 'I speak', 'I'm speaking' and 'I do speak'.

Je travaille ce matin. — I am working this morning.
Elle fait de la gymnastique le samedi. — She does gymnastics on Saturdays.
Il parle anglais. — He does speak English.

11.4 Some regular -*er* verbs

All regular -*er* verbs, including the verbs listed below, follow the same pattern as *parler* (see page 165).

adorer	to love, adore
aimer	to like, love
arriver	to arrive
chercher	to look for
cliquer	to click
détester	to hate
écouter	to listen to
entrer	to enter
habiter	to live in
jouer	to play
penser	to think
regarder	to watch, look at
rentrer	to come back
rester	to stay
surfer	to surf
taper	to type
téléphoner	to phone
travailler	to work

11.5 Slightly irregular -*er* verbs

Some verbs are only slightly different.

The second accent on *préférer* changes to a grave accent in the singular and in the 3rd person plural.

préférer (to prefer)
je préf**è**re   nous préférons
tu préf**è**res   vous préférez
il/elle/on préf**è**re   ils/elles préf**è**rent

Verbs like *manger, ranger* and *partager* have an extra -e- in the *nous* form. This is to make the 'g' sound soft, as in *géographie*.

manger (to eat)
je mange   nous mang**e**ons
tu manges   vous mangez
il/elle/on mange   ils/elles mangent

In *commencer*, the *nous* form has a ç ('c' cedilla) to make the 'c' sound soft (as in *centre*) rather than hard (as in *combien*).

commencer (to begin)
je commence
tu commences
il/elle/on commence
nous commen**ç**ons
vous commencez
ils/elles commencent

Another verb that follows this pattern is *lancer* – to throw.

This rhyme might help you remember the rule:
Soft is c
before i and e
and so is g

11.6 Reflexive verbs

Reflexive verbs are used with a reflexive pronoun (myself, yourself, himself, herself) and often have the meaning of doing something to oneself, e.g. *je m'appelle* (I call myself). They are listed in a dictionary with the reflexive pronoun *se* in front of the infinitive, e.g. *se lever* – to get up. You will learn more about reflexive verbs later in the course.

Here are some examples, which occur in this book.

Je me lève.	I get (myself) up.
Je me couche.	I go to bed. (lit. I lay myself down.)
Comment tu t'appelles?/ Comment t'appelles-tu?	What's your name? (lit. What do you call yourself?)
Lève-toi!	Stand up!
Il s'appelle Dong.	He's called Dong.
Elle s'appelle Jamélia.	She's called Jamélia.

11.7 Imperative

To tell someone to do something, you use the imperative or command form of the verb. This form is used for instructions in the Students' Book and for classroom instructions. Here are some examples.

The *tu* form is used when the instruction is for an individual student. With *-er* verbs, the pronoun *tu* and the final *-s* on the verb are omitted.

Écoute la conversation.	Listen to the conversation.
Complète les phrases.	Complete the sentences.
Copie la liste.	Copy the list.

With other verbs, the final *-s* is not dropped.

Écris la bonne lettre.	Write the correct letter.
Lis le texte.	Read the text.

When a teacher talks to two or more students, the *vous* form is used. The pronoun *vous* is omitted, but the verb remains exactly the same.

Travaillez à deux.	Work in pairs.
Rangez vos affaires.	Put your things away.

11.8 *aller* + infinitive

You can use the present tense of the verb *aller* followed by an infinitive to talk about the future and describe what you are going to do.

Qu'est-ce que vous allez faire ce weekend?	What are you going to do this weekend?
Je vais passer le weekend à Dakar.	I'm going to spend the weekend in Dakar.

11.9 Uses of *jouer*

jouer de	to play (musical instruments)
jouer à	to play (sports, games)
Tu joues d'un instrument de musique?	Do you play a musical instrument?

A regular *-er* verb

The part of the verb which stays the same is called the **stem** – in this case *parl-*.

Each pronoun (*je*, *tu*, *il*, etc. – the person of the verb) has its own matching ending, e.g. *nous parlons, ils parlent*.

Most of the endings of *-er* verbs sound the same or are silent, although they are not spelt the same. Only these two *sound* different.

parler to speak (a regular *-er* verb)						
singular				**plural**		
1st person						
je	parl**e**	I speak, I'm speaking		nous	parl**ons**	we speak, we're speaking
2nd person						
tu	parl**es**	you speak, you're speaking		vous	parl**ez**	you speak, you're speaking
3rd person						
il	parl**e**	he speaks, he's speaking		ils	parl**ent**	they (masc. or mixed group) speak, they're speaking
elle	parl**e**	she speaks, she's speaking				
on	parl**e**	one speaks (we, people in general speak)		elles	parl**ent**	they (feminine) speak, they're speaking

The part that changes is called the ending, e.g. *-er*, *-e* and all the parts in bold type in this box.

Use *tu* for
- a friend
- a close relative
- someone of the same age or younger
- an animal

Use *vous* for
- two or more people
- an older person

Grammaire

Oui, je joue du violon et de la batterie.	Yes, I play the violin and the drums.
Vous jouez au volley?	Do you play volleyball?
Non, on joue au hockey et au foot.	No, we play hockey and football.
Je joue aux échecs avec mes amis.	I play chess with my friends.

11.10 Uses of *avoir*

In French, *avoir* is used for certain expressions where the verb 'to be' is used in English.

J'ai quatorze ans.	I'm fourteen.
Tu as quel âge?	How old are you?

Two common expressions with *avoir* are:

il y a	there is, there are
il n'y a pas	there isn't, there aren't

11.11 Uses of *faire*

The verb *faire* is used with weather phrases.

Il fait beau.	The weather's fine.
Il fait froid.	It's cold.

It is also used to describe some activities and sports.

faire des courses	to go shopping
faire de la voile	to go sailing
faire de l'athlétisme	to do athletics

11.12 Verb + infinitive

Sometimes a verb is used with the infinitive of a second verb.

Est-ce que tu aimes écouter de la musique?	Do you like listening to music?
Oui, mais je préfère faire du sport.	Yes, but I prefer doing sport.
Moi, je déteste jouer au hockey.	Me, I hate playing hockey.
J'adore chanter.	I love singing.

11.13 Irregular verbs

aller – to go	je vais	nous allons
	tu vas	vous allez
	il va	ils vont
	elle va	elles vont
	on va	

avoir – to have	j'ai	nous avons
	tu as	vous avez
	il a	ils ont
	elle a	elles ont
	on a	

dire – to say	je dis	nous disons
	tu dis	vous dites
	il dit	ils disent
	elle dit	elles disent
	on dit	

écrire – to write	j'écris	nous écrivons
	tu écris	vous écrivez
	il écrit	ils écrivent
	elle écrit	elles écrivent
	on écrit	

être – to be	je suis	nous sommes
	tu es	vous êtes
	il est	ils sont
	elle est	elles sont
	on est	

faire – to do, make	je fais	nous faisons
	tu fais	vous faites
	il fait	ils font
	elle fait	elles font
	on fait	

mettre – to put	je mets	nous mettons
	tu mets	vous mettez
	il met	ils mettent
	elle met	elles mettent
	on met	

prendre – to take	je prends	nous prenons
	tu prends	vous prenez
	il prend	ils prennent
	elle prend	elles prennent
	on prend	

11.14 The perfect tense

The perfect tense is used to describe what happened in the past (last weekend, last year, etc.). It describes an action which is completed and is not happening now. It is made up of two parts.

	French	English

Most verbs form the perfect tense using part of the verb *avoir*.

past	j'ai joué	I played, I have played
	j'ai fait	I did, I have done

Some verbs form the perfect tense using part of the verb *être*.

	je suis allé(e)*	I went

*add an -e for a girl or a woman

Qu'est-ce que tu as fait samedi dernier?	What did you do last Saturday?
J'ai joué au foot au parc.	I played football in the park.
Tu as passé un bon weekend?	Did you have a good weekend?
Oui, je suis allé(e) au cinéma.	Yes, I went to the cinema.

You will learn more about the perfect tense in Stage 2.

Glossaire Français–anglais

A

il/elle **a** he/she has (from **avoir** see p.55)
à (au, à la, aux) in, at, to (see p.82)
d' **abord** first, at first
d' **accord** OK, agreed, all right
    être d'accord to be in agreement
acheter to buy
les **affaires (f pl)** things, belongings
une **affiche** poster
l' **Afrique (f)** Africa
l' **agneau (m)** lamb
agréable pleasant
j' **ai** I have (from **avoir** see p.55)
    j'ai … ans I am … years old
l' **Aïd al-Fitr** Eid al-Fitr
aider to help
aimer to like
aîné older
il/elle a l' **air** he/she seems
ajouter to add
l' **Allemagne (f)** Germany
allemand German
aller to go
    aller à la pêche to go fishing
allez! come on! (from **aller**)
allumer to light, switch on
alors so, therefore, well
une **amande** almond
l' **Amérique (f) (centrale)** (Central) America
l' **Amérique (f) (du nord)** (North) America
l' **Amérique (f) (du sud)** (South) America
un(e) **ami(e)** friend
amitiés (at end of letter) best wishes
amusant amusing, enjoyable, fun
amuse-toi bien! have a good time!
un **an** year
un **ananas** pineapple
anglais English
l' **Angleterre (f)** England
un **animal (pl des animaux)** animal
une **année** year
un **anniversaire** birthday
    bon anniversaire! happy birthday
une **annonce** advert
août August
un **appareil électrique** electric appliance
un **appartement** flat
je m' **appelle …** my name is …
il/elle s' **appelle** his/her name is … (from **s'appeler**)
apporter to bring
apprendre to learn
après after(wards)
l' **après-midi (m)** (in the) afternoon(s)
l' **arabe (m)** Arabic
une **araignée** spider
un **arbre** tree
à **arcades** with arcades
l' **argent (m)** money
un **arrêt d'autobus** bus stop
il/elle s' **arrête** (it) stops (from **s'arrêter**)
les **arts plastiques (m pl)** art and design
tu **as** you have (from **avoir** see p.55)
l' **ascenseur (m)** lift
l' **Asie (f)** Asia
asseyez-vous sit down
assez quite, enough
assieds-toi (là)! sit down (there)!
une **assiette** plate
assis seated, sitting
un **atelier** workshop
athlétique athletic
l' **athlétisme (m)** athletics
attendre to wait (for)
attentivement attentively
au in, at, to (see p.82)
au revoir goodbye
une **auberge de jeunesse** youth hostel
une **aubergine** aubergine, eggplant
aujourd'hui today
aussi also, as well
l' **Australie (f)** Australia

B

l' **automne (m)** autumn
    en automne in autumn
autre other
autrement dit in other words
avancez go forward (from **avancer**)
avant before
avec with
aveugle blind
vous **avez** you have (from **avoir** see p.55)
avez-vous …? have you …?
un **avion** plane
avoir to have (see p.55)
avril April

le **babyfoot** table football
le **badminton** badminton
une **baguette** long French loaf
un **balcon** balcony
une **balle** (small) ball
un **ballon (de football)** (foot)ball
une **banane** banana
une **bande dessinée (BD)** comic strip book
une **banque** bank
une **barbe** beard
en **bas** below
le **basket** basketball
les **baskets (f pl)** trainers
un **bateau** boat
un **bâtiment** building
un **bâton** stick
une **batte (de cricket)** (cricket) bat
la **batterie** drums, percussion
une **BD (bande dessinée)** comic strip book
beau (f belle, before vowel **bel)** beautiful
    il fait beau the weather's fine
un **beau-frère** brother-in-law
un **beau-père** stepfather
beaucoup de a lot, many
    pas beaucoup not much
la **Belgique** Belgium
une **belle-mère** stepmother
une **belle-sœur** sister-in-law
un **besoin** need
bête silly
le **beurre** butter
une **bibliothèque** library
bien fine, well
    c'est très bien it's (that's) fine
    ce n'est pas bien that's no good
bien sûr of course
bientôt soon
    à bientôt see you soon
bilingue bilingual
un **billet** ticket, banknote
une **biscotte** toast-like biscuit
un **biscuit** biscuit
blanc (f blanche) white
bleu blue
bleu marine navy blue
blond blonde
une **boisson** drink
une **boîte** box, tin, disco/club
une **boîte aux lettres** letter box
un **bol** bowl
bon (f bonne) good
    c'est bon! it tastes good!
    bon appétit! enjoy your meal!
un **bonbon** sweet
bonjour hello, good morning
Bonne Année Happy New Year
bonne fête best wishes on your Saint's Day
bonne idée good idea
bonne nuit goodnight
au **bord de la mer** at the seaside
des **bottes (f pl)** boots
un **boulanger** baker
une **boulangerie** bakery, baker's shop
les **boules (f pl)** bowls
une **bouteille** bottle
un **bowling** bowling alley
bravo! well done!

C

les **brocolis (m pl)** broccoli
le **brouillard** fog
    il y a du brouillard it's foggy
brun brown
une **bûche de Noël** Christmas log
une **bulle** speech bubble, caption
un **bureau** office
un **bureau de poste** post office

ça that
    ça fait … that makes …
    ça ne fait rien that (it) doesn't matter
    ça ne va pas it's no good, things aren't going well
    ça va? all right? how are you?
    ça va bien, merci fine, thank you
    ça y est that's it
cacher to hide
un **cadeau (pl des cadeaux)** present
un **café au lait** a cup of coffee with milk
un **café crème** a cup of coffee with milk
un **cahier** exercise book
une **caisse** cash desk, checkout
une **calculatrice** calculator
la **campagne** country, countryside
    à la campagne in the country
un **camping** campsite
    faire du camping to go camping
le **Canada** Canada
une **cantine** dining hall, canteen
la **capitale** capital (city)
un **car** coach
les **Caraïbes (f pl)** the Caribbean
le **carnaval** carnival
un **carnet** notebook
une **carotte** carrot
un **cartable** schoolbag
une **carte** card, map
    jouer aux cartes to play cards
une **carte cadeau** gift card
une **case** printed box (on form or grid)
un **casque** helmet
une **casquette** (baseball) cap
au **cassis** blackcurrant flavoured
une **cathédrale** cathedral
ce (cet, cette, ces) this, that
une **ceinture** belt
cela that
célèbre famous
c'est it is
    c'est vrai? really
ce n'est pas it's not
ce sont they are, these are
Cendrillon Cinderella
cent (one) hundred
un **centre commercial** shopping centre
un **centre sportif** sports centre
le **centre-ville** town centre
des **céréales (f pl)** cereal
ces these, those
cet (cette) this, that
une **chaîne de montagnes** mountain range
une **chaise** chair
une **chambre** bedroom
un **chameau** camel
un **champignon** mushroom
la **chance** luck
    avoir de la chance to be lucky
un **changement** change
une **chanson** song
le **chant folklorique** folk singing
chanter to sing
un **chanteur (f une chanteuse)** singer
un **chapeau** hat
chaque each, every
à **chaque fois** each time
un **chat** cat
châtain chestnut brown
    j'ai les cheveux châtains I have chestnut brown hair
un **château** castle
il fait **chaud** it's hot

cent-soixante-sept **167**

Glossaire

des **chaussettes (f pl)** socks
des **chaussures (f pl)** shoes
des **chaussures de sport (f pl)** trainers
un **chemin** way, path
une **chemise** shirt
un **chemisier** blouse
 cher (f chère) dear … (beginning of letter), expensive
 chercher to look for
un **cheval (pl des chevaux)** horse
 chez at, to (someone's house)
  chez moi at home
  chez toi to/at your house
 chic smart
un **chien** dog
la **Chine** China
 chinois Chinese
les **chips (f pl)** crisps
le **chocolat** chocolate
un **chocolat chaud** hot chocolate drink
un **choix** choice, selection
  au choix choice of …
une **chorale** choir
une **chose** thing
  quelque chose something
un **chou** cabbage
un **chou-fleur** cauliflower
 chrétien(ne) Christian
le **ciel** sky
un **cinéma** cinema
 cinq five
 cinquante fifty
la **circulation** traffic
 circuler to move around
un **cirque** circus
un **citron** lemon
  au citron lemon flavoured
une **citrouille** pumpkin
 clair light
  bleu clair light blue
une **clarinette** clarinet
une **classe** class
un **classeur** file, ring binder
un **clavier** keyboard
une **clinique** hospital
 cliquer to click
 classique classical
un **club** club
une **coche** mark, tick
 cocher to tick, mark
un **code d'accès** access code
un **collant** pair of tights
un **collège** school (11–15/16 years)
un **collier** collar, necklace
une **colonie de vacances** summer camp
 colorié coloured
 colorier to colour
 combien (de)? how many? how much?
c'est **combien?** how much is it?
un(e) **comédien(ne)** comedian, actor
 comme as, like
 comme il fait chaud! how hot it is!
 commencer to begin
 comment? what? pardon?
 comment ça s'écrit? how do you spell that? how's that written?
 comment dit-on (…) en anglais? what's the English for (…)?
 comment dit-on (…) en français? what's the French for (…)?
 comment s'appelle-t-il/elle? what's his/her name?
 comment t'appelles-tu? what's your name?
en **commun** in common
 comprendre to understand
 compter to count
le **concombre** cucumber
un **concours** competition
la **confiture** jam
 confortable comfortable
se **connecter** to go online
 connu well-known
la **conquête** conquest
un **conseil** piece of advice, tip
une **console de jeux** games console
 content happy
un **continent** continent
 contre against
un **contrôle** assessment, test
un **copain** friend (male)
une **copine** friend (female)

à **côté de** next to
une **côte** coast
le **coton** cotton
je me **couche** I go to bed (from **se coucher**)
il se **couche** he goes to bed (from **se coucher**)
une **couleur** colour
un **coup de téléphone** telephone call
 couper to cut
la **cour** school grounds
une **couronne** crown
un **cours** class, lesson
 courses, faire des courses to go shopping
 court short
un(e) **cousin(e)** cousin
un **coussin** cushion
 couvert covered, indoor
un **crabe** crab
une **cravate** tie
un **crayon** pencil
une **crèche** crib
la **crème anglaise** custard
une **crêpe** pancake
une **crêperie** pancake restaurant/stall
le **cricket** cricket
 critiquer to criticise
je ne **crois pas** I don't think so
une **cuillerée** spoonful
une **cuisine** kitchen
 cultiver to grow (plants)
 curieux (f curieuse) strange, odd
le **cyclisme** cycling

D

 d'abord at first, first of all
 d'accord OK, all right
 dangereux (f dangereuse) dangerous
 dans in, on
la **danse** dance, dancing
 danser to dance
une **date** date
un **dauphin** dolphin
 de of, from
 débarrasser to clear away
être **debout** to be (standing) up
 décembre December
 décoller to take off
(il) **découvre** (he) discovers (from **découvrir**)
 découvrir to discover
 décrire to describe
un **défilé** procession
 déguisé(e) in fancy dress
le **déjeuner** lunch
  le petit déjeuner breakfast
 délicieux (f délicieuse) delicious
 demain tomorrow
  à demain see you tomorrow
 demi half
un **demi-frère** half brother, stepbrother
une **demi-heure** half an hour
une **demi-sœur** half sister, stepsister
un **dépliant** leaflet
 dernier last
 derrière behind
des **some** (see p.111)
ils/elles **descendent de l'autobus** they get off the bus (from **descendre**)
 descendre to go down, get off
le **désert** desert
vous **désirez?** what would you like?
 désolé very sorry
un **dessert** dessert, sweet
le **dessin** sketch, drawing, art
 dessiner to draw
 dessus on (it), above
 détester to hate
 deux two
 deuxième second
 devant in front of
 deviner to guess
la **devise** currency, motto
les **devoirs (m pl)** homework
 difficile difficult
(le) **dimanche** (on) Sunday(s)
une **dinde** turkey
on **dîne** they have dinner (from **dîner**)
un **dîner** dinner
un **dinosaure** dinosaur
 dire to say

 discuter (de) to chat, to talk about
une **distraction** leisure activity
le **Diwali** Diwali
 dix ten
 dix-huit eighteen
 dix-neuf nineteen
 dix-sept seventeen
c'est **dommage** it's a pity
 donc therefore
 donner to give
  donnez-moi … give me …
il **dort** he sleeps/is asleep (from **dormir**)
 douze twelve
un **drapeau** flag (pl **des drapeaux**)
à **droite** on the right
 drôle funny
 du of the, in the
 du (de la, de l', des) some (see p.111)
 durer to last

E

l' **eau (f)** water
  l'eau bouillante boiling water
  l'eau minérale mineral water
  l'eau salée salty water
une **écharpe** scarf
 échecs, jouer aux échecs to play chess
une **école** school
  école primaire school (6–11 years)
l' **Écosse (f)** Scotland
 écouter to listen to
  tu ne m'écoutes pas! you're not listening to me!
les **écouteurs (m pl)** earphones
 écrire to write
 Édimbourg Edinburgh
l' **éducation civique (f)** citizenship
une **église** church
un(e) **élève** pupil, student
 elle she, it, her
 elles they (feminine form)
un **e-mail** email
une **émission** broadcast, programme
un **emploi du temps** timetable
 en in
 encore more, again
  encore du/de la/de l'/des … some more …
un **endroit** place
 en effet in fact
un(e) **enfant unique** only child
 enfin finally, at last
 ennuyeux (f ennuyeuse) boring
 énorme huge
une **enquête** enquiry, survey
l' **enseignement (m)** education
 ensemble together
 ensuite next
 entendre to hear
l' **entraînement (m)** training (session)
 entre between
une **entrée** entrance, fee
 environ about
l' **environnement (m)** environment
 envoyer to send
une **épicerie** grocer's shop
une **épreuve** test
l' **EPS (éducation physique et sportive) (f)** PE
l' **équateur (m)** equator
une **équipe** team
l' **équitation (f)** horse riding
une **erreur** mistake
tu **es** you are (from **être** see p.47)
l' **escalier (m)** staircase
l' **espace (f)** space
l' **Espagne (f)** Spain
 espagnol Spanish
une **espèce** kind, species, type
 essayer to try (on)
l' **est (m)** east
 est is (from **être** see p.47)
 est-ce que …? question form (see p.37)
 est-ce qu'il y a … ? is there … ?
 est-ce que je peux … ? can I … ? may I … ?
 est-ce que tu aimes … ? do you like … ?
 et and
un **étage** floor, storey
(il) **était** (it) was

cent-soixante-huit

Glossaire

l' **été (m)** summer
    en été in summer
une **étoile** star
    étranger foreign
    être to be (see p.47)
l' **Europe (f)** Europe
    évident obvious
par **exemple** for example
une **exposition** exhibition
un **extrait** extract

F

en **face (de)** opposite
une **face** side (of coin, object)
    facile easy
j'ai **faim** I'm hungry
    faire to do, make, go
        faire du camping to go camping
        faire des courses to go shopping
        faire mes devoirs to do my homework
        faire de l'équitation to go horse riding
        faire de la gymnastique to do gymnastics
        faire une promenade to go for a walk
        faire du ski to go skiing
        faire la cuisine to do the cooking
        faire le total to add up, to total
        faire du vélo to go cycling/biking
        faire de la voile to go sailing
il **fait** he is making (from **faire** see p.98)
    il fait beau it's fine weather
    il fait chaud it's hot
    il fait froid it's cold
    il fait mauvais it's bad weather
vous **faites** you do (from **faire** see p.98)
une **famille (nombreuse)** (large) family
    fantaisie fancy, fun
    fantastique fantastic
    fatigant tiring
    fatigué(e) tired
    faux (f fausse) false, wrong
    félicitations! congratulations!
une **femme** woman, wife
une **fenêtre** window
jour **férié** public holiday
une **ferme** farm
    fermé closed
    fermer to close
une **fête** Saint's day, festival
la **fête nationale** national holiday
    fêter to celebrate
un **feu** fire
un **feu d'artifice** firework display
une **feuille (de papier)** piece of paper, leaf
un **feutre** felt-tip pen
une **fève** lucky charm (in cake)
    février February
une **figue** fig
une **fille** girl, daughter
un **fils** son
la **fin** end
    finalement finally
c'est **fini** it's finished
ils/elles **finissent** they finish (from **finir**)
une **flèche** arrow
une **fleur** flower
un **fleuve** river
    flotter to float
une **flûte** flute
une **flûte à bec** recorder
une **fois** once
    (à) chaque fois each time
    une fois par mois once a month
    trois fois three times
    foncé dark
ils/elles **font** they do, make (from **faire** see p.98)
le **football** football
la **forêt** forest
en **forme** fit
    formidable terrific
    frais (f fraîche) fresh
une **fraise** strawberry
une **framboise** raspberry
    français French
à la **française** in the French way
la **France** France
un **frère** brother
    frisé curly

les **frites (f pl)** chips
    froid cold
le **fromage** cheese
la **frontière** national border

G

un(e) **gagnant(e)** winner
    gagner to win
une **galette** large, flat cake
    la galette des Rois special cake for Epiphany (6th January)
des **gants (m pl)** gloves
un **garçon** boy
    garder to keep
une **gare** station
une **gare routière** bus and coach station
un **gâteau (pl des gâteaux)** cake
à **gauche** on the left
un **géant** giant
    généralement usually
    génial brilliant
des **gens (m pl)** people
    gentil (f gentille) kind
la **géographie** geography
une **glace** ice cream
le **golf** golf
une **gomme** eraser
le **goûter** afternoon snack
la **grammaire** grammar
un **gramme** gram
    grand big, tall
pas **grand-chose** not much
le **grand huit** roller coaster
    grandir to grow tall
une **grand-mère** grandmother
un **grand-père** grandfather
les **grands-parents (m pl)** grandparents
    gratuit free
    grave serious
une **grenouille** frog
la **grille** grid
    gris grey
    gros (f grosse) large, fat, big (of animals)
une **guitare** guitar
la **gymnastique** gymnastics

H

un **habitant** inhabitant
    habiter to live in or at
d' **habitude** usually
une **hache** axe
les **haricots verts (m pl)** green beans
    hélas! alas!
l' **hémisphère (m)** hemisphere
une **heure** time, hour
    une demi-heure half an hour
    un quart d'heure a quarter of an hour
    quelle heure est-il? what time is it?
    heureux happy
un **hibou** owl
une **histoire** story
l' **histoire (f)** history
    historique historic, historical
l' **hiver (m)** winter
    en hiver in winter
le **hockey** hockey
un **homme** man
un **hôpital** hospital
un **horaire** timetable
    horaire d'ouverture opening hours
    horizontalement across
une **horloge** clock
un **hôtel** hotel
un **hôtel de ville** town hall
l' **huile (f)** oil
    huit eight

I

    ici here
    idéal(e) ideal
une **idée** idea
    il he, it
    il y a there is, there are
une **île** island
    ils they (masculine form)
en **images** in pictures
un **imperméable** raincoat

    impoli impolite, bad mannered
    impressionnant impressive
    incroyable unbelieveable
l' **Inde (f)** India
une **indice** clue
l' **informatique (f)** ICT, computing, information technology
les **ingrédients (m pl)** ingredients
    inquiet (f inquiète) anxious, concerned
    instable unstable
un **instrument (de musique)** musical instrument
    intéressant interesting
s' **intéresser à** to be interested in
à l' **inverse** the other way round, upside down
l' **Irlande (f) (du Nord)** (Northern) Ireland
l' **Italie (f)** Italy

J

la **Jamaïque** Jamaica
la **jambe** leg
    janvier January
le **Japon** Japan
un **jardin** garden
    jaune yellow, tan
    je I
un **jean** pair of jeans
un **jeu (pl jeux)** game
    un jeu de société board game or card game (for two or more players)
    un jeu vidéo electronic/computer game
(le) **jeudi** (on) Thursday(s)
    jeune young
un **jogging** jogging trousers, tracksuit
    joli pretty
    jouer to play
un **jouet** toy
un **joueur** player
un **jour** day, one day
le **jour de l'An** New Year's Day
une **journée (typique)** a (typical) day
    juillet July
    juin June
des **jumeaux (f des jumelles)** twins
la **jungle** jungle
une **jupe** skirt
un **jus de fruit** fruit juice
le **jus de viande** gravy
    jusqu'à until, as far as
    juste fair

K

un **kilo** kilogram
    un demi-kilo half a kilogram
un **kilomètre** kilometre

L

    là there
    là-bas over there
un **laboratoire** laboratory
un **lac** lake
    laisser to leave
le **lait** milk
une **langue** language
    la langue (courante) (everyday) language
un **lapin** rabbit
    laver to wash
le **(f la, pl les)** the
la **lecture** reading
une **légende** key (to symbols)
un **légume** vegetable
le **lémurien** lemur
    lentement slowly
une **lettre** letter
    leur (pl leurs) their (see p.103)
je me **lève** I get up (from **se lever**)
il se **lève** he gets up
se **lever** to get up
    lève-toi! get up
    levez-vous! get up!
    libre free
    libre-service self-service
un **lieu** place
    il a lieu it's taking place ... (from **avoir lieu**)
en **ligne** online

Glossaire

la **limonade** lemonade
lire to read
un **lit** bed
un **livre** book
le **logement** accommodation
loin a long way
les **loisirs (m pl)** leisure
long (f longue) long
lui him
une **lumière** light
lunaire lunar
(le) **lundi** (on) Monday(s)
les **lunettes (f pl)** glasses
la **lutte** wrestling
un **lycée** school for students aged 15 and over

M

ma my (see p.22)
le **Madagascar** Madagascar
une **machine (à laver)** (washing) machine
madame (Mme)
(pl **mesdames**) madam (Mrs)
un **magasin** shop
magnifique magnificent, great
mai May
un **maillot de bain** swimming costume
une **main** hand
maintenant now
mais but
une **maison** house
à la maison at home
mal bad
une **maladie** illness
malheureusement unfortunately
maman Mum
Mamie Granny, Grandma
la **Manche** English Channel
le **mandarin** Mandarin
un **manège** roundabout
manger to eat
j'en ai assez mangé I've eaten enough
manger équilibré to eat a balanced diet
une **mangue** mango
manquer to miss, be missing
le mot qui manque the missing word
un **manteau** coat
une **maquette** model
une **marche** step
un **marché** market
le **marché aux poissons** fish market
marcher to work (of a machine, etc.), to walk
(le) **mardi** (on) Tuesday(s)
mardi gras Shrove Tuesday
le **Maroc** Morocco
marocain Moroccan
marron (doesn't change form) brown
mars March
le **matériel** equipment
les **maths (f pl les mathématiques)** maths
une **matière** school subject
le **matin** (in the) morning
une **matinée** morning
mauvais bad
mécanique mechanical
méchant nasty, naughty, fierce
les méchantes sœurs ugly sisters (from Cinderella)
meilleur better
mes **meilleur(e)s ami(e)s** my best friends
mélanger to mix
un **melon** melon
même same, even
le **menu du jour** today's menu
la **mer** sea
au bord de la mer at the seaside
merci (beaucoup) thank you (very much)
(le) **mercredi** (on) Wednesday(s)
une **mère** mother
mes my (see p.22)
un **message électronique** email
la **météo** weather forecast
mettre to put, to put on
un **meuble** piece of furniture
midi midday
le **miel** honey
mignon sweet

le **milieu** middle
minuit midnight
une **minute** minute
la **mi-temps** half-time
moche horrible, awful
la **mode** fashion
à la mode in fashion
un **modèle réduit** scale model
moi me
moins less
un **mois** month
au **mois de …** in the month of …
le **moment** moment
mon my (see p.22)
le **monde** world
la **monnaie** small change, currency
Monsieur (M.) (pl messieurs) sir (Mr)
un **monsieur** gentleman
une **montagne** mountain
à la montagne in the mountains
les **montagnes russes (f pl)** roller coaster
monter to climb up, get on, go up
une **montre (connectée)** (smart) watch
une **montre** watch
on **montre** they show (from **montrer**)
un **morceau** piece
une **mosquée** mosque
un **mot** word
en **moto** by motorbike
les **mots croisés (m pl)** crossword
(des) **mots mêlés (m pl)** wordsearch
des **mots surlignés** highlighted words
une **mouche** fly
la **mousson** monsoon
un **moustique** mosquito
la **moutarde** mustard
moyen medium, means
au **mur** on the wall
un **musée** museum
un(e) **musicien(ne)** musician
la **musique** music
musulman(e) Muslim

N

n' … pas not (before a vowel)
nager to swim
la **natation** swimming
naturellement naturally
un **navire** ship
ne … pas not
il **neige** it's snowing
n'est-ce pas? isn't it? don't you?
neuf nine
une **nièce** niece
un **niveau** level
nocturne nocturnal
Noël Christmas
Joyeux Noël Happy Christmas
noir black
aux **noisettes** with nuts
une **noix** nut, walnut
une **noix de coco** coconut
un **nom** name
un **nombre** number
nommer to name, call
non no
le **nord** north
normalement normally
notre (pl nos) our (see p.102)
la **nourriture** food, feeding time
nous we, us
nouveau (f nouvelle) new
nouvel (before masc. noun beginning with a vowel) new
novembre November
un **nuage** cloud
la **nuit** (at) night
nul rubbish, useless
un **numéro** number

O

l' **océan (m)** ocean
l' **Océanie (f)** Oceania
octobre October
un **œuf** egg
un **œuf à la coque** boiled egg
un **office de tourisme** tourist office
une **offre d'emploi** job vacancy
un **oignon** onion
un **oiseau (pl oiseaux)** bird

une **omelette** omelette
on one, we
on y va? shall we go?
un **oncle** uncle
ils/elles **ont** they have (from **avoir** see p.55)
onze eleven
un **orage** storm
un **ordinateur portable** (laptop) computer
ou or
où where
oublier to forget
l' **ouest (m)** west
oui yes
un **ouragan** hurricane, storm
un **ours** bear
ouvert open
il/elle **ouvre** he/she opens (from **ouvrir**)
ils/elles **ouvrent** they open (from **ouvrir**)
ouvrez open (from **ouvrir**)
nous **ouvrons** we open (from **ouvrir**)

P

le **paddle** paddle boarding
le **pain** bread
un **pain au chocolat** bread roll with chocolate inside
une **paire de …** a pair of …
un **panier** basket
un **pantalon** pair of trousers
papa dad
un **papillon** butterfly
Pâques Easter
un **paquet** a parcel, packet
par by
le **paradis** paradise
un **parapluie** umbrella
un **parasol** sunshade
un **paravent** draught screen, windbreak
un **parc** park
un **parc à thème** theme park
un **parc animalier** wildlife park
un **parc d'attractions** theme park
parce que because
pardon excuse me
un **pare-brise** windscreen
un **pare-choc** car bumper
les **parents (m pl)** parents
paresseux lazy
parfois sometimes, at times, now and then
un **parfum** flavour, perfume
un **parking** car park
parler to talk, to speak
parmi amongst
les **paroles (f pl)** words
à **part** apart from
il/elle **part** he/she/it leaves (from **partir**)
partager to share
une **partie** a part of
à **partir de … heures** from … o'clock
partout everywhere
un **pas** step
ne … **pas** not
pas beaucoup not much
pas ici not here
pas mal not bad
du **passé** of the past
un **passeport** passport
passer to spend, to pass
un **passe-temps** hobby
passionné de fanatical about
une **patate douce** sweet potato
le **patin à roulettes** roller skating
une **patinoire** ice rink
pauvre poor
un **pays** country
le **pays de Galles** Wales
une **pêche** peach
la **pêche** fishing
la **peinture** painting
une **peluche** soft toy
pendant during, for
ils **perdent** they lose (from **perdre**)
perdre to lose
perdu lost (from **perdre**)
un **père** father
le Père Noël Father Christmas
un **perroquet** parrot
un **personnage** character
petit small

cent-soixante-dix

Glossaire

le **petit déjeuner** breakfast
un **petit-enfant** grandchild
les **petits pois (m pl)** peas
un **peu** a little
peu à peu gradually
le **peuple** people, population
on **peut** you (one) can (from **pouvoir**)
ça **peut** that can (from **pouvoir**)
peut-être perhaps
peux, est-ce que je peux … ? can I … ? (from **pouvoir**)
tu **peux … ?** can you … ? (from **pouvoir**)
la **photographie** photography
une **phrase** sentence
un **piano** piano
une **pièce** coin, room
à **pied** on foot
un **piéton** pedestrian
le **ping-pong** table tennis
un **piquenique** picnic
une **piscine** swimming pool
pittoresque picturesque
une **place** square
en **place** in the right place
une **plage** beach
un **plan de la ville** street plan
la **planche à voile** windsurfing
le **plancher** floor
la **planète** planet
un **plat** dish
   le **plat principal** main course/dish
   les **plats d'un repas** courses of a meal
en **plein air** open-air
plein de full of
il **pleut** it's raining
la **pluie** rain
la **plupart** most
en **plus** on top of that
plus tard later
une **poche** pocket
un **point** point
une **poire** pear
un **poisson** fish
le **poivre** pepper
un **poivron** pepper (vegetable)
poliment politely
une **pomme** apple
une **pomme de terre** potato
un **pont** bridge
un **port** port
un **portable** mobile phone
une **porte** door
porter to wear
une **portion de** a portion of
poser une question to ask a question
la **poste** post office
le **potage (aux légumes)** (vegetable) soup
une **poubelle** bin
le **poulet** chicken
pour in order to, for
pourquoi? why?
préféré favourite
préférer to prefer
premier (f première) first
prendre to take, have (see p.113)
un **prénom** first name, forename
préparer to prepare
près de near
presque almost, nearly
prêt ready
principale
   la **place principale** main square
le **printemps** spring
   au printemps in spring
le **prix** price, prize
prochain next
   mercredi prochain next Wednesday
un **professeur (prof)** teacher
profiter de to make the most of
profond deep
un **projet** plan
une **promenade** walk, excursion
protéger to protect
des **provisions (f pl)** provisions, groceries
provoquer to cause, provoke
puis then, next
un **pull** pullover
punir to punish
un **puzzle** jigsaw
un **pyjama** pair of pyjamas

Q

quand when
quand même all the same
quarante forty
un **quartier** district, locality
quatorze fourteen
quatre four
que … ? what … ?
quel (quelle, quels, quelles) what? which?
   quel âge as-tu? how old are you?
   quel désordre! what a mess!
   quel parfum? which flavour?
   quel temps! what terrible weather!
   quel temps fait-il? what's the weather like?
   de quelle couleur est-il? what colour is it (he)?
   quelle est la date aujourd'hui? what's the date today?
   quelle heure est-il? what time is it?
   quelle journée! what a day!
quelque chose something
quelquefois sometimes
quelques jours a few days
qu'est-ce que ça veut dire? what does that mean?
qu'est-ce que c'est? what is it?
qu'est-ce que tu fais? what are you doing?
qu'est-ce que tu veux/vous voulez? what do you want?
qu'est-ce qu'il y a? what is there? what is the matter?
la **queue** queue, tail (animal)
qui who
qui est-ce? who is it?
quinze fifteen
   quinze jours fortnight
quitter to leave
quoi! what!

R

raconter to tell, talk about
raide straight
   j'ai les cheveux raides I have straight hair
un **raisin** grape
les **raisins secs (m pl)** raisins
le **Ramadan** Ramadan
un **rang** row (in class)
ranger des affaires to tidy up
râpé(e)(s) grated
un **rappel** reminder
une **raquette de tennis** tennis racket
une **recette** recipe
les **recherches (f pl)** research
rechercher to search for
une **récolte** harvest
reconnaître to recognise
recouvrir to cover
la **récréation** break
un **reçu** receipt
j'ai **reçu** I received (from **recevoir**)
reculez go back (from **reculer**)
regarder to watch, look at
une **règle** ruler, rule
je **regrette** I'm sorry (from **regretter**)
remplacer to replace
remplir to fill, fill in
rencontrer to meet
un **rendez-vous** meeting place
la **rentrée** return to school
rentrer to return
un **repas** meal
répéter to repeat
répondre to reply
une **réponse** reply, answer
un **requin** shark
un **restaurant** restaurant
rester (à la maison) to stay (at home)
rester en forme to stay fit
les **résultats (m pl)** results
un **résumé** summary
en **retard** late
retourner to return
retrouver to meet up with
au **revoir** goodbye
riche rich
un **rideau** curtain
de **rien** it's nothing, think nothing of it
rien de spécial nothing much
rigolo funny
rire to laugh
on **rit** we laugh (from **rire**)
le **riz** rice
une **robe** dress
un **rocher** rock
un **roi** king
le **roller** roller skating
rond(e) round
rose pink
rôti roast
rouge red
une **route** road
roux red/ginger
   j'ai les cheveux roux I have red/ginger hair
le **Royaume-Uni** United Kingdom
une **rue** street
le **rugby** rugby

S

sa his, her, its (see p.22)
un **sac** bag
   un **sac à dos** backpack
s'accrocher to hook on
sage good
sainement healthy
je ne **sais pas** I don't know (from **savoir**)
une **saison** season
la **Saint-Sylvestre** New Year's Eve
une **salade composée** mixed salad
une **salade (verte)** lettuce, (green) salad
une **salle de bains** bathroom
une **salle de classe** classroom
une **salle à manger** dining room
une **salle de séjour** living room
un **salon** lounge, sitting room
salut! hello, hi
une **salutation** greeting
(le) **samedi** (on) Saturday(s)
les **sandales (f pl)** sandals
un **sandwich** sandwich
sans without
la **santé** health
une **sardine** sardine
un **saucisson** continental spicy sausage
sauf except
sauter to jump
sauvage wild
savoir to know
un **saxophone** saxophone
les **sciences (f pl)** science
   SVT (Sciences de la Vie et de la Terre) natural sciences
scolaire to do with school
sec (f sèche) dry
seize sixteen
le **sel** salt
selon according to
une **semaine** week
le **Sénégal** Senegal
sept seven
septembre September
un **serpent** snake
sers-toi! help yourself
ses his, her, its (see p.22)
seul alone
   tout seul all alone
seulement only
sévère strict
un **short** pair of shorts
si if, yes
s'il te plaît/s'il vous plaît please
un **siècle** century
simple easy
un **singe** monkey
sinon otherwise
situé situated
six six
un **skate** skateboard
le **ski (nautique)** (water) skiing
un **snack** snack (bar)
le **snorkeling** snorkelling
une **sœur** sister
le **soir** (in the) evening(s)
soixante sixty
soixante-dix seventy
le **soleil** sun
   il y a du soleil it's sunny
un **sommaire** summary

cent-soixante-et-onze **171**

Glossaire

nous **sommes** we are (from **être** see p.47)
un **son** sound
son his, her, its (see p.22)
un **sondage** survey, opinion poll
sonner to ring
ils/elles **sont** they are (from **être** see p.47)
elle **sort** she goes out (from **sortir**)
sortir to go out
soudain suddenly
souligné underlined
souligner to underline
le **souper** supper
une **souris** mouse
sous under
souvent often
un **spectacle** show
le **sport** sport
sportif (f sportive) fond of sports
les **sports d'hiver (m pl)** winter sports
un **stade** stadium
un **stage** course
une **station (de radio)** (radio) station
du **steak haché** minced beef
une **strophe** verse
un **stylo** pen
le **sucre** sugar
des **sucreries (f pl)** sweet things
le **sud** south
je **suis** I am (from **être** see p.47)
la **Suisse** Switzerland
(il) **suit** (it) follows (from **suivre**)
suivant following
super great
un **supermarché** supermarket
supprimer to do without
sur on
un **surligneur** highlighter
un **surnom** nickname
surtout especially
un **sweat** sweatshirt
sympa nice, good
sympathique nice
une **synagogue** synagogue

T

une **table (de nuit)** (bedside) table
un **tableau** board, picture, table in a book
un **tableau interactif** interactive whiteboard
une **tablette** tablet computer
un **taille-crayon** pencil sharpener
tais-toi!/taisez-vous! be quiet!
le **tambour** tambour, drum
une **tante** aunt
une **tarte (aux pommes)** (apple) tart
une **tartine** piece of bread and butter and/or jam
un **taxi** taxi
la **technologie** technology
un **teeshirt** T-shirt
téléphoner to telephone
la **télévision (la télé)** television (TV)
un **temple** temple
le **temps** weather, time
quel temps fait-il? what's the weather like?
avoir le temps to have time
le **tennis** tennis
le tennis de table table tennis
les **tennis (f pl)** tennis shoes
une **tente** tent
terminer to end
un **terrain de football** football pitch
tes your (see p.22)
la **tête** head

un **texto** text message
le **thé** tea
un **thé au citron** lemon tea
un **théâtre** theatre
faire du théâtre to do drama
tigré tabby (cat)
un **timbre** stamp
un **titre** title, heading
le **toast** toast
toi you
les **toilettes (f pl)** toilets
un **toit** roof
une **tomate** tomato
(il) **tombe** (it) falls (from **tomber**)
ton your (see p.22)
une **tortue** turtle, tortoise
toujours still, always
une **tour** tower
un **tour** turn (in game)
tournez turn (from **tourner**)
tous all
tous les jours every day
tout everything
en tout in all
c'est tout that's all
à tout à l'heure see you later
tout de suite straight away, immediately
tout droit straight ahead
tout le monde everyone
tout le temps all the time
tout près very near
traduit translated (from **traduire**)
au **travail!** down to work!
travailler to work
traverser to cross
treize thirteen
trente thirty
très very
un **tricot** jumper (or anything knitted)
trois three
troisième third
un **trombone** trombone, paperclip
une **trompette** trumpet
trop ... too ...
pas trop not too much
une **trousse** pencil case
trouver to find
se **trouver** to be situated
tu you (singular, informal) (see p.39)
typique typical

U

un (f une) a, one
un **uniforme** uniform
unique only
l' **univers (m)** universe
ça **use** that wears out (of shoes) (from **user**)
utile useful

V

il/elle **va** he/she/it goes (from **aller** see p.86)
ça va? how are you?
en **vacances** on holiday
les grandes vacances (f pl) summer holidays
je **vais** I go (from **aller** see p.86)
une **valise** suitcase
faire les valises to pack
à la **vanille** vanilla flavoured
végétarien(ne) vegetarian
un **vélo** bicycle
la **veille de Noël** Christmas Eve

le **vélo tout terrain (VTT)** mountain bike (biking)
on **vend** they're selling (from **vendre**)
un **vendeur (une vendeuse)** shop assistant
vendre to sell
(le) **vendredi** (on) Friday(s)
venez voir come and
venir to come
le **vent** wind
il y a du vent it's windy
vérifier to check
un **verre** glass
vers towards, about
vert green
verticalement down
une **veste** jacket
les **vêtements (m pl)** clothes
qui **veut ... ?** who wants ... ? (from **vouloir**)
je **veux** I want (from **vouloir**)
je veux bien I'd like to
tu **veux ... ?** do you want ... ? (from **vouloir**)
la **viande** meat
une **vidéo** video
viens come here (from **venir**)
le **Vietnam** Vietnam
vieux (f vieille) old
un **village** village
une **ville** town
en ville in (to) the town centre
le **vinaigre** vinegar
vingt twenty
un **violon** violin
un **violoncelle** cello
une **visite guidée** guided tour
visiter to visit
vite quickly
la **vitesse** speed
vive les vacances! long live the holidays!
voici here is, here are
voilà there is, there are
la **voile** sailing
voir to see
une **voiture** car
une **voix** voice, vote
voler to fly, to steal
le **volley** volleyball
elles **vont** they go (from **aller** see p.86)
un **vote** vote
votre (pl vos) your (see p.102)
je **voudrais** I'd like
vous you (plural; singular polite form)
un **voyage** journey
voyager to travel
une **voyelle** vowel
voyons let's see (from **voir**)
vrai true
vraiment really
une **vue** view

W

le **weekend** (at the) weekend

Y

y there
un **yaourt** yoghurt
les **yeux (m pl)** eyes

Z

zéro zero
un **zoo** zoo

Glossaire Anglais–français

A

- **a** un, une
- to **adore** adorer
- **after** après
- **afternoon** l'après-midi (m)
- **again** encore
- **age** l'âge (m)
- **agreed** d'accord
- **all** tout (toute, tous, toutes)
- **already** déjà
- **also** aussi
- **always** toujours
- I **am** je suis (from être)
- **amusing** amusant
- **an** un, une
- **and** et
- **animal** un animal, des animaux
- **answer** une réponse, une solution
- to **answer** répondre
- **apple** une pomme
- **apricot** un abricot
- **April** avril
- there **are** il y a
- they **are** ils/elles sont (from être)
- to **arrive** arriver
- **art** le dessin
- **as** comme
- to **ask** demander
- to **ask a question** poser une question
- **athletics** l'athlétisme (m)
- **August** août
- **autumn** l'automne (m)
  - in **autumn** en automne
- **awful** affreux/affreuse

B

- **backpack** un sac à dos
- **bad** mauvais
  - the **weather's bad** il fait mauvais
- **badminton** le badminton
- **bag** un sac
- **ball (football, large ball)** un ballon
- **ball (tennis)** une balle
- **banana** une banane
- **baseball cap** une casquette
- **basketball** le basket
- **bathroom** la salle de bains
- to **be** être
- **beach** une plage
- **beautiful** beau (belle, beaux, belles)
- **because** parce que
- **bed** un lit
- **bedroom** une chambre
- **before** avant (de)
- to **begin** commencer
- **behind** derrière
- **Belgium** la Belgique
- **beside** à côté de
- **best wishes (at end of letter)** Amitiés
- **between** entre
- **bicycle, bike** un vélo
- **big** grand, **(for animals)** gros/grosse
- to go **biking** faire du vélo
- **bin** une poubelle
- **bird** un oiseau
- **birthday** un anniversaire
  - **happy birthday!** bon anniversaire!
- a **bit** un peu
- **black** noir
- **blouse** un chemisier
- **blue** bleu
- **boat** un bateau
- **book** un livre
- **boring** ennuyeux/ennuyeuse
- **bottle** une bouteille
- **bowling alley** un bowling
- **box** une boîte
- **boy** un garçon
- **bread** le pain
  - **bread and butter** une tartine
- **break (time)** la récréation, la pause
- **breakfast** le petit déjeuner
- **bridge** un pont
- **brilliant!** génial!
- **British** britannique
- **broccoli** les brocolis (m pl)
- **brochure** une brochure
- **brother** un frère
- **building** un bâtiment
- **bus** un (auto)bus
- **but** mais
- **butter** le beurre
- **by** par

C

- **cabbage** le chou
- **café** un café
- **cake** un gâteau
- **calculator** une calculatrice
- I am **called** je m'appelle
- **campsite** un camping
- **canteen** la cantine
- **car** une voiture
- **car park** un parking
- **card** une carte
- **careful!** attention!
- **carpet** un tapis
- **carrot** une carotte
- to **carry** porter
- **cartoon** un dessin animé
  - **cartoon strip** une bande dessinée
- **castle** un château
- **cat** un chat, une chatte
- **cathedral** une cathédrale
- **cauliflower** le chou-fleur
- **cello** un violoncelle
- **centre** le centre
- **cereal** des céréales (f pl)
- **chair** une chaise
- to **chat** discuter
- to **check** vérifier
- **cheese** le fromage
- to play **chess** jouer aux échecs
- **chicken** le poulet
- **child** un(e) enfant
  - I am an **only child** je suis fils/fille unique
- **chips** les frites (f pl)
- **chocolate** le chocolat
- **Christmas** Noël
- **church** une église
- **cinema** un cinéma
- **citizenship** l'éducation civique (f)
- **clarinet** une clarinette
- **class** la classe
- **classroom** la salle de classe
- to **click** cliquer
- to **close** fermer
- **clothes** les vêtements (m pl)
- **coffee** le café
- **cold** froid
  - the **weather's cold** il fait froid
- **colour** une couleur
- **comic strip** une bande dessinée (BD)
- **computer** un ordinateur
- **computer game** un jeu vidéo (des jeux vidéo)
- **concert** un concert
- to **cook** faire la cuisine
- **corner** le coin
- to **count** compter
- **country** un pays
- **courses (of a meal)** les plats d'un repas
- **cousin** un(e) cousin(e)
- **cricket** le cricket
- **curly (hair)** (les cheveux) frisé(s)
- **cursor** le curseur
- **cycling** le cyclisme

D

- to **dance** danser
- **date** la date
- **daughter** une fille
- **day** un jour
- **dear** cher/chère
- **December** décembre
- to **delete** effacer
- **delicious** délicieux
- **design and technology** le TME (travail manuel éducatif)
- **dictionary** un dictionnaire
- **difficult** difficile
- **dining room** la salle à manger
- **dinner (evening meal)** le dîner
- **disco** une discothèque, une boîte
- to **do** faire
- **dog** un chien
- **door** une porte
- to do **drama** faire du théâtre
- to **draw** dessiner
- **drawing** le dessin
- **dress** une robe
- **drink** une boisson
- to **drink** boire
- **drums** la batterie
- **during** pendant

E

- **east** l'est (m)
- **Easter** Pâques
- **easy** facile
- to **eat** manger
- **egg** un œuf
- **email** un e-mail, un message
- **England** l'Angleterre (f)
- **English** anglais
- **enough** assez
- **especially** surtout
- **evening** le soir
- **evening meal** le dîner
- for **example** par exemple
- **exercise** un exercice
- **exercise book** un cahier

F

- **false** faux
- **family** la famille
- **far (away)** loin
- **farm** une ferme
- **father** le père
  - **Father Christmas** le Père Noël
- **favourite** préféré, favori/favorite
- **felt-tip pen** un feutre
- **festival** une fête
- **file (computer)** un fichier, **(ring binder)** un classeur
- **film** un film
- **finally** finalement
- it's **fine weather** il fait beau
- **first** le premier/la première
- **first of all** d'abord
- **fish** le poisson
  - to go **fishing** aller à la pêche
- **flat** un appartement
- **floor, storey** un étage
- **flute** une flûte
- it's **foggy** il y a du brouillard
- **football** le football, le foot
- **football pitch** un terrain de football
- **for** pour
- **France** la France
- **French** français
- **Friday** vendredi
- **friend** un(e) ami(e), un copain/une copine
- in **front of** devant
- **fruit** un fruit
  - **fruit juice** un jus de fruit
- **fun** amusant
- **funny** rigolo

G

- **game** un jeu
- **games console** une console de jeux
- **garage** un garage

Glossaire

garden un jardin
geography la géographie
German allemand
Germany l'Allemagne (f)
I **get up** je me lève
gift card une carte cadeau
ginger (hair) (les cheveux) roux
girl une fille
to **go** aller
golf le golf
good bon/bonne
goodbye au revoir
grandfather le grand-père
grandmother la grand-mère
grand-parents les grands-parents (m pl)
grape un raisin
great! super!
green vert
grey gris
to **guess** deviner
guitar une guitare
gymnastics la gymnastique

H

half demi
  half brother un demi-frère
  half sister une demi-sœur
hamster un hamster
happy content
to **hate** détester
to **have** avoir
head la tête
health la santé
hello bonjour
her son, sa, ses
here ici
here is voici
hi! salut!
highlighter un surligneur
his son, sa, ses
history l'histoire (f)
hobby un passe-temps
hockey le hockey
holidays les vacances (f pl)
at **home** à la maison
to go **home** rentrer
homework les devoirs (m pl)
horse un cheval, des chevaux
to go **horse riding** faire de l'équitation
hospital un hôpital
hot chaud
  it's hot il fait chaud
hotel un hôtel
hour une heure
house une maison
  at my house chez moi
how comment
  how are you? (comment) ça va?
  how old are you? quel âge as-tu?
  how do you spell that? comment ça s'écrit?
how many? combien (de)
hundred cent

I

I **I** je
ice cream une glace
ice rink une patinoire
ICT l'informatique (f)
idea une idée
in dans
interesting intéressant
Ireland l'Irlande (f)
  Northern Ireland l'Irlande du Nord
Irish irlandais
he/she/it **is** est (from être)
there **is** il y a
it is c'est
it isn't ce n'est pas
its son, sa, ses

J

jacket une veste
jam la confiture
January janvier
jeans un jean
jogging trousers un jogging

journey un voyage
judo le judo
July juillet
jumper un pull, un tricot
June juin

K

key (on keyboard) une touche,
  (for lock) une clef, une clé
keyboard un clavier
kilo un kilo
kilometre un kilomètre (1 km)
kind gentil/gentille
kitchen la cuisine
kiwi fruit un kiwi
I (don't) **know** je (ne) sais (pas)

L

laboratory un laboratoire
language une langue
  a foreign language une langue étrangère
laptop computer un ordinateur portable
large grand
last dernier/dernière
to **last** durer
later plus tard
leaflet un dépliant, une brochure
on the **left** à gauche
lemon un citron
lemonade la limonade
lesson un cours
letter une lettre
lettuce la salade
library une bibliothèque
lift l'ascenseur (m)
to **like** aimer
  I would like je voudrais
list une liste
to **listen to** écouter
little petit
a **little** un peu
to **live** habiter
  where do you live? où habites-tu?
  I live in London j'habite à Londres
living room la salle de séjour
to **log off** déconnecter
to **log on** connecter
long long/longue
to **look at** regarder
to **look for** chercher
a **lot** beaucoup
lounge le salon
to **love** adorer
lunch le déjeuner

M

main course le plat principal
to **make** faire
man un homme
many beaucoup
map (town) un plan de la ville,
  (region, country) une carte
March mars
market le marché
marmalade la confiture d'oranges
maths les maths (f pl)
May mai
maybe peut-être
me moi
meal un repas
meat la viande
melon le melon
menu (computer) le menu,
  (restaurant) la carte
midday midi
midnight minuit
milk le lait
minus moins
mistake une erreur
mobile phone un portable
Monday lundi
month le mois
morning le matin
mosque une mosquée
mother la mère
mountain bike le VTT (vélo tout terrain)

to go **mountain biking** faire du VTT
mouse une souris
mouse mat un tapis d'ordinateur
MP3 dock une station d'accueil MP3
MP3 player un lecteur MP3
Mr M. (monsieur)
Mrs Mme (madame)
museum un musée
music la musique
musical instrument un instrument de musique
my mon, ma, mes

N

name un nom
  my name is je m'appelle
naughty méchant
near (to) près (de)
nearby tout près
new nouveau (**nouvel** before masculine word beginning with a vowel) / nouvelle / nouveaux / nouvelles
  New Year's Day le jour de l'An
next ensuite
next to à côté de
nice sympa
  the weather's nice il fait beau
night la nuit
no non
not ne ... pas, pas
notebook un carnet
November novembre
now maintenant

O

October octobre
of de
office le bureau
often souvent
OK d'accord, okay
old vieux (vieille, vieux, vieilles)
  how old are you? quel âge as-tu?
omelette une omelette
on sur
online en ligne
only seulement
  only child fils/fille unique
open ouvert
to **open** ouvrir
or ou
orange une orange
orchestra un orchestre
other autre
our notre, nos
over there là-bas

P

to **pack a suitcase** faire sa valise
to do **painting** faire de la peinture
park un parc
parrot un perroquet
party une fête, une soirée
peach une pêche
pear une poire
peas des petits pois (m pl)
pen un stylo
pencil un crayon
pencil case une trousse
pencil sharpener un taille-crayon
people des gens (m pl)
perhaps peut-être
person une personne
pet un animal (domestique)
  have you any pets? as-tu des animaux à la maison?
photography la photographie
to take **photos** faire des photos
physical education l'éducation physique (l'EPS) (f)
piano un piano
picture une image, un dessin
pineapple un ananas
it's a **pity** c'est dommage
to **play** jouer (à + sports, de + instruments)
please s'il vous plaît, s'il te plaît
post office la poste
postcard une carte postale

174 cent-soixante-quatorze

Glossaire

poster une affiche, un poster
potato une pomme de terre
to **prefer** préférer
to **prepare** préparer
present un cadeau
to **press** appuyer
pretty joli
to **print** imprimer
printer une imprimante
pullover un pull, **(knitted jumper or top)** un tricot
pupil un(e) élève
to **put (on)** mettre
pyjamas un pyjama

Q

quarter un quart
question une question
quickly vite
quite assez

R

rabbit un lapin
it's **raining** il pleut
raspberry une framboise
read lis/lisez (**from** lire)
really vraiment
to **record** enregistrer
recorder une flûte (à bec)
red rouge
red (hair) (les cheveux) roux
religious education la religion, l'éducation religieuse (f)
to **reply** répondre
restaurant un restaurant
to **return (home)** rentrer
on the **right** à droite
ring binder un classeur
road (street) la rue, **(main road)** la route
to **roller skate/blade** faire du roller
roller blades des rollers (m pl)
roller skates des patins à roulettes (m pl)
room (in house) une pièce, **(in school)** une salle
rubber une gomme
rucksack un sac à dos
rugby le rugby
ruler une règle

S

to go **sailing** faire de la voile
salad une salade
salt le sel
sandals des sandales (f pl)
sandwich un sandwich
Saturday samedi
to **save (file)** sauvegarder
say dis/dites (**from** dire)
school (primary) une école, **(secondary)** un collège, un lycée
schoolbag un cartable
science les sciences (f pl), **(natural sciences)** SVT (Sciences de la Vie et de la Terre)
scissors des ciseaux (m pl)
Scotland l'Écosse (f)
Scottish écossais
screen un écran
sea la mer
season une saison
second deuxième
sentence une phrase
September septembre
serious grave
several plusieurs
she elle
shirt (boy's) une chemise, **(girl's)** un chemisier
shoe une chaussure
shop un magasin
to go **shopping** faire des courses/du shopping
shopping centre le centre commercial
shorts un short
to **sing** chanter
sister une sœur

sit down assieds-toi/asseyez-vous
situated situé
skateboard un skate
to go **skiing** faire du ski
skirt une jupe
slowly lentement
small petit
snack (afternoon) le goûter
snake un serpent
it's **snowing** il neige
so alors, donc
sock une chaussette
something quelque chose
sometimes quelquefois
son un fils
song une chanson
soon bientôt
   see you soon! à bientôt!
(I am) **sorry** (je suis) désolé(e)
   sorry! pardon!
soup le potage, la soupe
south le sud
Spain l'Espagne (f)
Spanish espagnol
to **speak** parler
to **spend (time)** passer
sport le sport
sporty sportif/sportive
spring le printemps
   in spring au printemps
(town) **square** une place
staffroom la salle des profs
staircase l'escalier (m)
to **start** commencer
starter (meal) une entrée
station la gare
to **stay (at home)** rester (à la maison)
stepbrother un demi-frère
stepfather un beau-père
stepmother une belle-mère
stepsister une demi-sœur
stereo (system) une (chaîne) stéréo
story une histoire
straight (hair) (les cheveux) raide(s)
straight ahead tout droit
strawberry une fraise
street une rue
student un(e) étudiant(e)
school **subject** une matière
sugar le sucre
suitcase une valise
summer l'été (m)
   in summer en été
   summer holidays les grandes vacances (f pl)
sun le soleil
Sunday dimanche
sunglasses des lunettes de soleil (f pl)
it's **sunny** il y a du soleil
supermarket un supermarché
to **surf (the Net)** surfer (sur le Net)
surname le nom de famille
sweatshirt un sweat
sweet (adj) mignon/mignonne
sweet (noun) un bonbon
sweet things des sucreries (f pl)
(to go) **swimming** (faire de) la natation
swimming costume un maillot de bain
swimming pool une piscine
to **switch on** allumer
synagogue une synagogue

T

table une table
table tennis le tennis de table, le ping-pong
tablet computer une tablette
to **take** prendre
to **talk** parler
tall grand
tea (drink) le thé, **(meal)** le goûter
teacher un professeur
team une équipe
technology la technologie
to **telephone** téléphoner
television la télévision
temple un temple
tennis le tennis
terrible affreux
test un contrôle
text message un texto

thank you merci
theatre un théâtre
theme park un parc d'attractions
then alors, puis
there là
there is, there are il y a
therefore donc
they ils/elles
thing une chose
things (possessions) les affaires (f pl)
to **think** penser
third troisième
this is c'est
Thursday jeudi
to **tidy up** ranger
tie une cravate
from **time to time** de temps en temps
what **time is it?** quelle heure est-il?
school **timetable** un emploi du temps
tired fatigué
tiring fatigant
today aujourd'hui
together ensemble
toilets les toilettes (f pl)
tomato une tomate
too (much) trop
tourist office un office de tourisme
towards vers
town une ville
   in town en ville
town centre le centre-ville
town hall l'hôtel de ville (m)
train un train
trainers des baskets (f pl)
trousers un pantalon
true vrai
trumpet une trompette
trunks (swimming) un maillot de bain
T-shirt un teeshirt
Tuesday mardi
TV la télé
twin un jumeau/une jumelle
to **type** taper

U

umbrella un parapluie
under sous
I (don't) **understand** je (ne) comprends (pas)
uniform un uniforme
United Kingdom le Royaume-Uni
until jusqu'à
useful utile
useless nul
usual normal
usually normalement, d'habitude

V

vegetable un légume
vegetarian végétarien/végétarienne
very très
very much beaucoup
video une vidéo
   video game un jeu vidéo
village un village
violin un violon
to **visit** visiter
volleyball le volley

W

Wales le pays de Galles
to go for a **walk** faire une promenade
to **want** (je veux, tu veux, vous voulez)
it's **warm** il fait chaud
to **watch** regarder
watch out! attention!
water l'eau (f)
we nous
to **wear** porter
the **weather is bad** il fait mauvais
website un site web
Wednesday mercredi
week une semaine
weekend le weekend
well bien
west l'ouest (m)
what? (pardon?) comment?
what colour is it? de quelle couleur est-il?

cent-soixante-quinze **175**

Glossaire

what is it? qu'est-ce que c'est?
what's the date? quelle est la date aujourd'hui?
what's the weather like? quel temps fait-il?
what time is it? quelle heure est-il?
what is he/she/it like? il/elle est comment?
when quand
where où
which quel (quelle, quels, quelles)
white blanc/blanche
who qui
why pourquoi
to **win** gagner
window une fenêtre
it's **windy** il y a du vent
winter l'hiver (m)
  in **winter** en hiver
with avec
without sans
woman une femme
word un mot
to **work** travailler
world le monde
write écris/écrivez (**from** écrire)
it's **wrong** c'est faux

Y

year un an, une année
yellow jaune
yes oui
yoghurt un yaourt
you tu, toi, vous
your ton, ta, tes; votre, vos
youth hostel une auberge de jeunesse

Z

zoo un zoo